Néstor Míguez
Joerg Rieger
Jung Mo Sung

# Para além do espírito do Império

Novas perspectivas em política e religião

Dados Internacionais de Catalogação na Publicação (CIP)
(Câmara Brasileira do Livro, SP, Brasil)

---

Míguez, Néstor
  Para além do espírito do Império : novas perspectivas em política e religião / Néstor Míguez, Joerg Rieger, Jung Mo Sung ; tradução Gilmar Saint' Clair Ribeiro e Barbara T. Lambert. – São Paulo : Paulinas, 2012. – (Coleção teorama)

  ISBN 978-85-356-3319-1

  1. Imperialismo 2. Poder (Ciências sociais) 3. Religião e política 4. Religião e sociologia 5. Subjetividade 6. Transcendência I. Rieger, Joerg. II. Sung, Jung Mo. III. Título. IV. Série.

12-10916                                           CDD-261

---

Índice para catálogo sistemático:
1. Política e religião : Teologia social    261

1ª edição – 2012
1ª reimpressão – 2012

Título original: *Beyond the Spirit of Empire*,
London: SCM, 2009

Direção-geral: Bernadete Boff

Conselho editorial: Dr. Afonso M. L. Soares
Dr. Antonio Francisco Lelo
Me. Luzia M. de Oliveira Sena
Dra. Maria Alexandre de Oliveira
Dr. Matthias Grenzer
Dra. Vera Ivanise Bombonatto

Editores responsáveis: Vera Ivanise Bombonatto e
Afonso M. L. Soares
Assistente de edição: Anoar Jarbas Provenzi
Copidesque: Cirano Dias Pelin
Coordenação de revisão: Marina Mendonça
Revisão: Ruth Mitzuie Kluska
Assistente de arte: Ana Karina Rodrigues Caetano
Gerente de produção: Felício Calegaro Neto
Projeto gráfico: Manuel Rebelato Miramontes

---

Nenhuma parte desta obra poderá ser reproduzida ou transmitida por qualquer forma e/ou quaisquer meios (eletrônico ou mecânico, incluindo fotocópia e gravação) ou arquivada em qualquer sistema ou banco de dados sem permissão escrita da Editora. Direitos reservados.

**Paulinas**
Rua Dona Inácia Uchoa, 62
04110-020 – São Paulo – SP (Brasil)
Tel.: (11) 2125-3500
http://www.paulinas.org.br – editora@paulinas.com.br
Telemarketing e SAC: 0800-7010081

© Pia Sociedade Filhas de São Paulo – São Paulo, 2012

# Sumário

Agradecimentos ............................................................................................. 5

Introdução ...................................................................................................... 7

Capítulo I
Império, religião e o político ..................................................................... 15

Capítulo II
Império, religião e subjetividade .............................................................. 47

Capítulo III
O Império e a transcendência ................................................................... 91

Capítulo IV
Transcendência humanizadora: condição humana e os "outros" ........... 145

Capítulo V
Rumo a uma subjetividade alternativa no meio do Império ................... 191

Capítulo VI
Rumo a uma ética política não imperial ................................................. 237

# Agradecimentos

Gostaríamos de agradecer o apoio de várias pessoas e organizações na redação deste livro.

Nossas comunidades acadêmicas deram espaço e apoio para que fizéssemos nosso trabalho como estudiosos e ativistas: a Universidade Metodista de São Paulo-Umesp, em São Bernardo do Campo, Brasil, o Instituto Universitário ISEDET em Buenos Aires, Argentina, e a Escola de Teologia Perkins da Universidade Metodista do Sul (SMU), Dallas, Texas, EUA.

Bill Lawrence, reitor da Escola de Teologia Perkins, também financiou a primeira de nossas reuniões em Dallas e deu ajuda posterior às pesquisas. Financiamento adicional foi proporcionado pelo Departamento de Pesquisa e Estudos de Pós-graduação da SMU e por uma Subvenção de Pesquisas Colaborativas da Academia Americana de Religião. Apoio parcial para a tradução foi proporcionado pelos fundos da Cadeira Wendland-Cook na Escola de Teologia Perkins.

# Introdução

Um alemão metodista, professor de Teologia, que ensina nos Estados Unidos; um católico natural da Coreia criado no Brasil, que escreve sobre educação, teologia e economia; um biblista argentino, de ascendência espanhola e italiana, que realiza parte de seu trabalho com povos originários convertidos ao Pentecostalismo... O que os une?

Este livro, com seus três autores, foi forjado em diferentes lugares: reuniões dos três em Dallas e em Buenos Aires, mas também encontros parciais: Joerg e Néstor trocam suas reflexões em Oxford, Inglaterra. Jung e Joerg conversam em San Diego, nos Estados Unidos. Néstor e Jung veem-se em uma universidade de São Paulo, Brasil... Este livro, que trata do Império global, produz-se como sintoma dessa mesma globalização. É uma reflexão crítica do que vivemos, nutre-se da própria ambiguidade daquilo que questiona.

Assim, vemos o Império a partir de distintos ângulos, a partir de experiências diferentes, com formações que são dessemelhantes, em seus enfoques e alcances, embora coincidam em certos núcleos orientadores. Nesses diálogos descobrimos que essa diversidade congrega-se em torno de uma necessidade compartilhada: a de pensar a vida humana "a partir de baixo", dos lugares dos mais necessitados, da vítima do despojo e do preconceito, a partir das exclusões, seja por razões econômicas, de gênero, étnicas, políticas ou ideológicas. No entanto, o leitor deve ser advertido de que não enfatizaremos nenhuma delas em particular, mas nossa obrigação é indagar o sistema de domínio que conhecemos como "Império", suas características e reclamos, e a busca de alternativas superadoras.

Os três podemos ser caracterizados, de alguma maneira, como partícipes do Cristianismo de libertação, da tradição teológica crítica. Todavia, de distintas maneiras, cada um de nós exprimiu sua necessidade de certa revisão das correntes que mais foram identificadas com esta linha. Por isso tem sentido continuar produzindo, mantendo a necessidade de atualizá-la através de novos diálogos, de outras aproximações, a partir de novas experiências, próprias ou assumidas, em conversações com outros autores, revisando as teorias, os pressupostos epistemológicos e as assunções não discutidas com que se conformou esta linha teológica. Não basta repetir as afirmações, muitas delas válidas e iluminadoras, que nos inspiraram em seu momento. Isso já está dito, e em alguma medida é nosso ponto de partida. Hoje, contudo, devemos analisar novos componentes de nossas realidades, levar em consideração as mudanças produzidas nos últimos trinta anos, assumir as novas discussões e contribuições nas ciências sociais, projetar-nos para o futuro de uma maneira diferente, já que os fatos transcorridos não passam sem deixar vestígios, sem fazer-se de alguma maneira memória, e moldar assim as reflexões da fé. Escutamos e assumimos críticas, porque reivindicamos uma herança, e interessa-nos apoiá-la e alimentá-la. Mas isso mesmo nos leva a repensar certas coisas, porque é a maneira de manter vivo esse chamado primeiro, esse compromisso inevitável que nos impõe a fé.

Voltemos: pensar o Império é pensar nossa realidade, descobri-la sob as marcas de seu escamoteio, vê-lo em suas novas – e perversas

– ambições e ferramentas de dominação. É descobrir os mecanismos com os quais se impõe às consciências, com que reclama seu direito único ao domínio universal a que aspira, como organiza seu discurso hegemônico. A pluralidade de olhares, próprios e apropriados, ajuda-nos, justamente porque é a partir da possibilidade de reconhecer limites e complementaridades que podemos apontar as debilidades do Império, que exige um pensamento e fundamento unificado, mesmo que em algumas de suas expressões pondere a fragmentação de superfície, que precisamente é o que permite ao Império manter-se como força unificadora.

Essa mesma diversidade que nos reúne e distingue pode ser vista no desenvolvimento dos capítulos. Embora os temas tenham sido exaustivamente discutidos entre os três, cada um assumiu a responsabilidade de escrever alguns deles. Isso explica a diversidade de estilos, linguagens, enfoques. No entanto, não deve ser entendida como uma coleção de artigos. Se os três assumimos conjuntamente a autoria é porque, além de respeitar as particularidades e ênfase que cada um quis dar ao seu escrito, cada capítulo foi revisado e criticado pelos três, foram feitas sugestões e releituras, e depois refeito com base nisso. Assim, sem negar nossa diversidade, também recuperamos nossa complementaridade, a liberdade de expressar-nos com liberdade, e isso inclui a liberdade de ser modificado pela contribuição dos outros. Daí o fato de a autorreferência aos autores, quando necessária, ser no plural.

Na distribuição de tarefas, Néstor assumiu os capítulos que abrem e encerram o livro, bem como esta Introdução. Joerg responsabilizou-se pelo tema da subjetividade, que se expressa nos capítulos II e V. Os dois centrais, nos quais consideramos o tema da transcendência, devem-se ao trabalho de Jung. Isso dá ao livro uma estrutura de "quiasma": o desenvolvimento da segunda parte repete em espelho o desenvolvimento inicial. Assim, o livro abre-se levantando a problemática do Império a partir de seu lado ideológico-político, depois mostra como afeta a construção de subjetividade, para indicar

Para além do espírito do Império

finalmente a dimensão religiosa que assume o Império, ao reclamar um sentido de transcendência, de omnipotência. Isso constitui a primeira parte do livro. Na segunda retraçamos o caminho, mas o retraçamos para frente, mostrando para onde deve conduzir-nos uma nova leitura do transcendente, como reavaliar os modos de construir subjetividade, finalmente buscando discernir, em meio das obscuridades imperiais, uma superação através da recuperação da *res publica*, do popular, da dimensão messiânica na história humana. Essa reflexão final, a modo de conclusão, quer manter-se dentro do âmbito do teológico que nos inspira, e por sua vez estabelecer a pertinência disso em torno dos temas políticos e sociais, do econômico e cultural nos quais o teológico vive e dos quais se alimenta.

Quando começamos a discutir os temas deste livro, estávamos no período mais agressivo da política de G. W. Bush. Suas invasões do Afeganistão e do Iraque, as ameaças de estender o conflito sobre o Irã, seu desconhecimento fático do governo da Palestina, bem como sua política de controle interno através das chamadas "leis patrióticas", a expansão da política financeira e as ameaças sobre os países que se desviaram do modelo financeiro e o ajuste do Estado dominavam a cena política e econômica internacional. Muitos viram renascer aí a ideia de um "imperialismo norte-americano", incluídos alguns ideólogos norte-americanos, entusiasmados com a ideia e dispostos a garantir dessa forma seu lugar dominante no mundo. Todavia, evitamos, naquele momento e agora, discutir tal alternativa, embora a ideia não deixasse de estar presente.

Por outro lado, quando nos reunimos pela última vez para encerrar o livro, as condições haviam mudado: o mercado financeiro havia estourado em sua crise, um novo presidente de origem afro-americana governava na principal potência mundial, anunciando que procuraria desmontar os conflitos bélicos da etapa anterior e prometendo um respeito pelos direitos de todos, ordenando o paulatino fechamento da prisão de Guantánamo. Por outro lado, os conflitos distributivos retomavam um primeiro lugar com protestos e greves nos países mais desenvolvidos: diante da maciça desocupação, o Estado era obrigado a tomar um papel decisivo na economia (embora distintos governos entendessem isso de diferentes maneiras e com variadas propostas). Por sua vez, as consequências das agressões ao biossistema planetário aparecem mais visíveis, e a ilusão de um crescimento desmedido começa a mostrar suas debilidades.

Preferimos, contudo, pensar a partir de uma análise menos conjuntural, pensando todo o mundo do capitalismo financeiro como uma confluência de vocação imperial e, por isso, uma particular "encarnação" do errante espírito do Império. Interessa-nos "o espírito do Império", isto é, ver o que move e como se move esse conglomerado de forças que gera tão particular conformação com propensão ao domínio total, as motivações subjacentes às empresas imperiais, esse intangível e oculto ardil das conformações de poder que buscam evitar todo controle, que se afundam na desmesura. A debilidade do Império, se disso se trata, não deve permitir-nos esquecer o impulso do imperial que pode reaparecer sob novas formas e obriga-nos a pensar justamente na oportunidade de superar essa compreensão do poder com uma ética política que habilite outras formas de organizar a política, o político.

Nesse sentido nosso trabalho aponta para buscar não tanto coincidências históricas que possam mostrar o que tiveram em comum os empreendimentos imperiais, que circunstâncias permitiram seu levantamento ou decadência, mas um "modo de ser imperial", que vai além da expressão parcial que encontra em distintas circunstâncias históricas. A partir de nosso lugar de teólogos, interessa-nos analisar esse espírito imperial em outro nível, o que conforma o caráter, o que faz que um Império o seja, o que faz que os seres humanos procurem, admitam ou resistam ao modo imperial, o que nos permita ver, mesmo em meio às demandas imperiais, que há outro modo humano de existir. As tendências expansivas e o afã de controle ilimitado, o acúmulo desmesurado, a pretensão de moldar as subjetividades e de imbuir-se de um sentido de transcendência são algumas das facetas do que alguns seres humanos querem ser quando querem ser Deus. Dessa maneira mobilizam certas forças, criam certas dinâmicas, marcam uma maneira de gerir a vida no planeta que é o que denominamos como "o imperial". No entanto, é nossa convicção que chegar ao domínio imperial é o fim (enquanto destruição) de toda política, embora não necessariamente o fim (enquanto objetivo) de toda política. O Império que se expande em busca de sua própria segurança e controle é a ameaça final à liberdade humana. E que, portanto, as vidas que querem ser humanas devem buscar uma projeção política superadora do imperial, que alcance além do Império. Por isso a resistência a esse cerceamento mobiliza também suas forças, e é mais: ao propor e viver antecipadamente a possibilidade de ir além do Império, recupera o público que o Império ameaça destruir, reinstala o sentido de liberdade e esperança, agita o "dispositivo messiânico", como o chamara A. Negri.[1] Nesse sentido a proposta de uma teologia que critique e supere a visão imperial pela visão que chamaremos "laocrática" também é política.

Nem toda política autoritária nem toda ditadura é imperial, a menos que tenha a força para fazê-lo. Isso é necessário levar em consideração para não confundir o particular modo que chamamos Império com outras formas de domínio político ou econômico, de imposições culturais ou construções ideológicas. As relações humanas como as conhecemos e vivemos historicamente estão marcadas por certo nível de iniquidade, que se dá já no seio da família, no clã primitivo, na horda de buscadores de comida que marcam seu território. Iniquidades e injustiças, conflitos subjacentes ou explícitos que aninham nesses germes de sociedade e que se projetam em formas práticas e simbólicas de violência, que se tornam complexas e assumem distintas formas políticas conforme as sociedades se expandem e crescem. No entanto, seria uma simplificação muito própria de algumas

---

[1] Negri, Antonio: *Job: la fuerza del esclavo*. Buenos Aires, Editorial Paidós, 2003. esp. cap. V.

teologias encerrar todas essas formas com um mesmo diagnóstico (o ser humano é um pecador) e tudo se resolver nessa afirmação.

Ao contrário, poder identificar as marcas próprias de cada uma das formas de injustiça e opressão é o que permite confrontá-las. Ainda que assim não eliminemos "o pecado humano", é possível buscar a forma de limitar suas consequências, de aliviar os sofrimentos. Isso significa o reconhecimento de nossos limites, a necessidade de um mútuo controle e complementaridade, a existência de uma pluralidade de maneiras de ver e viver a vida humana e seu lugar no planeta, que é o que o Império destrói ao buscar unificar tudo sob um mesmo modo de gerir, sob seu controle. Reconhecer a capacidade destrutiva do ser humano, sobre si mesmo, sobre o meio ambiente que o sustenta, sobre outros seres humanos, é aceitar que se deve fixar limites e normas que também permitam que se mostrem as potencialidades criativas de todo ser humano, suas possibilidades de solidariedade e amor, a expressão de sua dignidade.

Por isso nossa proposta passa por ver o efeito desse espírito imperial sobre os espíritos humanos, especialmente daqueles que ficam mais expostos às iniquidades e injustiças que geram a relação imperial. Neles está não nossa esperança de "redenção", que carregaria sobre suas já debilitadas costas também a responsabilidade política de modificar a realidade e transformar os sistemas, mas o efeito mais visível das consequências da soberba dos Impérios. Como também lhes assiste a capacidade de expressar, em reações de resistência e antecipação, sua luta por ser reconhecidos, e essa luta não é só própria, mas de todos os que nos conformamos como povos. Nesse sentido nossa proposta é uma busca "*demo*-crática", que enxergue todas as dimensões e também os limites de toda e qualquer proposta de poder, que reconheça a presença dos mais prejudicados em cada sistema social, e mostre-se com sua contínua necessidade de transformação.

Dessa forma nossa teologia quer recuperar o lugar do transcendente, de algo que sempre está além do que o Império contém e quer encerrar. Apenas se situando nesse espaço do transcendente, que o

Império não pode conter, permite-nos sua crítica radical, a qual nunca poderá ser feita a partir dos mesmos postulados que o Império consagra em sua imanência. Essa transcendência, porém, não é concebida a partir de uma onipotência, nem a partir da justificação do poder imanente, e sim a partir de uma presença no crucificado que ressuscita, no sofredor que levanta sua voz, no pobre que não se resigna, nas vítimas do preconceito étnico, racial ou sexista que reivindicam sua condição de humano total, não excluído, que marca ainda seu lugar no povo. Nessa compreensão acreditamos que é possível superar o Império, antecipar em nós a esperança de outro mundo possível, um mundo onde caibam todos os mundos, um Reino messiânico, que possivelmente nunca alcancemos em nossa história, mas que constituirá a visão que nos alente, sustente, e na qual empenhamos nossas vidas.*

---

\* Texto traduzido por Gilmar Saint'Clair Ribeiro.

Capítulo I
# Império, religião e o político

O tema do Império e do imperialismo retomou atualidade no debate em torno da conformação do poder que estamos presenciando em nível global. As discussões sobre o significado e sentido desses conceitos surgiram através de numerosas obras e polêmicas ao longo de todo o século XX. Especialmente dentro das correntes marxistas, foi objeto de estudo e debate como fase superior da dominação capitalista. E embora as teorias marxistas tenham entrado em crise e estejam sujeitas a variadas revisões, o conceito de Império e a polêmica em torno do imperialismo como forma alcançada por esta etapa tardia do capitalismo ocupa hoje um lugar importante na especulação da ciência e filosofia políticas, bem como na definição das problemáticas que deve encarar hoje o sistema global. Não só nos críticos vinculados aos setores "de esquerda", ou os que ainda se consideram dentro da herança marxista, além de como cada um qualifica essas caracterizações, mas também nos que reivindicam algumas formas de Império como necessárias à Pós-Modernidade social e econômica, como veremos ao longo deste livro.

A discussão volta, então, especialmente no fim do século XX e começo do século XXI. Quer pela referência direta, como no texto que de alguma maneira plasmou em um título esta discussão (referimo-nos ao livro *Império*, que produziram A. Negri e M. Hardt[1]), quer em forma indireta, quando se fala de teorias "pós-coloniais". Não é nossa intenção acrescentar uma revisão desses conceitos nem entrar de cheio na polêmica, embora não possamos evitar isso totalmente, mas olhar o que chamamos "o espírito do Império". Com essa expressão, que de momento deixamos aberta e em busca de precisão, vamos referir-nos de modo geral não tanto aos mecanismos políticos e econômicos que conformam o que devemos caracterizar como Império, ainda que eles não possam ser excluídos, mas a um *éthos*, uma forma de pensar, administrar, uma cosmovisão e até certa teologia que mostram o espírito imperial, que é consubstancial à forma de organização social que visualizamos como Império. Ou seja, aquelas condições de subjetividade e de autoconcepção cultural que o Império gera em si e nos outros, mas que são ao mesmo tempo resultado e condição do seu modo de propor o político e de exercer seu domínio econômico. O fato do Império como conformação de governo e poder, dada, além disso, a pretensão de globalidade que hoje adquire, gera um "espírito coletivo", uma construção antropológica, se se preferir, que permite e avalia certas condutas, reações, sentimentos e atitudes dos atores sociais e políticos, que conforma uma determinada lógica e modo de conceber a vida, que se impõe e se traduz em valores e cosmovisões hegemônicas. É claro que não existe uma homogeneidade unívoca, e isso produz, por sua vez, certos antagonismos: ora, assim como existe um "espírito do Império", surge uma visão contraimperial, que não se deve desconhecer. Nosso propósito é justamente poder clarificar em que consiste tal oposição, podendo

---

[1] Edição espanhola: *Imperio*. Buenos Aires, Paidós, 2002.

delinear o que é o espírito do Império e o que pode surgir como alternativa e antecipação, uma forma diversa de conceber o poder e a vida humana.

Este capítulo introduz e levanta o problema, e abre o desenho para as outras condições que indicamos como "o espírito do Império". Por isso faz um esboço da dimensão política e econômica daquilo que entendemos por Império, e a seguir introduz as duas dimensões que consensualmente consideramos em nossa proposta: a construção de subjetividade e a relação entre Império e transcendência, a religião do Império, sua trindade de poder econômico, poder político-militar e seu "espírito". Ainda que por nossa conformação como teólogos talvez seja esse último o espaço no qual podemos contribuir principalmente. Por certo, estamos alertas de que nem tudo se resolve no nível do espírito e que os problemas de natureza política e econômica incidem fundamentalmente na forma pela qual o "espírito" se estabelece e comunica. Mas também compreendemos que o Império tem uma conformação de subjetividade e uma força comunicacional, um "espírito", uma autoconcepção que o ajuda a sustentar-se e impor-se, e que sem uma capacidade de pensamento independente, sem uma "liberdade de espírito" que seja capaz de descolonizar-se e criar-se como alternativa cultural, como subjetividade de antecipação, a empresa de superar a conformação imperial não se resolve. A pergunta não é apenas pela atual situação, mas, se esta for capaz de ser superada, o que há depois do Império? Se o que nos deixa o Império é um ser humano imperializado, que mantém em si o espírito do Império, não haverá "depois", continuará havendo uma humanidade disposta às aventuras de dominação, mesmo quando declinarem as atuais forças e a configuração imperial nos planos político-militar e econômico.

Para além do espírito do Império

## 1. Império: conformação político-econômica

Qual é a origem do que chamamos Império? Além dos debates sobre se é possível entender o atual modelo imperial a partir de outras conformações político-militares anteriores na história, e para além dos deslizamentos semânticos que formam o percurso de conceitos tão amplos e polivalentes como este, deve-se reconhecer que, se se continua apelando para este significante, é que de alguma maneira representa, no imaginário coletivo, uma continuidade que permite aplicá-lo a determinadas situações históricas (em que pese suas diferenças) e não a outras. É interessante resgatar essa diacronia precisamente para poder ver o "espírito" comum que se poderia propor como próprio das conformações imperiais.

O conceito de Império nasce e se consolida em Roma. Embora haja experiências de poderes expansivos na história do Ocidente e do Oriente[2] antes do advento do Império Romano, há certo "salto quanti- e qualitativo" que impõe a realidade do Império Romano que o diferencia das formas anteriores do poder. Essa diferença radica em que se conjugam dois fatores: explicita sua busca de totalidade, de incluir todo o mundo habitado em uma só e única conformação política, por um lado, e, por outro lado, obtém uma conjunção dos diferentes componentes de seu poder em um projeto único.[3] Talvez o antecedente mais próximo seja, no Ocidente, o breve, porém significativo, período de Alexandre Magno, que preparou as condições políticas, militares e culturais para que depois se desse o Império Romano. Podemos dizer que o Império Romano começa propriamente com a vitória de Otaviano (depois declarado Augusto) em *Actium*,

---

[2] Evitamos entrar, por desconhecimento, na história dos grandes reinos orientais da Antiguidade (China, Japão), e suas características. Provavelmente um estudo comparativo poderia trazer dados e luz adicional sobre nosso tema.

[3] Tal é a visão que já na Antiguidade nos apresenta Políbio em sua visão do Império Romano, que concebe como o "modelo exemplar" da soma do poder. Ver o comentário de Hardt e Negri a respeito (*Imperio*, pp. 289-291 da edição espanhola). Também: Musti, Domenico: *Políbio e l'imperialismo romano*. Nápoles, Liguori Editore, 1972, pp. 15-17 *et passim*.

no ano 31 a.C. A partir desse momento, a concentração do poder no ambiente do vencedor, a necessária adesão dos distintos setores da cidade capital da Itália e as diferentes províncias (nações, reinos, povos conquistados), bem como a adesão a seu governo dos diferentes estamentos (patrícios, populares), foi conformado um conglomerado político que não encontrou oposição significativa. Roma conservou sua organização republicana, com os controles formais que representam os tribunos, os plebiscitos, o *Senatus consultum*, mas adequados a uma situação na qual a confluência dos poderes econômicos, militar e político, e a construção ideológica da *Pax Romana*, com sua correspondente teologia da *Pax Deorum*, conformaram o Império. Assim, gerou-se uma estruturação e exercício do governo que mantinha as formalidades legais do republicano, mas que não conhecia uma séria oposição nem controle fora de suas próprias filas.

O Império deve ser entendido (então e agora) não como "forma política institucional", e sim como um modo e conformação do exercício de poder que ocorre sob diferentes legalidades (e ilegalidades). Sua configuração se ordena pela capacidade de fazer coincidir, para além de suas diferentes possibilidades de organização institucional, os interesses de certas elites, sem que sejam decisivas as fronteiras nacionais ou étnicas, e mobilizar forças de diferente ordem em função desses interesses, evitando os controles e balanços que regulam os exercícios do poder. Para efeitos de clareza, separamos a concepção de Império da de imperialismo e das chamadas "monarquias expansivas". O Império Romano, como antecedente e modelo de poder imperial, configurou-se como uma conformação de poder que afeta a totalidade dos povos que entram em seu domínio (incluída a *plebs* da cidade-Estado do qual surge). O imperialismo, que é um momento na construção do Império assim entendido, é mais precisamente o afã de conquista que leva uma nação a impor seu poderio sobre outras, com afã de exploração.[4] Por sua vez, deve-se diferenciá-la das

---

[4] Ver D. Musti: *op. cit.* p. 17: "Potessimo definire ad esempio l'imperialismo come tendenza al dominio com sfruttamento'" ["Podemos definir, por exemplo, o imperialismo como tendência ao domínio com exploração"]. Nas páginas seguintes justifica e desenvolve esse conceito.

monarquias expansivas da Antiguidade que se lançavam a uma conquista territorial para ampliar seus domínios, deslocando outros povos, ou subordinando-os mediante pactos de vassalagem. No entanto, nessas monarquias expansivas sempre ficava claro que se tratava de uma dominação por parte da potência militar vitoriosa, baseada na força, e isso provocava a resistência das monarquias locais (ainda quando fossem formalmente fiéis aos monarcas dominantes), que esperavam qualquer ocasião para quebrar o *statu quo* e recuperar sua autonomia. Talvez Dario e Ciro, no período de domínio persa no Oriente Próximo, procuraram mostrar um rosto distinto, apresentando-se como "benfeitores da humanidade" por seu domínio.[5] É com Roma e seu conceito de *Pax Romana* que a ideia de expansão une-se ao conceito de unidade, de unificar todo o orbe em sua totalidade, de fazer coincidir o Império com a humanidade. Embora não se oculte o domínio imperial, as elites colonizadas acham que este é conveniente para sua própria existência e poder e conformam-se a este poder, aliando-se claramente em sua vigência como uma maneira de exploração também para o interior de seus próprios povos.

Não é nossa intenção fazer uma "história dos Impérios" e mostrar os graus em que as diferentes conformações que receberam esse nome realizaram esse tipo de configuração política. Mas interessa-nos indagar as concepções, o "espírito" político que se configura quando se dão essas situações históricas, o modo pelo qual se constroem um imaginário e uma simbólica do poder que sustenta ideologicamente o bloco hegemônico em tempos imperiais. A partir de nossa posição, a de teólogos cristãos, indicar que o começo da experiência cristã dá-se no contexto do primeiro Império mundial que se configura como tal não é um dado menor. Mesmo quando, em nossa análise posterior, devamos concentrar nosso olhar especialmente na atual conformação imperial.

---

[5] Exemplos de alguns de seus ditos podem ser vistos, entre outros, em Croatto, Severino J.: *Las Culturas del Antiguo Cercano Oriente*. Buenos Aires, ISEDET/EDUCAB, 1994.

## 2. O que entendemos por "Império"?

Muitos tentaram e estabeleceram as características daquilo que constitui um Império. A obra que com o título de *Império* lançaram M. Hardt e A. Negri, e que foi o centro de reflexão e polêmica sobre o tema, proporciona-nos uma ideia de Império como uma rede, uma conformação de poder que, sem um centro unificado, constitui um modo de exercício do poder que se estende globalmente. Não é nosso interesse aqui discutir sobre esse conceito, que consideraremos em seus acertos e insuficiência para ver realmente o que há no espírito e na ideologia imperial nos próximos capítulos. Nesse sentido, tal ideia de um Império que limita e desconhece qualquer outra soberania que não seja sua capacidade de imposição, de regular a vida total no planeta, ajuda-nos a ver em que consiste a "mentalidade imperial".

A partir de outro lugar de análise, a Aliança Reformada Mundial (ARM), para tomar um documento eclesiástico, propõe-nos uma compreensão na linha de que

> Império é a convergência de poderes econômicos, políticos, culturais, militares e religiosos, em um sistema de dominação que impõe o fluxo de benefícios do vulnerável ao poderoso. O Império cruza todas as fronteiras, distorce identidades, subverte culturas, subordina nações-Estados, e marginaliza ou coopta comunidades religiosas.[6]

O que se destaca nessa compreensão é a ideia de que o Império é uma conformação particular de poder, onde o que a caracteriza é que forças econômicas, certas organizações políticas, militares e da sociedade civil, bem como as estruturas de governo que estão destinadas a controlar-se mutuamente, a sustentar-se em tensão e limitar-se umas às outras através de seus antagonismos e confrontações são cooptadas por um mesmo projeto ou compreensão de poder, alinham-se conjuntamente, ordenam-se segundo um único objetivo

---

[6] Ver o relatório do 24º Concílio Geral da Associação Mundial de Igrejas Reformadas, em Accra, Ghana, em 2004, convocado sob o lema: "Globalization and 'Empire': A Challenge to Christian Mission." Accesible online at http://warc.jalb.de/warcajsp/side.jsp?news_id=125&navi=1.

compartilhado, alimentam-se em um *éthos* comum e anulam a vigência de outros poderes e o surgimento de opções diferentes. Isso ocorre pela conformação de certas elites que produzem alianças práticas, ou que estabelecem relações de poder que lhes permitem relativizar os poderes concorrentes. Embora tenham entre si algumas fricções e contradições secundárias, unificam-se em sua decisão de controle e domínio e concordam no modo de fazê-lo. O espaço público é submetido à coação dessa força coesa, disposta a controlar tudo, impor sua ordem, a impedir a outros o acesso aos espaços de decisão, em uma palavra: converte o público em uma reserva restrita dos interesses que o dominam.

O Império surge, justamente, da debilidade dos mecanismos políticos para suportar situações de tensão, para dar margem aos antagonismos de uma maneira que não os oculte ou destrua, mas que torne transparentes as contradições de interesses. Ou seja, o poder imperial nasce dos desequilíbrios, é filho da desmesura, do descontrole. Por um lado, devem dar-se dentro de uma nação ou povo os mecanismos que tracionem para certos enclaves o acúmulo de poder, e depois a possibilidade de que esse acúmulo de forças se expresse em sua capacidade de envolver em seu domínio o ambiente, outros povos e nações. Ou seja, as situações de Império são resultado da fragilidade dos equilíbrios de poder diante dos embates de interesses acumulativos. Novamente o Império Romano pode dar-nos um bom exemplo. São as tensões internas geradas em tempo da República, essa indefinição política que levou ao enfrentamento dos *triunvirus*, esses equilíbrios que impediam que os partidos em pugna resolvessem a sorte política da extensão conquistada, aqueles que se resolvem no estabelecimento do Império. Quando na *Actium* esses equilíbrios e tensões se rompem, a favor de um único poder, o de Augusto e a hegemonia da elite latifundiária da cidade de Roma, nasce o Império, impõe-se a *Pax Augusta*. Com conceitos tomados da linguagem de A. Gramsci, poderíamos dizer que as situações de hegemonia são o desenlace de situações de crise orgânica. Na medida em que as relações entre nações, e o próprio conceito de Estado-nação, especialmente em nosso mundo globalizado, entraram em uma crise que se manifestou com mais força a partir do desequilíbrio produzido pela dissolução da União Soviética, encontramo-nos em uma situação propícia para o surgimento desse Império com pretensões de globalidade.

É justamente essa pretensão de globalidade, de total inclusão em seu próprio domínio o que pretende uma política imperial, portanto não haverá lugar para a dissensão, para a alteridade e o antagonismo. Ao explicar seu uso do conceito de hegemonia, E. Laclau e C. Mouffle sublinham que "sua condição inerente é que uma força social *particular* assuma a representação de uma *totalidade* que é radicalmente incomensurável com ela".[7] No caso do Império atual, como no do Império Romano, essa "totalidade que é radicalmente incomensurável com ela" é, nem mais nem menos, que a total humanidade. Os discursos do Império, através de seus porta-vozes mais destacados, pretendem exatamente definir aquilo que a totalidade da humanidade quer, aquilo de que necessita, o que lhe convém, ou, por fim, o que não poderá evitar (isso ficará explicitado no capítulo sobre "a transcendência" do Império). No capítulo III examinaremos alguns desses reclamos de que a humanidade só alcança sua plenitude e se realiza nos parâmetros que o poder imperial estabelece.

Por certo, nenhum poder humano é capaz de conseguir isso totalmente... essa é nossa esperança. Contudo podem dar-se circunstâncias históricas em que, em algumas regiões e por algum tempo, tal configuração de poder dê-se de uma maneira tão ampla que condiciona qualquer ação humana em seu âmbito, e até mesmo a própria vida. Introduz-se de tal maneira nos modos de produção e reprodução da própria vida que se transforma naquilo que alguns autores chamaram "biopoder", gerando uma "biopolítica" que, como veremos, finalmente ameaça destruir a própria política como atividade

---

[7] Laclau, Ernesto e Mouffe, Chantal: *Hegemonía y estrategia socialista. Hacia una radicalización de la democracia.* Buenos Aires, Fondo de Cultura Económica, 2004. p. 10 (prefácio à segunda edição espanhola).

humana, bem como a própria vida, de maneira que a "biopolítica" é uma forma de poder autodestrutiva.

Como dissemos, em um plano analítico convém distinguir "Império" de "imperialismo", reservando este segundo termo à tendência expansiva, de caráter majoritariamente territorial e econômico, que se dá na confrontação entre nações. Pode-se conceber, e dá-se historicamente, que uma nação que se configura internamente a partir de uma organização republicana e democrática, e ao menos em sua constituição formal mantenha as instituições "participativas" de governo, atue de forma imperialista em sua política exterior. De fato, como indicamos, Roma, o Império Romano, foi formalmente uma república durante toda sua existência. Contudo, embora subsista a forma da república, uma análise de como operou na prática a política romana depois da assunção de Augusto (ainda que o processo já se viesse dando a partir do século anterior, com a expansão do poder romano na bacia do Mediterrâneo) mostra como diminui a *res publica*, ou seja, a verdadeira participação e garantias cidadãs na coisa pública, uma vez que os interesses dominantes subtraem à decisão coletiva as opções que poderiam prejudicá-los. As "garantias cidadãs" fazem-se cada vez mais insignificantes, e as distinções de poder que permitem a conformação e subsistência da elite imperial no interior do próprio Estado adquirem valor normativo. No Império Romano, em seu segundo século, a cidadania expandiu-se até ser quase universal para os homens livres. Isso foi possível porque, para além das formalidades, os direitos de cidadania haviam sido esvaziados de todo seu conteúdo político. Mas ao mesmo tempo cria-se a distinção legal dos cidadãos entre *honestiores* e *humiliores*, com o que os direitos políticos ficam reservados aos *honestiores*, os membros das elites plutocráticas, e, por outro lado, a exclusão dos humildes das instâncias de decisão e do acesso direto à lei. Assim, os próprios antigos cidadãos do *populus* romano viram como o Império significou o esvaziamento de seus direitos republicanos, embora formalmente continuassem existindo.

Essa mesma dinâmica se verifica em outras situações: a exploração dos recursos dos países conquistados, que beneficia fundamentalmente as elites governantes da potência imperialista, leva a um crescente acúmulo interior que termina por desequilibrar a própria conformação do poder na Metrópole. Assim, ainda que permaneçam as formas republicanas, na prática a disparidade de forças e recursos faz que caiam os controles institucionais. As "leis patrióticas" ditadas pelo governo "republicano" dos Estados Unidos da América em anos recentes mostram o avanço do poder central sobre os direitos cidadãos, anulando, para muitos casos, o equilíbrio que suporia a intervenção dos poderes Judiciário e Legislativo. Nos Impérios Modernos e Pós-Modernos, não se podendo reimplantar uma forma de distinção legal que desconheça a igualdade perante a lei, declaram-se as "situações de exceção".[8] No entanto, além disso, como veremos mais adiante, essa desigual incidência nos mecanismos de poder toma a forma da não equitativa participação no mercado, ou diretamente a exclusão no acesso a bens e reconhecimento de porções inteiras da população, nas condições do que Agamben chamou, seguindo W. Benjamin, *nuda vita*.[9] Se a democracia se resolve no mercado, aqueles que não podem incidir no mercado não podem incidir na democracia, e aqueles que controlam o mercado controlam a democracia, isto é, a política foi eliminada e substituída pela economia, não por qualquer economia, mas por aquela que sustenta o capitalismo financeiro de livre mercado total.[10] Quem não pode, então, incidir no mercado passa a ser um não sujeito, uma não pessoa. Corresponde também a essa situação aquilo que afirma Reyes Mate sobre a compreensão dos

---

[8] As considerações sobre a situação e o "estado de exceção" remontam às intervenções de C. Schmitt e W. Benjamin. Serão depois a matéria fundamental das considerações de G. Agamben em *Homo Sacer: el poder soberano y la nuda vida* (Pre-textos, 1999), e suas obras seguintes.

[9] Agamben, Giorgio: *Homo Sacer...*

[10] Volta, dessa maneira, a antiga discussão do marxismo de inícios do século XX sobre a relação entre economia e política, sua relativa dependência ou autonomia. Embora não possamos entrar aqui em toda essa discussão (pode-se ver para isso, entre outras: E. Laclau e C. Mouffe, *op. cit.*, cap. 1. Também, J. Elías Palti: *Verdades y Saberes del Marxismo*, Buenos Aires, Fondo de Cultura Económica, 2005.

oprimidos: "A eles é explicado esse modo de política chamado biopolítica, porque se vela nela tudo aquilo que essa atividade humana coletiva [a política] possa ter de vontade ou racionalidade, para ficar à mercê da biologia".[11]

A mudança de república a Império nem sempre modificou as formas institucionais do governo, mas forçou-as segundo uma nova correlação de forças. Assim, as instituições da república funcionavam formalmente em Roma, mas todas respondiam ao mesmo interesse econômico, alinhavam-se atrás de um único objeto de governo, e subordinavam-se ao mandato da elite cesárea. A riqueza dos patrícios latifundiários assentados no *Senatus*, os tribunos que representavam a *plebs*, o poder militar, os artistas oficiais protegidos por Mecenas, as variantes filosóficas estoicas que dominavam o ambiente intelectual, e o espetáculo que se oferecia às massas, até mesmo a arquitetura e a estatuária das cidades e a circulação da moeda romana, contribuíam para uma configuração de poder que pretendia não deixar resquício a nenhuma alternativa. Disso participavam também as elites locais, quer as distribuídas pela prática romana de estabelecer colônias a partir de seus veteranos de guerra licenciados do Exército, quer as próprias elites nativas em seus acordos com o poder imperial. A religião não ficava à margem: o Panteão romano integrava todos os deuses, todos eram tolerados e tinham suas festividades, mas em função subordinada ao único deus que verdadeiramente importava, que tinha suas estátuas de costa a costa do Império, e cuja veneração acompanhava os cultos locais: o *Divus Caesar*.[12]

Essa força do poder dominante modifica as condições de cidadania. O Império Romano pôde universalizá-la, justamente porque a esvaziou de significado. O poder do Império Moderno e Pós-Moderno segue os mesmos caminhos. O cidadão é abstraído na

---

[11] Reyes Mate: *Contra lo políticamente correcto. Política, memoria y justicia.* Buenos Aires, Editorial Altamira, 2006, p. 17.

[12] Um desenvolvimento desses pontos e suas fontes pode se ver em: Míguez, Néstor O.: *El tiempo del principado Romano.* Mimeo, ISEDET, 1998.

representação, de maneira que não se responde ao cidadão e sim ao seu fantasma, esvaziado do conteúdo humano real. Por um lado, fica a ficção jurídica do cidadão e, por outro lado, a *nuda vita* despossuída de direitos. Esses direitos foram absorvidos pelo "mercado", que esvaziou o cidadão no consumidor.[13] Nessa democracia o povo é um "ídolo", que se representa para dominá-lo, abstraí-lo. Assim, costumam falar em seu nome os "sacerdotes" que se ungem como seus representantes. Ninguém representa nem poderá nunca representar os sem-voz, justamente porque são inaudíveis; seu silêncio (forçado, crédulo etc.) questiona qualquer palavra dita em seu nome. O discurso democrático fica esvaziado e é substituído pela potente voz do mercado. Os "representantes do povo" são abduzidos pelos *lobbies* empresariais, quando não o são eles diretamente.[14] Já não respondem perante seus representados, que se tornam não apresentados, e sim perante as exigências de um poder que enredou em um único projeto de dominação as distintas instâncias da ocupação humana. Tal é a "democracia à Império".

Esse esvaziamento do democrático, que é no fundo a anulação do político, é justamente o espaço onde se insere a possibilidade imperial. O democrático fica sem fundamento, passa a ser um significante vazio, fica sem uma ancoragem na realidade. O desconstrucionismo Pós-Moderno mostra a precariedade de qualquer referência à realidade, e mais ainda a uma realidade transcendente. Essa falta de referência fixa do democrático termina por abrir a fresta que permite ao Império ocupar os conceitos de democracia, liberdade e cidadania e encostá-los no seu próprio discurso, agora construídos como expressões de sua vocação de domínio. Assim, as análises de C. Lefort

---

[13] Bauman, Zygmunt: *La modernidad líquida*. Buenos Aires, Fondo de Cultura Económica, 2002. Uma posição um tanto distinta pode ser encontrada em García Canclini, Néstor. *Ciudadanos y consumidores*. México, Grijalbo, 1995.

[14] Isso foi sublinhado, entre outros, no livro de Naomi Klein, *La Doctrina del Shock* (Buenos Aires, Paidós, 2007), onde documenta a existência de uma "porta giratória" entre a elite política governante, especialmente no tempo de G. W. Bush, e as conduções das grandes empresas norte-americanas. É interessante como, entre suas primeiras medidas de governo, B. Obama tentou limar essa fácil passagem dos interesses privados para a esfera do governo político.

Para além do espírito do Império

tendem a mostrar que em sua renúncia a uma fundamentação transcendente a democracia fica exposta a um esvaziamento de significado: "A democracia inaugura a experiência de uma sociedade inapreensível, incontrolável, em que o povo será proclamado soberano, mas na qual sua identidade não será nunca totalmente definida, mas que permanece latente".[15] O Império preenche esse vazio provendo-se a si mesmo como a transcendência que termina por ancorar e subordinar a vida política fixando-a ao seu totalitarismo.

## 3. A pretensão de um Império global

Hoje estamos assistindo a um momento de conformação imperial, com a variante de que tal Império conta com um desenvolvimento tecnológico comunicacional que permite que essa aspiração à totalidade tenha mais possibilidades que as que gozaram os Impérios do passado (na realidade, todo Império o pretendia, mas as condições históricas e técnicas não o possibilitavam). O mundo inteiro deve conformar-se segundo um único modo de operar no econômico, de conceber o político, de gerir o poder, a uma suprema força militar. Como no Panteão romano, cabe a diversidade dos deuses provenientes da variedade de culturas e religiões, sempre e quando reconheçam as pautas impostas pelo Império. Talvez o pátio de comidas do *Shopping Mall* proporcione a metáfora ilustrativa: ali se encontrarão as variedades que oferecem todas as culturas, desde comida tailandesa à pizza italiana, arroz chinês, chucrute alemão ou *tacos* mexicanos, carne argentina ou *sushi* japonês. Até os desconfiados árabes podem oferecer seu *kebab*, junto ao muito norte-americano hambúrguer. A condição é que se possa servir como comida rápida, que é o que impõe o modelo globalizado de consumo. E o aroma dominante será o que imponha o ar condicionado. E que os lucros produzidos

---

[15] Lefort, C. *L'invention democratique*, citado segundo a tradução em Laclau/Mouffe, op. cit. p. 233.

sustentem o conjunto, ou, melhor ainda, engordem o patrimônio dos donos do sistema.

Todavia, tudo tem de caber dentro do *Shopping Mall*, ou seja, adaptar-se à sua existência no âmbito do comércio capitalista e à sociedade de consumo. Porque este Império global é o Império do capitalismo financeiro tardio, o eixo econômico que congrega, com seu poder virtual, os outros poderes: político, militar, cultural. Toda a diversidade do mundo reduz-se a uma única maneira lícita – para o Império – de gerir o econômico. A verdadeira rede que contém o Império é a rede financeira internacional: a isso devem submeter-se povos e expectativas, culturas e nações. Por certo, como tantas vezes insistiram as correntes Pós-Modernistas, pós-marxistas e multiculturalistas, nem todos os antagonismos têm sua raiz e resolução na esfera econômica ou na "luta de classes". Mas também é certo que a globalização onde se expressam e se desenvolvem esses antagonismos está marcada pela marca desse capitalismo tardio, e todas as lutas são também atravessadas por suas "leis", pelos interesses que desata e põe em jogo, pela ameaça que lhes impõe uma força que pretende representar e organizar "a totalidade". Nesse sentido, e também em outros, o Império é "totalitário".

No fundo, nessa concepção imperial, a formalidade democrática deve servir para assegurar um conteúdo econômico: o mercado global. Na realidade, como demonstra a situação da Palestina após o triunfo do *Hamas*, para tomar um caso paradigmático, a compreensão de democracia que entende o Império não tem a ver com o governo das maiorias locais, e sim com a abertura à vontade do poderoso (nem sequer à lei, já que desconhecem ainda as próprias leis). Mediante o simples expediente de aplicar o mote de "terrorista" a qualquer força política, nação ou grupo populacional, estes são expulsos do campo político, ficando sem direitos. E ainda mais claramente: se não se garante a "liberdade de mercado" sobre a totalidade da vida humana, não existe "democracia". O objeto do governo democrático ao modo imperial não é o próprio governo, a possibilidade de uma política, mas exatamente seu contrário: a anulação total dela, seu total desaparecimento a favor de outro mecanismo: o mercado. Isto é, concretizando um conceito que já enunciamos, a coisa pública torna-se objeto da transação entre interesses privados, e o Estado e a política, para além de suas formas e formalidades, fica cativo nesse jogo de interesses das elites globais. O *demos*, da democracia, como teórica fonte do poder, e mais ainda o *Laos*,[16] que nem sequer pode exercer os direitos do cidadão nem do consumidor, fica substituído pelas forças financeiras do mercado, a democracia conforma-se como *crematocracia*.[17] Tanto é assim que no jargão econômico imposto pelas empresas de comunicação hegemônica "os mercados", ou ainda no singular "o mercado", já não se referem aos espaços de intercâmbio de bens, onde os produtores e artesãos mostravam seus produtos e os trocavam, nem sequer às suas derivações mais abstratas da celebração de transações de compra e venda de bens e serviços, mas aos jogos financeiros. O "mercado formador de preços" do capitalismo industrial cedeu seu lugar ao único mercado regulador, o das finanças. As grandes fortunas hoje não se conformam pela posse de bens e ativos físicos, e sim pelas contas bancárias, os bens financeiros, e outros bens virtuais, os registros e patentes, a imagem, o uso do

---

[16] Embora as palavras gregas *demos* e *laos* aludam aos homens livres, a primeira é de uso frequente nos textos gregos, enquanto a segunda é muito menos usual, com exceção da versão grega da Bíblia Hebraica, que a usa mais de 2.000 vezes. *Laos* é usada em Homero para indicar a tropa, o comum indiferenciado dos soldados, como distinta dos chefes e aristocratas que a comandam, ou os homens do vulgo como diferenciados dos que exercem funções de governo. Também *demos* registra alguns usos depreciativos, mas em Atenas adquire um novo valor ao se denominar assim os homens livres com propriedade, o que implica certos direitos de cidadania, participação nas assembleias e certa capacidade de influência no governo. Com o tempo passou a indicar um povo, um determinado conjunto de pessoas com características comuns. Até mesmo, em algumas cidades gregas e depois nas de fala grega de todo o Império Romano, recebia o nome de *demos* a própria assembleia cidadã. *Laos*, ao contrário, se manteve com um sentido de multidão indiferenciada, de simples habitantes comuns, de multidão ou habitantes de uma região (alguns linguistas derivam daí o vocábulo alemão "leute"). Em nosso escrito usaremos esta diferença para indicar aqueles que têm uma maior participação nas decisões de governo ou acesso a certas formas, mesmo que reduzidas, de participação social (*demos*), daqueles que ficaram excluídos de toda possibilidade de decidir e são os "sobrantes" do sistema imperial (*laos*).

[17] Também se a encontra como "crematocracia", do grego *chrema*, útil ou dinheiro, também assunto ou negócio; isto é, o poder ou governo do dinheiro, ou seja, governo onde a riqueza constitui o exercício e a legitimação do poder.

"logo" empresarial na forma do *merchandising*. O virtual, a fantasia, o fetiche – na linguagem marxiana – substitui o real, escamoteia-o, anula-o. Como no conto em que uns alfaiates mentirosos fraudam o rei vendendo-lhe um traje de um tecido inexistente, dizendo que os bobos não podem vê-lo, mas os sábios sim, e que ninguém se atreve a apontá-lo por medo de passar por bobo, todos acreditamos que existe aquilo que nos dizem que existe, ainda que intimamente não vejamos. Mas, nesse caso, o trabalho dos alfaiates inverteu-se: fizeram para todos nós uniformes com o tecido virtual, fomos obrigados a vestir-nos com esse mesmo tecido, e tememos descobrir que todos nós estamos, realmente, nus. E o único vestido é o *rei*.

No entanto, como a vida humana e o próprio sistema virtual continuam necessitando da materialidade, o sistema propõe-se e necessita dispor de todos os recursos econômicos, energéticos e tecnológicos do mundo, e pô-los à disposição desse mercado financeiro. Então, para resumir, quem não tem dinheiro não tem direito aos recursos que fazem a vida, não tem direito à existência. O direito teoricamente existente no plano político, o direito humano, é esvaziado em sua virtualidade, ao se fazer um direito sem recurso. Por outro lado, onde existam, esses recursos devem ficar à disposição, já não do Estado imperial (isso o diferencia do imperialismo clássico) e sim dos interesses privados, que constituem a medula econômica do Império, que, nesse caso, excede um único Estado-nação, mesmo quando os Estados Unidos da América constitua seu centro político-militar. Não que o Estado imperial tenha deixado de existir, ou que seu papel seja menor: está redefinido em função de garantir que os interesses econômicos da elite global possam dispor dos recursos necessários para seus negócios, desenvolvimento e domínio. Importa o gás boliviano, não, porém, os bolivianos. Portanto, devem-se privatizar os recursos energéticos da Bolívia, e se o governo atual da Bolívia reverte tal processo e não ouve a voz do mercado[18] fica incluído

---

[18] Sobre a nacionalização dos recursos energéticos na Bolívia, pode-se ver, entre outros, o relatório da BBC: "Bolivia Gas under State Control," http://news.bbc.co.uk/2/hi/americas/4963348.stm.

no "eixo do mal", o objeto da agressão imperial. Importa o petróleo iraquiano, mesmo que tenha de ser extraído sob os cadáveres dos iraquianos que não querem entregá-lo. Em suma, o restrito setor da classe global (a elite dos grupos financeiros, que controlam, quer direta, quer indiretamente, também as empresas produtivas) se arroga o direito de fazer-se dono do mundo. Tudo se torna precário diante do poder do Império. Mas o próprio Império, por isso, torna-se precário em sua relação com a lei humana e as possibilidades de sobrevivência daquilo que ainda poderíamos chamar natureza. Se, por sua renúncia à transcendência, a democracia fica assentada sobre bases instáveis, por sua apropriação totalizante o Império torna precária a própria vida do planeta.

Outra das múltiplas consequências que importa esse núcleo financeiro do Império global é que traslada os direitos humanos das pessoas às coisas ou às ficções financeiras ou jurídicas. Assim, o capital pode percorrer o mundo sem fronteiras e as transações financeiras podem ser feitas vinte e quatro horas por dia através da internet, em qualquer mercado, a partir de qualquer lugar onde haja um terminal de computador. Aparece a exigência de que os produtos devem ser comercializados sem entraves (especialmente aqueles que favoreçam os setores mais abastados) e impõem-se acordos de livre-comércio que, no entanto, não eliminam os subsídios com que os setores mais concentrados da economia favorecem seu ambiente imediato. Todavia, para o povo comum, os seres humanos concretos, em sua grande maioria, especialmente se são pobres ou do "Terceiro Mundo", sua mobilidade é cada vez mais restrita. Cai o muro de Berlim e os interesses capitalistas penetram o mundo da Europa Oriental, mas edifica-se um muro para excluir os mexicanos

---

Sobre esse tema, a opinião do chanceler norte-americano de então, R. Rumsfeld: "Latin American Axis of Evil," veja-se Eric Fish, "Axis of Evo: Bolivia's Model of Leftism," in *Academy and Polity* 28:2 (2006), acessível on line em: *Harvard International Review*, http://www.harvardir.org/articles/1541/.

pobres do acesso ao mundo do desenvolvimento.[19] Trasladam-se as empresas, as "maquiladoras", para explorar os baixos salários, mas a imigração e a mobilidade humana, que ameaçam a "identidade" e o *habitat* imperial, devem proteger-se, como se protegem com muros e segurança privada os bairros exclusivos onde vivem suas elites. A guerra ideológica transforma-se em uma guerra contra os pobres. Os direitos à saúde das pessoas físicas ficam postergados (nos EUA, mais de 10% de seus cidadãos – e muito mais de seus habitantes – estão sem cobertura médica). Os seres humanos concretos, de existência real e natural, doentes de Aids, não podem assegurar seu direito à saúde, pois ficam submetidos aos direitos de patente das pessoas jurídicas dos laboratórios, às "marcas registradas" que nem sequer reconhecem os cientistas que contribuíram para gerá-las. O "direito" é cobrado pela firma comercial, e os pesquisadores, as pessoas reais e físicas, cujo saber e trabalho produzem a medicina, são apenas "empregados", subpessoas, da pessoa jurídica que os administra, contrata ou despede à vontade. Com outras palavras: o mundo do virtual apodera-se dos direitos das pessoas de existência real:

> Do ponto de vista das empresas que operam transnacionalmente, os direitos humanos como direitos de seres humanos tangíveis não são mais que distorções do mercado. Eles operam e calculam mundialmente, e para eles o mundo inteiro é o espaço no qual aparecem as distorções do mercado.[20]

O Império financeiro, ao pôr as leis de mercado que são movidas pelo amor ao dinheiro (afã de lucro, maximização dos lucros) no centro de seu sistema valorativo, tergiversa e inverte as significações

---

[19] Na consideração do impacto desses "muros" conviria lembrar que se estima em menos de 300 os mortos por cruzar o "Muro de Berlin" durante todo o tempo de sua existência (cifra que ultrapassa levemente os 900 se se inclui todos os mortos por tentar cruzar a fronteira entre as duas Alemanhas entre 1945 e 1989), enquanto os mortos por tentar entrar nos Estados Unidos a partir do México pela fronteira amuralhada nos últimos 8 anos se estima que é pelo menos 10 vezes maior, já muito acima dos 3.000. (Dados extraídos da Wikipedia: http://em.wikipedia.org/wiki/Immigrant_deaths_along_the_U.S.-Mexico_border)

[20] Hinkelammert, Franz: "La economía en el proceso actual de globalización y los derechos humanos", em *Revista de Interpretación Bíblica Latino Americana*, n. 30, 1998.

Para além do espírito do Império

e sentido da vida humana, e até mesmo os direitos humanos como os concebíamos fora do Império. A corrupção é a norma (os últimos trabalhos do Prêmio Nobel J. Stiglitz documentam como os ajustes do neoliberalismo foram feitos sobre a base da corrupção[21]). Tudo deve ficar submetido à lei do lucro: Mamon é Deus.

## 4. A democracia imperializada

Esta foi, precisamente, a postura central da corrente política dominante nos últimos anos, o chamado neoliberalismo. Isso já é tão conhecido que não vale a pena determo-nos muito nisso como discussão ideológica, mas sim prestar atenção em como incide no espírito do Império. Essas posturas, de quem, como é sabido, seu principal porta-voz foi F. Hayek, partem da hipótese de que só no extremo individualismo realiza-se a vocação humana. Em sua concepção, os instintos gregários e a solidariedade são ressaibos de um passado que é necessário deixar para trás para assumir a verdadeira realização final (quase proposta em termos evolucionistas) da espécie humana: sua racionalidade profundamente individualista. Nessa se expressa, curiosa e paradoxalmente, sua condição "natural": reúne-se, recorrendo a outra linguagem, seu "ser em si" com seu "ser para si", mas neste caso, jogando com as palavras, pode-se dizer que esse "para si" não tem a ver com sua consciência de ser e sim com seu inesgotável egoísmo, um ilimitado afã de posse. Isso mesmo é um "dom" do Império. Só a livre concorrência em todas as esferas da vida produz a verdadeira liberdade, e qualquer interferência não faz senão alterar as possibilidades de expressão da pessoa. Esta deve ser posta a salvo de qualquer elemento que obstaculize sua livre capacidade de posse, portanto o Estado (e, por conseguinte, a política e a democracia) deve ser reduzido à sua mínima expressão. Apenas o necessário para que o mercado opere livremente. Portanto, conceitos como "solidariedade"

---

[21] "La corrupción de la lucha contra la corrupción", acessível em http://www.project-syndicate.org/commentary/stiglitz75

ou "justiça social" ficam explicitamente injuriados, em seus escritos, como expressões de um passado de opressão a ser superado.[22]

Essa ideia de total confrontação entre os seres humanos, que não deixa de ser hobbesiana em sua raiz, paradoxalmente transforma em salvação aquilo que a tradição cristã (várias das diferentes tradições cristãs, para dizer melhor) considerava o maior pecado: o egoísmo. No Evangelho segundo Hayek, com seus sinóticos em M. Friedman e os outros teólogos neoliberais, o egoísmo é uma virtude salvífica e o amor, um pecado mortal. Aqui é onde se revela de que maneira esse modo de conceber a vida humana é partícipe do "espírito do Império". Há uma negação do vínculo com o outro: o outro é sempre um competidor, nunca um próximo. O outro é a ameaça à minha liberdade, nunca a oportunidade de construção conjunta. Minha única preocupação deve ser fazer o que desejo (mesmo que, na realidade, como veremos, meu desejo seja o desejo de outro – ver capítulo II). A tensão que significam os interesses em disputa só se resolve mediante o triunfo de um deles e a aniquilação do outro. Contudo, o que não se explicita é que, quando a concorrência é pelos bens vitais, perder significa a frustração, o desamparo, morrer. Como no circo romano, perder significa a morte. "You're a looser" é a expressão do desprezo ao outro ser humano, é a burla do decaído, é a expressão final da arrogância do espírito do Império. Aqui só têm lugar os ganhadores, os que dominam e controlam, os fortes que não podem nem devem resignar sua vontade perante o conjunto, os que são capazes de desprezar a vida dos débeis, esses "efeitos colaterais" de seu afã de posse. Seu herói é o rico funcionário que se afasta de Jesus quando este lhe pede para deixar seus bens para segui-lo. O "bom samaritano" ou o convertido Zaqueu são estúpidos primitivos.

Esse extremo individualismo, em que pese sua arenga de liberdade (embora a liberdade seja definida em termos negativos: a ausência

---

[22] O desenvolvimento desses pontos no pensamento de Hayek pode ser visto especialmente no capítulo primeiro, "Between Instinct and Reason," de seu livro: *The Fatal Conceit: The Errors of Socialism* (Chicago, University of Chicago Press, 1988).

de restrições à vontade) não deixa de ser totalitário. Nada mais que agora não será o soberano político, o Leviatã, capaz de conter a agressividade mútua, restringindo as liberdades, e sim um Deus invisível e sábio que as possibilita: o mercado. Este não absorve as vontades dos súditos, mas as realiza. Só que o direito de cidadania o dá o único documento que é válido no mercado: o dinheiro.

Esse é o novo artífice da unidade dispersa da individualizada humanidade. Esse extremo individualismo é essencialmente antidemocrático, porque destrói o conceito de *demos*. Já não há "povo", espaço de construção deliberativa, a possibilidade da ação coletiva, já que a totalidade que representa a sociedade e sua expressão na conjunção de sociedade política e sociedade civil é substituída por outra totalidade, que é a que coordena e dirige a existência e ação dos indivíduos: o mercado e sua "mão invisível". O Estado fica reduzido a uma função exclusivamente policial, sendo seu papel o de guardião da propriedade privada (dos proprietários, obviamente, sem revisar o processo histórico de apropriação). Assim, tudo fica entregue à iniciativa privada dos *beati possidentis*, e a vida pública praticamente desaparece. O Estado não tem nada que possuir, nada que gerir, nada que distribuir. O neoliberalismo é incompatível com a noção de *res publica*.

Se, por um lado, o ataque ao político, o qual termina com o esvaziamento da democracia, provém dos neoliberais até a morte, não menos perigoso é o ataque ao político a partir dos consensualistas. A cultura Pós-Moderna, embora disfarçada de abertura e tolerância, é cúmplice e partícipe necessário de um sistema que não tolera alternativa, e exige uma submissão à sua única lei: o capitalismo tardio. Se tudo deve ser incluído em um mundo globalizado, então, deste ponto de vista, a discórdia sobre os parâmetros da globalização transforma-se em um problema. Nesta nova leitura, a democracia é a maneira de tratar e resolver as dissensões para alcançar um consenso. Para o Império, contudo, tal consenso já está predeterminado, e não pode ser outro senão o da liberdade de mercado, o consenso em torno do funcionamento ilimitado do capitalismo global. Qualquer outro consenso será, nesta visão, profundamente "antidemocrático".

Assim, por levantar os problemas em abstrato, como se o capitalismo tardio já não fosse um marco instalado, como se não houvesse assimetrias de poder que condicionam todas as participações sociais, os que concebem a democracia como "busca de consensos" terminam sendo aliados, pensem isso ou não, do Império. Sob a existência do Império, o único consenso alcançável é a vigência do Império. Outro consenso não contaria com as forças que hoje sustentam o Império, e é dificilmente crível que estas cederão seu poder econômico, militar, suas indústrias culturais e todas as suas prebendas para alcançar um acordo não imperial. Forçar a conformação de um "consenso" termina sendo parte da tarefa de conformação de hegemonia.

Chantal Mouffe, em seu livro *En torno de lo político*, levantou esse tema com clareza.[23] Por um lado, desafia as visões de autores como Ulrich Beck e A. Giddens e sua proposta de uma "Modernidade reflexiva".[24] O consenso desses autores, como de alguns outros Pós-Modernos e multiculturalistas, em alguns deles subjacente e em outros explicitamente proposto, é que não existe alternativa ao capitalismo, e o que fica, então, é uma espécie de subpolítica (termo de Beck) onde se devem resolver outras alteridades. Beck autor sustenta que os conflitos fundamentais que se dão no mundo hoje já não são de natureza distributiva, e que os conflitos de identidades podem ser negociados a partir da convicção Pós-Moderna da ambivalência, que permite dissolver os conflitos a partir de sua relativização. Os corpos políticos da Modernidade já não têm sentido e seu lugar deve ser ocupado por foros de peritos, políticos, empresários e cidadãos que possam alcançar os consensos que permitam uma cooperação mútua. De forma similar, Giddens fala de uma democracia dialógica, onde "os peritos" voltam a desempenhar um papel fundamental.

---

[23] Buenos Aires, Fondo de Cultura Económica, 2007.
[24] Mouffe, *op. cit.* pp. 41-69.

Quando se analisa esses textos *in nuce*, realmente pareceria estar-se propondo a ilusão de uma mescla entre democracia direta em pequenos círculos despolitizados e o surgimento de uma nova aristocracia do saber, os peritos. Essa é a sugestão de sua "terceira via", que pode levar a uma ordem social cosmopolita. A intervenção do governo de Blair, do qual Giddens era assessor, em vários conflitos internacionais pode mostrar-nos como se resolve esta "terceira via" na prática: o recurso da democracia "dialógica" à violência militar se o diálogo não produz o resultado esperado pelo poder imperial. Perguntamo-nos, junto com as acertadas críticas de Mouffe que não repetiremos aqui, se conjugamos isso com a vigência do capitalismo global, que outra coisa temos que uma totalidade imperial, onde se buscam consensos para resolver as questões de identidades, mas só e a partir do âmbito de acordos que dá o sistema global existente, não modificado. Por outro lado, quando alguém olha as cifras da distribuição mundial da riqueza e as tendências ao acúmulo de capital, cabe perguntar o que querem dizer com "os conflitos já não são distributivos". Essa intencional miopia sobre as condições do capitalismo global é necessária para os efeitos de poder elaborar essa "pós-política". É necessária a "pós-política" porque a política é perigosa. O Império se resolve, assim, em uma "pós-democracia".

De outro lugar, também J. Habermas e sua ética comunicacional impulsionam-nos no mesmo sentido. Também neste ponto seguimos a crítica de Mouffe,[25] no sentido de que todas essas posturas consensualistas supõem a vigência da democracia liberal ocidental, de condutas racionais, e da vigência do capitalismo global como a expressão dessa racionalidade no plano da economia. Mas para ocultar tal submissão do político ao econômico, que, por outro lado, criticam na ortodoxia marxista, há que pôr novamente de lado a relação entre economia e política. Defender a autonomia do político para depois

---

[25] Op. cit., pp. 90-96. Também são significativas as críticas de Reyes Mate: *Mística y Política*. Estella (Navarra), Editorial Verbo Divino, 1990, esp. no cap. 1 "Solidaridad Compasiva: una crítica de la teoría habermasiana de la acción comunicativa" (pp. 15-62).

destruir o político sem destruir a economia. Assim, nesse isolamento do político (que, por outro lado, é aparentemente contraditório com sua concepção "holística") propõe-se, finalmente, reduzir o político às questões conjunturais, ou seja, torná-lo inoperante. Com o que novamente fica o exercício do verdadeiramente político apenas em mãos da elite global, cujos peritos convencerão os demais dos consensos necessários para sua vigência. Em todo consenso subsiste alguma situação de domínio. O consenso e a unidade geram a ideia de uma "totalidade" possível, e terminam por prestar culto à hegemonia imperial. Assim, a discórdia fica anulada, portanto excluída. As particularidades ficam subsumidas na totalidade "consensuada", os desacordos ocultos no interior de um consenso geral, que por isso resigna a possibilidade da oposição e deixa sempre de fora um resto inalcançável, que, por não caber no consenso, não cabe na sociedade.

## 5. Império, comunicação e subjetividade

Como indicamos, as forças hoje hegemônicas em nível global resolvem-se em sua tentativa de conformar a subjetividade do sujeito imperial como indivíduo, ou, quase caberia dizer, a sua entronização como único sujeito "realmente (in)humano", e a destruição do *demos* como sujeito, sua substituição por um objeto da colonização das mentalidades. Não é um dado menor que o capitalismo e a "racionalidade" liberal sejam vistos como "o estado superior da humanidade", a humanidade encontrando seu destino. O sujeito imperial é, necessariamente, um sujeito soberbo, que necessita justificar sua empresa imperial como uma empresa humanizadora (ver os argumentos de R. Cooper no final do capítulo III). Nele se reflete aquilo que a humanidade deve ser, o que graças a eles chegou a ser. Quem não é como eles não é, é um meio-humano, ou, melhor ainda, um infante que deve ser guiado pelos pais imperiais para sua maturidade, às vezes à força de castigos e sovas, especialmente se forem rebeldes. Para evitar esses extremos, propõe-se "educar" os súditos (sujeitos) do Império no modo imperial. Isso não pode senão fazer-nos recordar a forma com que o Império Espanhol na América considerava os "súditos" indígenas para justificar a exploração através do sistema de encomendas.

Nisso aparece como elemento destacado a função da comunicação. As empresas de comunicação de alcance global (mal chamadas "meios", uma vez que acarretam seu próprio fim), que respondem aos mesmos interesses, criam a sensação de que os desejos estabelecidos pelo mercado são os únicos válidos, os únicos possíveis, o único caminho, o que nos leva a essa plenitude de que gozam os sujeitos imperiais. Para esse fim, as realidades que vivem os sujeitos reais, o ambiente do qual surgem e no qual vivem virtualiza-se. Seja nos noticiários, seja nas telenovelas, a realidade imediata virtualiza-se, dissolve-se no sem sentido. As vidas privadas são exibidas em público como espetáculo, enquanto os recursos públicos são privatizados. O desejo é induzido e orientado em função dos interesses comerciais. A lei comunicada pelo mercado consumista é "simplesmente faça". O imediatismo é norma, o impulso primitivo converte-se em único motor, de tal maneira a adotar a simbólica proposta pelo Império, eliminando as mediações que poderiam surgir por criar-se uma simbólica própria. A aparência é tudo na aparência, embora haja muito mais por trás, como veremos no capítulo seguinte.

O que há de novo? Onde se consegue? Quanto custa? São as perguntas mais frequentes de nossos jovens colonizados. A satisfação individual dissolve o sentido solidário. Assim, conforma-se um conjunto de fatores que contribuem para gerar uma subjetividade imperializada, onde se diluem os espaços de liberdade. A única liberdade subsistente é a liberdade de mercado, onde o ser humano fica ou submetido aos interesses dominantes, ou expulso. Só há lugar para o desejo gestado na dominação hegemônica.

Aqui se impõe uma clarificação do conceito de hegemonia. Hoje é um conceito sumamente trabalhado, e debatido por algumas correntes da filosofia política "pós-marxista".[26] Não é este o lugar para revisar esse debate. Em nossa concepção, a hegemonia é uma dimensão da construção social, onde entram em jogo os fatores que provocam a dominação, que opera no campo do político e da cultura política, e nesse espaço intermediário em que se gera a relação entre o político e a subjetividade, tanto individual como na criação dos sujeitos coletivos, dos sujeitos que se tornam atores sociais e atores políticos. Não equivale a domínio ou a imposição, e sim ao consenso internalizado do domínio, à participação do dominado no espaço ideológico do dominante, assumindo-o como sua própria construção ideológica: "a ideologia dominante é a ideologia do dominado", no sentido em que a simbólica dominante é integrada na expressão também daqueles que ficam subalternizados, e terminam incorporando esta simbólica em seu próprio imaginário. Não é a simples aceitação resignada do domínio, e sim uma incorporação ativa que introduz a cosmovisão, o "espírito" da dominação como *éthos* dominante. O conjunto social opera segundo a simbólica que geram as forças hegemônicas, de tal maneira que mesmo aquilo que parece diverso é expresso na simbólica dele; por isso é totalizante. A hegemonia supõe uma imanência absoluta do sistema (que, portanto, se julga transcendente), na circularidade de um modo de conceber e expressar a realidade (a simbólica) que fica sujeito à configuração que impõe a subjetividade dominante, embora essa subjetividade tenha-se formulado em uma fantasia, que termina por fantasiar o mundo segundo seus particulares interesses, desconhecendo o real da realidade como exterior a seu discurso.

É isso justamente aquilo a que aspira a hegemonia: a possibilidade de eliminar o controle daqueles que poderiam reclamá-lo, já que suas reivindicações ficaram incorporadas subalternamente na simbólica dos que assumiram o poder da demanda totalizante. O consenso hegemônico existe enquanto essas outras reivindicações já não podem

---

[26] Um ponto referencial nesse debate é marcado pelo citado livro de E. Laclau e C. Mouffe, e os debates que se deram em torno disso por autores como S. Zizek, J. Butler e outros.

identificar-se nas significações que propõe o poder e essa formulação de outras demandas faz que mudem as relações de poder. Quando começam a mudar as relações de poder é porque adquirem capacidade de gestão autônoma as demandas de certos setores, ou aparecem, ou encontram possibilidade de inserção social outros interesses e outras forças que começam a buscar outras formas de gerir seu lugar político e expressar seus interesses antagônicos, quebrando a fantasia totalizante por uma nova simbólica que irrompe a partir da brecha que produz nesse jogo de imanência e apela ao real a partir de outra mediação, de outra formulação da experiência de ser humano, de outra forma de estar vivo.

A democracia como "anti-imperial" necessita dessa quebra da hegemonia, ou seja, de uma luta pela hegemonia, da presença de forças anti-hegemônicas. A democracia exige certa incapacidade de resolver, certo espaço de ambiguidade, de reconhecimento da tensão como inevitável. Mas essa ambiguidade, diferentemente da ambivalência proposta por Beck, não é uma desculpa para dissuadir o sentido do conflito, mas um reconhecimento de sua necessidade, de certo estado de indefinição, de uma luta pelos significados, de uma disputa distributiva que dinamiza a democracia, e que sua oclusão acarreta o fim do político e, portanto, da liberdade. É o lugar da mostra dos conflitos e sua regulação: não os dissolve nem os transforma em consenso, nem os submete à dinâmica do mercado. Assume-os e expressa-os em termos políticos para gerar ação política. Voltaremos a tratar disso no último capítulo.

A representatividade fictícia da república imperial esvazia a realidade e apresenta-nos sua fantasia como se o fosse. A tarefa da política não é apresentar uma virtualidade substitutiva (políticas da utopia), e sim voltar a instalar símbolos que a vinculem com a realidade do povo, portanto, que voltem a pôr no centro da arena pública os antagonismos e controles que são próprios de um exercício diversificado do poder. Com outras palavras, o que a construção da virtualidade, esse espelhismo fantasioso que o Império mostra como seu poder onímodo, esvaziou de humanidade deve voltar-se ao humano, às dimensões de ambiguidade, de imprevisibilidade, de participação que, paradoxalmente, só pode ser anunciado como quebra, como irrupção. Quer dizer, como no conhecido conto, mas agora invertido, faz-se necessário reconhecer que "o rei está vestido e deixou-nos nus". O feitiço – ou, neste caso, a obsequência – não pode resistir à voz do mais fraco, da criança que diz o que vê ou padece, do sofredor que diz o que sofre, do não documentado que, no entanto, existe.

## 6. O Império e os tempos

Os tempos "normais" são aqueles onde se dão as lutas pelas hegemonias, onde os poderes dominantes se legitimam pelo seu próprio exercício, onde eletivamente o poder de violência, física e/ou simbólica, garante a possibilidade do governo "estável". Nesse sentido, a "normalidade" do Império é sua capacidade de suspender a lei, em termos schmitteanos, de declarar-se soberano, ou seja, de suspender a política, de resignar a democracia, de dissolver a *res publica* mesmo sob as formalidades republicanas.[27]

A democracia (formal) rege nos tempos "normais". Por isso mesmo é válido que não se busque justificar em nenhum transcendente, já que ela mesma também não pode ser absoluta, porque, ao fazê-lo, instalaria definitivamente a hegemonia. Deve sentir-se sempre ameaçada pela irrupção do absoluto, consciente da precariedade de qualquer condição de poder, da instabilidade das assimetrias que hoje a estabelecem, para que não se absolutize a si mesma como Império. Deve perceber a reivindicação "laocrática" como tempo de gratuidade, do paradoxo de que o absoluto se reclama a partir da materialidade da vida. Precisamente, o Império desescatologiza a política porque pretende desconhecer o absoluto que lhe vem de fora de si

---

[27] Veja-se: Carl Schmitt, *Teología política – Cuatro ensayos sobre la soberanía*. Buenos Aires, Editorial Struhart & Cia, 2005. As reflexões de G. Agamben sobre isso em: *Estado de Excepción*. Buenos Aires, Adriana Hidalgo Editora, 2004. E a reflexão de Giorgio Agamben no seu *State of Exception*, trans., Kevin Attell (Chicago, University of Chicago Press, 2005).

para poder realizá-lo em si mesmo. Mas o ser humano nunca pode representar o absoluto, nunca pode realizá-lo. Quando pretende fazê-lo se faz autoritário, totalitário, eventualmente monstruoso, como o verá o Apocalipse.

No entanto, diante desses tempos "normais" sempre aparecem, ameaçadores, os tempos onde se possa expressar a ambiguidade, onde a imanência fantasiosa do sistema é tocada pela transcendência da realidade, onde aparece outro reclamo, o reclamo "laocrático", que embate contra os muros de contenção que o Império busca construir contra a exclusão que sua soberba possessiva constrói. Como o real é no tempo, a única maneira que o Império tem de ser eterno é dissolver o real em sua pretensão de eternidade, em sua potência virtual. Por isso necessita desconhecer a vida real dos seres humanos reais e substituí-la pela vida virtual das pessoas virtuais, de suas ficções jurídicas, de sua "mão invisível". Quando não alcança isso, aparecem as armas.

Exatamente, a ideologia imperial, tanto no passado como agora, é necessariamente *des*-escatologizante: assim como não pode haver "fora" do Império, algo que não esteja entregue às forças do mercado, não há futuro, não há algo ulterior, o depois só pode reproduzir o agora. Não há sistema posterior, não há outro tempo possível, o Império se define eterno, o fim da história. Presume que a ninguém deve justificar os seus atos, porque seu poder é em si mesmo razão válida. Propõe-se eternizar essa falta de controle e de prestação de contas. O tempo passa sem afetar a condição das coisas nem os âmbitos do poder: isso são os tempos "normais" da dominação.

A ameaça sobre o Império e sua normalidade é a quebra desse passar sem passar do tempo. Daí o fato de todos os movimentos "anti-Império" necessitarem gerar uma forma de temporalidade distinta, e devem introduzir um horizonte escatológico, uma ruptura temporal que questione os tempos normais. A introdução da expectativa escatológica é a aventura de esperar (e *pro*-vocar) a ruptura dos tempos normais, nos quais surge uma quebra da racionalidade linear do poder. Isso é o que o Império e seus agentes temem. Temem o tempo em que a crise sempre pendente mostra a brecha, e por isso permite que ressoe a voz profética. Temem-na porque põe em cena o clamor laocrático, a realidade da insatisfação fundamental das maiorias. Mais o temem se essa multidão se faz *demos*, se assume o reclamo para reinstalar-se como democracia, de voltar a propor a vigência da *res publica*, já não como formalidade, e sim como conteúdo. Nisso nos diferenciamos da ideia expressada por Hardt e Negri, de que a multidão por si é questionadora do Império: só o faz quando recupera seu estado de *demos*, quando reclama sua participação na coisa pública, quando reinstala canais de ação que permitam gerir sobre a totalidade fechada do Império e quebrá-la, transcendê-la.

É parte ineludível de uma aporia política, então, que em face desse reclamo de eternidade imanente seja o espaço do transcendente a partir de onde se deve levantar a crítica ao Império. Na ambiguidade do religioso houve uma transcendência que se erigiu como garante dos Impérios (quando a transcendência é imanentizada em um soberano que a representa), mas ao mesmo tempo existiu uma voz transcendente, a dimensão da visão profética, que se levantou como o último espaço da revelação crítica. Na medida em que as relações humanas foram imperializadas, a crítica ao Império só pode vir de um *extra novis*, a partir de um fora que manifeste o limite (isso será desenvolvido mais extensamente no capítulo III). É aqui que o poder "laocrático", o reclamo do excluído, da não pessoa, para o Império, torna-se o fator dinamizador do tempo político, anúncio de tempos messiânicos, escatológicos, se nos perdoam a linguagem teológica que hoje se tornou novamente referência em escritos políticos. Os tempos escatológicos são os tempos da irrupção do absoluto, que o Império não pode esgotar, e, portanto, do real (contra Hegel, onde o Absoluto é ideal, e não "irrompe", mas se constrói em sua manifestação). Tal presença da exterioridade que irrompe na imanência do

Para além do espírito do Império

sistema é a contribuição profética para a filosofia política, daí o fato de hoje se voltar a ler o texto bíblico em chave política.[28]

Não afirmamos, como alguns pretendem, que ali, nos mais humildes, nos pobres e excluídos, nos fracos e despojados está o poder que destruirá o Império. Isso seria carregar sobre as costas deles uma responsabilidade a mais, outra opressão. Mas, sim, dizemos que em sua presença não querida, em sua impossível ocultação, em suas mortes e cruzes desenhadas no muro da vergonha, mostra-se o espírito do Império, e diante desse espírito de morte expressa-se, a partir da reserva de sentido anti-hegemônico dos povos, o espírito de vida.*

---

[28] Assim, autores como S. Zizek, G. Agamben, A. Badiou, A. Negri escreveram textos dedicados a uma releitura política de textos bíblicos, inspirados, entre outros, por J. Taubes e sua *Teología política de San Pablo* (Barcelona, Editorial Trotta, 2007).

* Texto traduzido por Gilmar Saint'Clair Ribeiro.

Capítulo II
# Império, religião e subjetividade

## 1. Introdução

Não raro, esquecemos que os Impérios formam não só estruturas políticas e econômicas, mas também realidades culturais, intelectuais e pessoais. Na situação atual de Império, a subjetividade das pessoas é formada de novas maneiras, muitas vezes inconscientemente.[1] Ao contrário de muitos Impérios do passado, a subjetividade não é necessariamente subjugada pela força e pela expressão cultural inequívoca (como os esforços missionários passados de "civilizar os selvagens", ou expectativas de conformidade na "mistura de raças"),

---

[1] Observe que a subjetividade não é meramente um assunto secundário de Império. Como Oliver, Kelly. *The Colonization of Psychic Space*; A Psychoanalytic Social Theory of Oppression. Minneapolis, University of Minneapolis Press, 2004. p. 26, menciona, seguindo Frantz Fanon: "Mede-se o sucesso da colonização de uma terra, uma nação ou um povo pelo sucesso da colonização do espaço psíquico. Somente pela colonização do espaço psíquico a opressão é realmente persuasiva".

mas por mecanismos mais sutis, que incluem a nova mídia e a indústria da publicidade (como se nota com frequência) e pela dinâmica cultural e religiosa que é menos visível. Além disso, embora a subjetividade e o desejo tenham sido sempre formados por relações de produção – o trabalho no campo forma os camponeses, o trabalho de fábrica forma os operários e o escritório forma os escriturários –, precisamos agora olhar mais de perto a maneira como o consumismo forma as pessoas. O imenso desejo de consumir que presenciamos hoje não é natural, mas tem de ser provocado, como sabem os anunciantes, a fim de manter o sistema em pleno andamento. A mudança global de "fordismo" para "toyotismo", por exemplo, cria novos relacionamentos entre o consumismo e a produção – onde, antigamente, a subjetividade tinha de se conformar com formas rígidas de produção industrial (o Ford T, por exemplo), agora a subjetividade tem certo impacto na produção industrial (carros são produzidos e equipados conforme o gosto dos consumidores). Embora a produção ainda seja imprescindível e seja preciso levar em conta os grilhões invisíveis do salário que substituíram os grilhões de ferro visíveis da escravidão, também precisamos dar outra olhada no consumismo e nos grilhões ainda mais sutis do desejo que ele produz. Já em 1955, a ligação entre produção e consumo foi vista claramente pelo economista dos EUA Victor Lebow:

> Nossa economia enormemente produtiva [...] exige que façamos do consumo nosso modo de vida, que convertamos a compra e o uso de produtos em rituais, que procuremos a satisfação espiritual, a satisfação do ego, no consumo [...]. Precisamos de coisas devoradas, consumidas, substituídas e descartadas em uma velocidade sempre maior.[2]

O que está em jogo nesse ritual não é apenas o que se costuma criticar como "materialismo" ou consumismo; o material e o espiritual

---

[2] Lebow, Victor. *The Journal of Retailing*. Spring 1977. p. 7, conforme citado em Jacobson, Michael. *Marketing Madness*. Boulder, Colo. Westview Press, 1995. p. 191. (referência na web: http://www.targetearth.org/ about/conscientious. consuming.htm#ref 04 http://www.sierraclub.org/ sustainable consumption/ tilford.asp), acessado em 22/12/2007.

não se separam tão facilmente. Está em jogo a maneira como a subjetividade se forma nesses processos.[3] A análise desses mecanismos nos permitirá, em um segundo passo, identificar possibilidades alternativas para a formação da subjetividade e do desejo, apontando para além das estruturas de Império.

Mesmo assim, apesar desses padrões mais moderados na formação da subjetividade e da personalidade, não podemos nos esquecer do papel que a força e a repressão desempenham. Sob as condições atuais, o poder moderado de Império é complementado pelo poder opressivo, que inclui ação militar e atos de tortura; em pouco tempo, o uso crescente do poder opressivo em épocas recentes reformulou os relacionamentos em todos os níveis. Com a presidência de George W. Bush, intervenções violentas (não raro religiosamente santificadas) tornaram-se mais comuns nas relações internacionais – duas guerras preventivas no Afeganistão e no Iraque falam por si –, mas intervenções violentas também se tornam mais comuns em relações em nível nacional, chegando até as regiões da vida pessoal. Há uma história de violência quase sempre negligenciada, que paradoxalmente acompanha a introdução de certo capitalismo *laissez-faire* que formou as coisas em nível global nas últimas três décadas. Os exemplos incluem as violentas derrubadas de governos, do Chile em 1973 a uma tentativa de derrubada na Venezuela em 2002, com os EUA liderando alguns níveis de apoio nos dois casos; choques declarados com os que protestam e métodos policiais não declarados cada vez mais violentos que são usados com frequência contra protestos pacíficos; e níveis drasticamente elevados de violência doméstica em certas regiões.[4]

---

[3] "É necessário deixar claro que, em uma sociedade de consumo como a nossa, a pressão para consumir cada vez mais não é apenas um problema de "materialismo", no sentido de serem as pessoas julgadas e identificadas na sociedade conforme seus padrões de consumo. Hoje, a identidade pessoal está profundamente ligada ao consumo". Sung, Jung Mo. *The Subject and Complex Societies*. p. 39. Tradução inédita por Peter L. Jones.

[4] Entre 1999 e 2004, houve aumento de 50% na violência doméstica em diversos condados do Texas, por exemplo, *Tyler Morning Telegraph*, May 4, 2007. Na web em http:// www.tylerpaper. com/article/20070504/OPINION0306/705040314/-l/OPINION. Acessado em 23/12/2007.

Contudo, como nos lembram Hardt e Negri, já Maquiavel entendia que o uso de violência e força deve ser de curto prazo e limitado.[5] A força militar é a forma mais fraca de força, brutal, mas frágil. Os limites do poder opressivo são precisamente o que os EUA experimentaram nas intervenções militares no Afeganistão e no Iraque, com o efeito adicional de parecer que a força militar brutal é cada vez menos capaz de mudar o mundo. A Guerra do Vietnã dá outro exemplo desse fenômeno, exatamente como a invasão da antiga União Soviética no Afeganistão. Esses fracassos produziram algumas novas perspectivas e maior apreço pelo poder moderado. Em dezembro de 2007, um noticiário AFP [France Presse] declara que, "depois de seis duros anos de guerra, os Estados Unidos despertam para a ideia que 'poder moderado' é um jeito melhor de recuperar influência e poder em um mundo efervescente de instabilidade". O mais interessante é que, como diz a notícia, "em nenhum lugar a mudança de opinião é mais fomentada que nas forças armadas dos EUA, que insistem em maior diplomacia, ajuda econômica, ação cívica e aptidões civis para impedir novas guerras e alcançar a paz no Iraque e no Afeganistão". O secretário de Defesa dos EUA, Robert Gates, sucessor do defensor de força militar Donald Rumsfeld, agora pede "drástico aumento de gastos em instrumentos de força civis". Como declara o especialista do Instituto de Paz dos EUA Robert Perito: "Na prevenção de conflitos, já se vê, há muito poucos componentes militares. É quase tudo político e econômico. É essa a outra coisa que está acontecendo".[6]

Com a crescente percepção da natureza frágil da ação militar, é possível, talvez, descrever a atual situação de Império em termos de um clima passivo-agressivo. No que diz respeito aos Estados Unidos, o que aconteceu em Nova Orleans é exatamente tão revelador quanto o que está acontecendo no Iraque. Logo após o furacão Katrina e a

---

[5] Hardt, Michael & Negri, Antonio. *Multitude; War and Democracy in the Age of Empire*. New York, The Penguin Press, 2004. p. 332.

[6] Mannion, Jim. Led by the military, war-wary US awakens to "soft power". Dec. 13, 2007, na web em: http://news.yahoo.com/s/afp/20071213/pl afp/usmilitarydiplomacy, acessado em 22/12/2007.

Império, religião e subjetividade

inundação da cidade em 2005, o mundo ficou chocado com a passividade do governo dos EUA, que parecia incapaz de intervir em nível significativo em favor das vítimas. Anos depois, muitas pessoas afetadas ainda estão no ostracismo, impossibilidades de voltar. É menos conhecido que na verdade foram tomadas atitudes e muitos líderes econômicos e políticos, de Milton Friedman aos membros da Heritage Foundation, perceberam a oportunidade de ouro: bairros de elite foram reconstruídos rapidamente e sem restrições, o sistema escolar foi em grande parte privatizado com a emissão de comprovantes escolares e até preparado o caminho para a introdução de um imposto fixo.[7] Nesse clima passivo-agressivo, há quem se aproveite de todo tipo de catástrofes, por meio de inércia e de ação em todos os níveis. Enquanto a ação agressiva das duas guerras dos EUA depois dos ataques terroristas de 11 de setembro de 2001 mostrou-se profundamente ambígua, outra ação incentivada pelo presidente Bush talvez se mostre mais decisiva com o passar do tempo. Uma de suas primeiras injunções depois daquele dia fatídico foi incentivar o povo a ir às compras. O consumismo é parte importante do pacote de Império passivo-agressivo. A reflexão em subjetividade, Império e religião exige que prestemos atenção ao poder moderado e ao poder opressivo e às formas como agora agem juntos.

Neste capítulo são dados exemplos frequentes do contexto dos Estados Unidos. Embora o Império seja maior que os Estados Unidos, esse país tem lugar especial na formação de Império hoje, já que há um "profundo alinhamento com os processos globais de desenvolvimento – e o 'projeto de Modernidade' – que dá ao sistema norte-americano durabilidade e alcance global", como ressalta G. John Ikenberry.[8] Um lembrete por James Petras e Henry Veltmeyer põe as

---

[7] Klein, Naomi. *The Shock Doctrine*; The Rise of Disaster Capitalism. New York, Metropolitan Books, 2007. pp. 4-5; 410.

[8] Ikenberry, G. John. American power and the empire of capitalist democracy. In: *Empires, Systems and States*; Great Transformations in International Politics. Michael Cox; Tim Dunne; Ken Booth, orgs. Cambridge, Cambridge University Press, 2001. p. 194. Embora Ikenberry ainda assim ressaltasse que parte do sucesso dos EUA foi que a democracia e a relação com

coisas em perspectiva: "O imperialismo não é política, conspiração ou produto de uma única administração, mas realidade estrutural com determinantes políticos e base econômica".[9] É esta realidade estrutural maior que precisamos investigar, contudo a situação nos EUA é, de muitas maneiras, sintomática dessa realidade.

À luz desses fenômenos variados, o papel da teologia e dos estudos religiosos na análise desses fatos praticamente não precisa de desculpa. A espiritualidade do consumismo e seus rituais, a ética do trabalho que é sustentada por vários modos de produção e a metáfora religiosa empregada nos esforços de guerra – um congressista republicano chegou a afirmar que foi Deus que acabou com Nova Orleans, e o vice-presidente Cheney observou que Impérios não surgem sem a ajuda de Deus[10] – tudo afirma a eficiência da teologia e da religião. Precisamos urgentemente de uma investigação crítica que nos ajude a entender os limites humanos e os limites de nossa compreensão do divino.

## 2. Breve história da subjetividade[11]

Em Impérios passados, a subjetividade e o desejo humanos foram muitas vezes subjugados pela força e a repressão cultural direta. As abordagens variadas à religião são um caso em questão. Embora na

---

      instituições internacionais fê-los "menos ameaçadores para o resto do mundo", ibidem, p. 194, vemos agora o poder político, militar e econômico dos EUA em ação, o que Ikenberry menosprezou um pouco em 2001.

[9]   Veja Petras, James & Veltmeyer, Henry, com Luciano Vasopollo e Mauro Casadio. *Empire with Imperialism*; The Globalizing Dynamics of Neo-Liberal Capitalism. London, Zed Books, 2005. p. 32.

[10]   Richard Baker, citado em Klein, Naomi. *The Shock Doctrine*, p. 4. Em um cartão de Natal de 2003, o vice-presidente Dick Cheney citou Benjamin Franklin: "E se um pardal não cai ao chão sem que Ele note, é provável que um Império surja sem Sua ajuda?"

[11]   Em inglês, o termo subjetividade é geralmente entendido com um significado mais passivo, no sentido de "ser subjugado". Contudo, há também um significado mais ativo, no sentido de ser sujeito, ou "*subjecthood*". Os dois significados estão presentes em português e espanhol. Peter L. Jones, tradutor de Jung Mo Sung, enfatiza esse segundo sentido, empregando a palavra "subjetividade". Sung, Jung Mo, *Subject in Complex Societies*, p. 78, segue a sugestão da obra de Franz Hinkelammert. A fim de dar a mesma ideia em inglês, quase sempre falamos de subjetividade e atuação como termos relacionados; veja em especial o capítulo IV.

época do surgimento do Cristianismo o Império Romano exibisse níveis substanciais de tolerância cultural e religiosa, os que rejeitaram explicitamente o culto do imperador enfrentaram perseguição e execução. Nos dias da conquista espanhola da América Latina, o fogo e a espada desempenharam papel significativo na conversão dos nativos e até tentativas alternativas de conversão não raro aplicavam pressão cultural direta.[12] Embora mais inclinado a tolerar a diversidade dos outros, o colonialismo oitocentista – mesmo até certo ponto a diversidade religiosa – ainda seguia uma lógica hierárquica segundo a qual algumas subjetividades eram mais valorizadas que outras, o que, com frequência, resultava em projetos de "civilização", ou, no caso de instituições religiosas, em "missão".

Contudo, o colonialismo moderno introduziu importante mudança. A teologia da linha principal colonial moderna – a teologia liberal – foi construída sobre a liberdade do ego e o endosso da subjetividade humana. A obra do teólogo alemão Friedrich Schleiermacher preparou o terreno. Entretanto, o que é quase sempre esquecido é que o ego da teologia liberal moderna se desenvolveu em relação a uma fantasia colonial: ganhou merecida fama à custa do outro colonial, muitas vezes sem ter consciência dele.[13] Há no mínimo duas subjetividades na Modernidade: uma dominante e a outra subjugada. A subjetividade moderna dominante é cada vez mais formada por um sentimento da capacidade e do poder do ego. René Descartes construiu todo um sistema filosófico da capacidade do ego de se representar, a industrialização elevou o nível da autoconfiança dos industrialistas e das partes interessadas ao ampliar os poderes humanos de produção e prever projetos cada vez maiores e as deposições políticas de sistemas feudais mais antigos pela classe média na França e nos Estados Unidos contribuíram ainda mais para a sensação de fortalecimento.

---

[12] Veja, por exemplo, a obra de Bartolomé de Las Casas, conforme analisado em Rieger, Joerg, *Christ and Empire*; From Paul to Postcolonial Times. Minneapolis, Fortress Press, capítulo 4.

[13] Veja Rieger, *Christ and Empire*, capítulo 5.

A dimensão profunda do ego dominante na Modernidade é importante e vital: bem no fundo, em seu âmago, a teologia liberal afirma que o ego aponta para Deus e, assim, procura cultivar essa dimensão de subjetividade. E mesmo para os modernos que não aprovam o divino há uma essência ou identidade nesse ego que o mantém bem fundado e capaz de "caminhar ereto".[14] Contudo, o Império moderno, a academia moderna e a religião moderna se parecem porque foram todos construídos nesse ego em termos de outra dimensão de profundidade – a relação com outro ser humano que raramente é reconhecido em sua plena subjetividade. Esses outros quase sempre estão distantes, nas colônias, mas alguns desses outros também estão em casa – por exemplo, a população judaica da Europa. Os esforços modernos em hermenêutica, por exemplo, estão estreitamente ligados aos esforços para entender o outro.[15] Embora esses relacionamentos mostrem certos graus de mutualidade e tentativas de comunicação, o ego do colonizador (ou dos proprietários dos meios de produção, ou dos instruídos) permanece firmemente no controle, fazendo uso de mecanismos tão variados como romantização e repressão (veja abaixo).[16]

Embora a Modernidade seja construída sobre o ego dominante dos filósofos, os fanáticos, os industrialistas, os exploradores, os revolucionários e os políticos, em uma situação Pós-Moderna esse ego desgastou-se de várias maneiras. A teologia liberal do "Primeiro Mundo", por exemplo, já não trata mais da dimensão profunda do que Schleiermacher chamou de "sentimento de absoluta dependência" que liga a humanidade a Deus; agora a teologia trata de qualquer sentimento que prometa nos fazer felizes e proporcione gratificação instantânea. Até a espiritualidade Pós-Moderna corta caminho e com frequência promove felicidade efêmera sem compromisso.

---

[14] Ernst Bloch costumava falar de *"aufrechter Gang"* como aquilo que diferencia a humanidade dos animais.

[15] Um exemplo é a obra de Friedrich Schleiermacher. Veja Rieger, *Christ and Empire*, p. 205.

[16] Em *Christ and Empire*, capítulo 5, Joerg Rieger mostra como as relações quase sempre benevolentes de Schleiermacher com o outro ainda reforçam a hierarquia de poder.

Essa tendência lança alguma luz na diferença entre tempos coloniais e pós-coloniais: exatamente como a estrutura de poder autoritário da colônia foi substituída por expressões mais sutis de poder, parece que a intensa relação de dependência que liga colonizados e colonizadores também não é mais exigida. Como o multiculturalismo, tais relações prosperam em relações superficiais e algumas imagens efêmeras do outro (na tevê, ou por meio da modificação conjunta da cultura de outro povo por meio de restaurantes étnicos, música ou arte). Isso nos ajuda a entender por que o tele-evangelismo funciona tão bem hoje: algumas imagens efêmeras do Outro divino são suficientes também.

Há, entretanto, outro lado nisso. Embora o imperialismo pós-colonial não seja facilmente visível para os privilegiados cuja subjetividade parece ser cada vez mais nivelada e unidimensional – há não muito tempo parecia que o próprio imperialismo quase não era mais necessário –, a violência produzida por essa situação é fatal para muitas pessoas localmente e ao redor do globo e tem forte impacto em sua subjetividade. Nos Estados Unidos, por exemplo, a situação nas prisões é significativa; há pouca supervisão e estrutura em muitas das instituições e não raro pessoas são presas sem o devido processo por períodos um tanto longos. Como resultado, a subjetividade dos guardas é praticamente onipotente (atributo do divino no teísmo clássico), enquanto a subjetividade dos reclusos é sistematicamente desgastada. É ainda mais alarmante o fato de os EUA intencionalmente apoiarem prisões onde o devido processo é explicitamente rejeitado, como os campos de detenção na baía de Guantánamo, que desafiam o direito internacional. Acrescentem-se a isso as contínuas investigações do uso de tortura pelas forças militares dos EUA e a imagem de um Império benevolente sem manifestações fortes de mudanças da subjetividade dominante. O fato de ser permitido que essa violência continue sugere uma realidade complexa que não só tem a ver com a falta conspícua de percepção, mas também com a imagem de si mesmo que geralmente é benevolente e presume as boas intenções, os altos padrões morais e o endosso divino da posição da pessoa.[17] É por isso que o lema: "Deus salve a América" ainda é aceitável para muitos cidadãos dos EUA.

Entretanto, a natureza violenta do Império não é responsabilidade exclusiva da administração de George W. Bush, embora o "Projeto para um novo século americano", que divulga grande parte de suas estratégias, exija gastos militares muito maiores, a fim de manter a posição dos EUA como "a única superpotência do mundo e a garantia final de segurança, liberdades democráticas e direitos políticos individuais".[18] A "Doutrina Bush" de guerra preventiva é clara. Entretanto, já durante a década de 1990, depois da queda da União Soviética, os EUA envolveram-se em duas dezenas de campanhas militares abertas – mais que todas as campanhas desde a Segunda Grande Guerra, mesmo que não sejam contadas estratégias de "conflito armado de baixa intensidade". A "Doutrina Clinton" combinou campanhas de bombardeio com o uso de exércitos substitutos, o que resultou em mínima perda de vida entre os soldados dos EUA.[19] O fato de a estratégia de Clinton ter claramente encontrado pouca resistência nos EUA tem a ver com essas perdas insignificantes e o fato de quase nunca a perda de vida alhures, até mesmo consideráveis baixas civis, ser objeto de reportagem.[20] Chalmers Johnson fala em "Império das bases", desconhecido da maioria dos norte-americanos.[21] Nesse contexto a subjetividade dominante assume forma específica; enquanto dizemos a nossos filhos para não intimidarem outras

---

[17] Veja também Ruether, Rosemary Radford. *America, Amerikkka*; Elect Nation and Imperial Violence. Série Religion and Violence. Linda Isherwood and Rosemary Radford Ruether, orgs. London, Equinox, 2007. p. 2.

[18] Rebuilding America's Defenses; Strategy, Forces and Resources for a New Century. Relatório do Projeto para o novo século americano. Sept. 2000, p. 4. Na web: http://www.newamaricancentury.org/ RebuildingAmerican Defenses.pdf, acessado em 28/12/2007.

[19] Bacevich, Andrew J. *American Empire*; The Realities and Consequences of U. S. Diplomacy. Cambridge, Mass., Harvard University Press, 2002. capítulo 6.

[20] Veja Ruether, *America, Amerikka*, p. 182.

[21] Ruether, *America, Amerikka*, p. 192; veja também Blum, William, *Rogue State*; A Guide to the World's Only Superpower. Monroe, Maine, Common Courage Press, 2005.

crianças, essas exibições nacionais e internacionais de poder violento nos formam inconscientemente e, assim, mais eficientemente.

Nesse ambiente, voltamos mais uma vez para os desenvolvimentos menos dramáticos e violentos que fazem parte dessa situação. A Pós-Modernidade parece pressupor a morte do ego dominante do mesmo jeito que a Modernidade pressupôs a morte de um Deus dominante. Diversas escolas teológicas, da neo-ortodoxia ao pós-liberalismo e "ortodoxia radical" juntam-se a esse coro – embora algumas delas aproveitem a oportunidade para voltar à imagem de uma divindade dominante. O autoconhecimento contemporâneo prospera na crítica de ideias metafísicas do ego humano universal e endossa imagens razoavelmente inofensivas de diversidade e diferença ("por que não podemos todos nos darmos bem?"). Entretanto, o problema é que o ego dominante (e sua subjetividade dominante) não é eliminado desse modo, mesmo que possa ser nivelado um pouco. De fato, nem o ego nem Deus estão realmente mortos – a subjetividade dominante e a transcendência dominante não desaparecem tão facilmente – e ambos não param de nos assediar. O que é reprimido da consciência volta no inconsciente, como Freud costumava lembrar. Neste livro afirmamos que a subjetividade e a transcendência estão vivas e bem; só que existem de formas radicalmente distorcidas e não raro ocultas e reprimidas. À medida que buscamos essas realidades, não é preciso voltar para a zona de segurança das imagens metafísicas convencionais. As imagens do ego e de Deus agora precisam ser reavaliadas em meio à desordem da vida no Império.

À luz desses comentários, talvez não seja surpreendente que noções alternativas de subjetividade também passem por transformação. Movimentos de protesto às vezes também se apropriam da imagem moderna do sujeito heroico, capaz de encarregar-se de mudar o mundo. Na década de 1960, as rebeliões dos jovens impulsionados pela inquietação da classe média não raro exemplificavam essas atitudes. Contudo, quando essas subjetividades dominantes deixavam de produzir os resultados desejados com rapidez, principalmente porque superestimavam sua autonomia e subestimavam sua dependência do *statu quo*, a fadiga e a destruição eram com frequência o resultado. Nesse contexto, os modelos dominantes de subjetividade levaram a um impasse que se realimentaram do *statu quo*; não foi nem mesmo necessário suprimir essas subjetividades à maneira totalitária, pois essas ilusões de subjetividade dominante estão destinadas a fracassar mais cedo ou mais tarde, exatamente como as noções teológicas da subjetividade dominante da divindade em certas apropriações indevidas da teologia da libertação pela classe média.[22]

## 3. Subjetividade e Império hoje: quatro perspectivas

### 3.1. O sujeito automático e a religião do mercado livre

O Império contemporâneo parece estar menos interessado no domínio ativo da subjetividade e do desejo de outras pessoas que caracterizavam o colonialismo moderno. Muitas das guerras estrangeiras são travadas em nome da democracia e da liberdade em vez do colonialismo e da conquista. No Iraque, por exemplo, os EUA não promovem os tipos de esforços para a civilização que teriam sido típicos do colonialismo oitocentista, e os projetos missionários são oficialmente desencorajados, a ponto de organizações religiosas terem permissão apenas de dar ajuda humanitária. No século XIX, em contraste, os EUA apoiaram o estabelecimento de escolas missionárias nas Américas e alhures na esperança de que elas ajudassem a formar as subjetividades dos que se considerava necessitados de formação. Hoje redes econômicas asseguram o domínio do Império de maneira mais segura que qualquer colonialismo, e a tática do Império mudou.

---

[22] Nos Estados Unidos, por exemplo, a teologia da libertação foi muitas vezes apropriada em termos do ativismo do movimento evangélico social, onde cristãos bem-intencionados procuravam "cristianizar" a ordem social e formá-la à sua imagem. Esse contexto, bem como seu fracasso é a origem de Rieger, Joerg. *Remember the Poor*; The Challenge to Theology in the Twenty-First Century. Harrisburg, Pa., Trinity Press International, 1998.

Apesar disso, essas redes econômicas desenvolvem-se em estreita ligação com realidades políticas, culturais e religiosas. A religião assume função importante nesse contexto, esteja ou não consciente disso. Na verdade, essas realidades formam-se de maneira um tanto diferente em contextos diferentes e, assim, caracterizam-se por serem ilimitadas; consequentemente, não há nenhuma essência claramente definível para o político, o cultural e o religioso. Não há nenhuma categoria universal de religião, por exemplo, que nos permita supor que todas as religiões são idênticas. Além disso, há uma considerável sobreposição: a dinâmica em ação no mundo dos negócios corporativos, por exemplo, não é apenas econômica, mas também cultural, política e religiosa e, às vezes, é difícil dizer onde uma começa e a outra termina. Por essas razões, a abordagem adotada aqui vai focalizar grupos específicos. Para os propósitos desta discussão, a religião está ligada ao Cristianismo sob as condições atuais de Império em suas condições reais que têm características culturais, econômicas e políticas.

Há mecanismos sutis em ação na situação contemporânea de Império que continuam a formar a subjetividade e o desejo. Parece que agora o Império incorporou as lições da psicanálise freudiana que a subjetividade e o desejo são mais bem formados inconscientemente. As mensagens de propaganda são transmitidas não pelos *slogans* e as declarações montadas para abordar os níveis conscientes (quem acreditaria, de verdade, que um refrigerante é a "verdadeira coisa"?), mas pelas associações produzidas no inconsciente: formar desejo, sentir-se bem e produzir identidade (o que se chama "gravar na memória" no jargão da propaganda – os fanáticos talvez chamem de "iniciação") é a chave. Entretanto, mesmo o mundo da propaganda ainda não alcança o fundo dos mecanismos que formam a subjetividade e o desejo nas condições do Império contemporâneo. A propaganda em si é um sintoma de mudanças mais amplas, nos ombros da dinâmica cultural e religiosa, cuja eficácia é ainda menos visível. Nossa esperança é que por meio da identificação dessa dinâmica

Para além do espírito do Império

sejam identificadas opções alternativas para a formação da subjetividade e do desejo que proporcionem alternativas viáveis à tentação de Império.

Nesse contexto, sonhos do ego autônomo e autocrático, cuja subjetividade desenvolve-se livremente, desaparecem gradualmente por boas razões. Nossa desilusão Pós-Moderna é tão profunda que agora até os idealistas têm alguma percepção de que o ego já não é mais senhor em sua própria casa. Entretanto, em vez de desaparecer, a subjetividade torna-se cada vez mais função das estruturas de Império, econômicas, políticas, culturais e religiosas. Em sua influente análise do Pós-Modernismo como "a lógica cultural do capitalismo tardio", Fredric Jameson identifica "um novo tom de base emocional". Amplas mudanças na cultura e na economia já não estão ligadas somente a fenômenos externos; essas mudanças transformam o próprio cerne de nossos egos, nossas subjetividades. Embora tradições materialistas de pensamento há muito argumentem que mudanças na economia e na política produzem também mudanças no campo do ideal, talvez estejamos enfrentando uma nova intensidade desse fenômeno devido à maior escala dessas mudanças na economia global e a um grande número de mecanismos mais sutis. Como essas dinâmicas formam a subjetividade?

Quando a pergunta é feita dessa maneira, a formação da subjetividade já não é mais questão de psicologia individual. Há uma qualidade coletiva na subjetividade que pode ser vista em certas reações emocionais ao Império. Nos Estados Unidos, por exemplo, estudos de reações emocionais ao furacão Katrina revelaram que muitas pessoas estavam emocionalmente "insípidas":[23] um tipo diferente de insipidez está claro na guerra do Iraque: o público em geral perde o interesse, embora trinta por cento dos veteranos da Guerra do Iraque voltem emocionalmente perturbados, o dobro dos da Guerra do Vietnã. As taxas de suicídio entre os veteranos da Guerra do Iraque

---

[23] Insipidez é um jeito de reagir a excesso de depressão e é um dos sintomas do distúrbio de tensão pós-traumática.

são significativamente mais altas que as taxas de mortes em combate.[24] Acrescente-se a isso a observação de Jameson de um novo tom básico emocional nos tempos Pós-Modernos que ele identifica como "falta de profundidade" relacionada às ideias do pós-estruturalismo, segundo as quais a subjetividade forma-se na interação de significadores sem os significados. Esses fenômenos de "falta de profundidade" e "insipidez" tornam-se mais claros quando examinamos de perto a maneira como o capitalismo funciona. Aqui, está em progresso outro processo de colonização menos visível que procura assimilar a subjetividade e o desejo; devido à inextricável ligação de vários níveis de realidade, religião e fala divina também estão incluídos aqui. Como a subjetividade torna-se função do capitalismo?

Com frequência fazemos vista grossa ao fato de primordialmente o capitalismo não tratar de dinheiro ou capital e sim de relacionamentos e poder, mas o que forma os relacionamentos é o dinheiro. A subjetividade também se forma dessa maneira. Karl Marx observou o caráter automatizado da subjetividade no capitalismo. Há um "sujeito automático" que surge como função do acúmulo de capital e da produção de valor excedente. A subjetividade de todas as classes ganha nova forma no processo – não só a da classe trabalhadora, mas também a da classe dominante. Em outras palavras, subjetividade dominante é ilusão; até a subjetividade dos proprietários dos meios de produção é automatizada e reduzida às funções de acúmulo de capital, que se torna um fim em si mesmo sob as condições do capitalismo.[25] Marx analisa o mecanismo vigente em ação da seguinte maneira: à medida que circula, o dinheiro compra bens consumíveis, cuja venda produz mais dinheiro (é esse o significado de sua

---

[24] A mídia relatou isso inúmeras vezes. Veja, por exemplo, http://www.cbsnews.com/stories/2007/11/13/cbsnews_investigates/main3496471.shtml

[25] Veja Kurz, Robert, org., *Marx lesen!* Die wichtigsten Texte von Karl Marx für das 21. Jahrhundert. Frankfurt um Main, Eichborn, 2006. p. 57. "A circulação do dinheiro como capital é [...] um fim em si mesmo [...] Portanto, a circulação de capital não tem limites". Marx, Karl. *Capital*; A Critical Analysis of Capitalist Production. v. 1. trad. da 3. edição alemã para o inglês por Samuel Moore e Edward Aveling e organizado por Frederick Engels. New York, International Publishers, 1948. p. 129.

famosa fórmula D-M-D (M-C-M); assim, nessa fórmula, dinheiro (D) e mercadoria (M) são meramente modos diferentes de valor. O que importa, então, é como o relacionamento de dinheiro e mercadoria produz valor e esse valor é o que produz o sujeito automático. O valor "muda constantemente de uma forma para a outra, desse modo sem se perder, e assim assume um caráter automaticamente ativo"; ou, traduzindo mais literalmente do texto original alemão, o valor "transforma-se desse modo em um sujeito automático".[26] Exatamente como a mercadoria é despojada de sua existência (o valor de uma cadeira já não está em seu uso nem em como foi produzida), aqueles cujas vidas estão envolvidas no capitalismo também são despojados de sua existência (o valor do empresário ou do operário depende do valor produzido na circulação do dinheiro).

Há alguma coisa narcisista quanto a esse sujeito automático. Curiosamente, Marx fala dele em termos do que pode ser chamado de "narcisismo trinitário":

> Em vez de simplesmente representar as relações de bens consumíveis, ele [valor, o sujeito automático] inicia agora, por assim dizer, relações particulares consigo mesmo. Diferencia-se como valor original de si mesmo como valor excedente; como o pai se diferencia de si mesmo como o filho, contudo ambos são um só e de uma só idade; pois apenas pelo valor excedente de L10 as L100 originalmente adiantadas tornam-se capital e tão logo isso acontece, tão logo como o filho e pelo filho, o pai é gerado, tão logo sua diferença desaparece e eles mais uma vez tornam-se um só, L10.[27]

Embora Marx não redija esse contorno teológico de raciocínio, devemos nos perguntar seriamente se não só nossas imagens do ego,

---

[26] Marx, *Capital*, p. 131. Der Wert "verwandelt sich so in ein automatisches Subjekt". Texto original alemão, em Kurz, org. *Marx lesen!*, p. 97; veja também a introdução de Kurz, ibidem, p. 56. A relação de Mercadoria-Dinheiro-Mercadoria transforma-se na relação Dinheiro-Mercadoria-Dinheiro, sendo o resultado final Dinheiro-Dinheiro (Marx, *Capital*, p. 124); observe os paralelos com as noções pós-estruturalistas de linguagem. O resultado é valor excedente. O valor excedente torna-se sujeito: "Entretanto, na verdade aqui o valor é o fator ativo [alemão: *Subjekt*] em um processo". *Capital*, p. 131.

[27] Marx, *Capital*, p. 132.

Império, religião e subjetividade

mas também nossas imagens do divino, tornam-se função do sujeito automático na produção de valor excedente.

A clássica noção de fetichismo dos bens consumíveis – em relação à ideia de Sigmund Freud do fetiche como objeto substituto do desejo – esclarece mais o que está em jogo. Como vimos, no capitalismo o valor de objetos materiais não se baseia em sua natureza inerente, mas em relações sociais. Mais especificamente, os objetos materiais tornam-se substitutos (nos quais "o caráter social do trabalho duro dos homens parece [...] um caráter objetivo") e o relacionamento desses objetos materiais transforma e modela os relacionamentos humanos.[28] Segundo Marx, "há uma clara relação social entre os homens, que assume [...] a forma fantástica de uma relação entre as coisas".[29] Até os críticos do Império e do capitalismo muitas vezes descuidam-se dessa compreensão fundamental, a saber, que os relacionamentos humanos são cada vez mais formados pelos relacionamentos entre os bens consumíveis. Esse equívoco assemelha-se à lógica de certas formas de religião, formas idealistas do Cristianismo sem dúvida entre elas, onde "as produções do cérebro humano parecem seres independentes, dotados de vida e travando [sic] relações uns com os outros e com a raça humana".[30] Portanto, o fetichismo dos bens consumíveis não é simplesmente a ligação das pessoas a coisas materiais – crítica comum encontrada principalmente em círculos religiosos –, mas o fenômeno curioso e muito mais problemático que as relações entre coisas formam inconscientemente as relações entre seres humanos e, assim, a subjetividade humana em seus níveis mais profundos, inclusive a religião.[31] O que também está oculto aqui

---

[28] Eis a citação completa: "A mercadoria é, portanto, uma coisa misteriosa, simplesmente porque nela o caráter social do trabalho duro dos homens parece-lhes um caráter objetivo carimbado no produto desse trabalho, porque a relação dos produtores com a soma total de seu trabalho é--lhes apresentada como relação social, que existe não entre eles mesmos, mas entre os produtos de seu trabalho duro". Marx, *Capital*, pp. 42-43.

[29] Ibidem, p. 43.

[30] Ibidem, p. 43.

[31] O trabalho duro do indivíduo afirma-se como parte do trabalho da sociedade, somente por meio das relações que o ato de troca estabelece diretamente entre os produtos e indiretamente, por meio deles, entre os produtores. Marx, *Capital*, p. 44.

63

é que, quando computamos valores de produtos diferentes, também computamos "os diversos tipos de trabalho despendidos neles"[32] e assim computamos o valor diferente que atribuímos a subjetividades humanas diferentes. Exatamente como alguns objetos valem muito mais ou muito menos que outros, algumas subjetividades também valem muito mais ou muito menos. Exatamente como o valor dos bens consumíveis depende de sua posição no mercado e, assim, de seu relacionamento com outros bens consumíveis (independente de seu valor de uso), o valor da subjetividade das pessoas – expresso em seu trabalho – também depende desses fatores. O valor é, assim, "uma relação entre pessoas expressa como relação entre coisas".[33]

Em outras palavras, o fetichismo dos bens consumíveis encobre os tipos reais de relacionamentos que une as pessoas. Avançando além da análise econômica de Marx, podemos dizer que neste sistema os relacionamentos humanos são agora mensuráveis em termos de bens consumíveis e são estruturados como a relação de bens consumíveis. Não é tanto, como Michel D. Yates diz, que "no local de trabalho a liberdade do mercado desaparece".[34] E mais: que os relacionamentos no local de trabalho entre os operários e outros são rigidamente determinados em termos dos relacionamentos entre os bens consumíveis que eles produzem e o valor de outros bens consumíveis produzidos alhures. Isso não é bom presságio para a subjetividade dos operários de uma "maquiladora" com produtos que são vendidos a preço baixo; não é por acaso que os abusos dos direitos humanos nesses locais são comuns. Em última análise, os operários de toda parte são afetados à medida que suas contribuições são consideradas cada vez menos valiosas; o desemprego nessa situação significa

---

[32] Ibidem, p. 45. O dinheiro também desempenha um papel aqui, pois é a "forma suprema de dinheiro do mundo de mercadorias que realmente oculta, em vez de revelar, o caráter social do trabalho particular e as relações sociais entre os produtores individuais". Ibidem, p. 47.

[33] Ibidem, p. 45, nota 1.

[34] Yates, Michael D. More Unequal; Aspects of Class in the United States. *Monthly Review* 59, 6, Nov. 2007. p. 3.

a completa destruição da subjetividade.[35] Além disso, os relacionamentos fora do local de trabalho também seguem esses modelos; de certa maneira, a crescente taxa de divórcios, por exemplo, reflete os relacionamentos de bens consumíveis cuja contribuição ao valor precisa ser constantemente ajustada de acordo com as flutuações do mercado, fenômeno do qual as esposas que servem de troféu dos ricos e famosos representam apenas a ponta do *iceberg*.

Há também um componente religioso que muitas vezes é esquecido. A religião do mercado livre que identifica o divino com o sucesso e a maximização do valor fortalece esses tipos de formação de relacionamento e subjetividade e o próprio Deus torna-se parte do mercado.

Essas reflexões sobre como a subjetividade é produzida na troca de bens de consumo do mercado livre nos fazem lembrar das deficiências de nossa abordagem usual desses assuntos: aqui, a "ética dos negócios" pouco ajuda, já que não examina a lógica e a estrutura na qual o negócio é construído e como ele forma a subjetividade.

## 3.2. Desejo mimético e religião sacrifical

Há, entretanto, outro lado. Embora a subjetividade torne-se cada vez mais uma função do mercado – a globalização econômica garante isso quando alcança regiões do globo cada vez mais longínquas e os pontos brancos restantes do mapa do capitalismo em casa –, a subjetividade que é produzida pelos mecanismos do mercado tem várias camadas. Como ressaltou Friedrich Hayek, um dos artífices originais da lógica atual do mercado livre, uma sociedade progressiva "aumenta o desejo de todos na proporção em que aumenta suas

---

[35] As graves consequências do desemprego para a subjetividade dos trabalhadores na Europa são discutidas em Duchrow, Ulrich et alii. *Solidarisch Mensch werden*; Psychische und soziale Destruktion im Neoliberalismis – Wege zu ihrer Überwindung. Hamburg, VSA Verlag, Publik Forum, 2006. pp. 105-126. Os autores falam do desemprego em massa como "traumatização central" (*Kerntraumatisierung*).

dádivas para alguns".[36] Em outras palavras, a subjetividade que é produzida nos níveis mais elevados da sociedade de mercado livre assume papel especial na formação da subjetividade e do desejo dos outros.

Um tipo especial de desejo está no centro dessa produção de subjetividade. Esse desejo não é natural, mas construído. A confusão entre o conceito de desejo e a necessidade nas sociedades capitalistas, observada por Jung Mo Sung, é fator crucial nessa construção.[37] As economias liberais e neoliberais baseiam-se na demanda, concebida como "desejo que se torna viável pelo poder de compra".[38] A demanda é infinita, já que, ao contrário das necessidades, os desejos também são infinitos. Assim, o desejo ilimitado proporciona a base para o consumismo ilimitado. Como resultado, recursos limitados devem ser negociados com desejos potencialmente infinitos.

A noção de desejo mimético desenvolvida por René Girard nos ajuda a analisar o papel fundamental do desejo em um nível mais profundo. O desejo mimético não é o desejo usual de objetos específicos, mas a imitação do desejo de outras pessoas.[39] Esse conceito lança nova luz sobre o consumismo (convencionalmente entendido como desejo de objetos) e o que o impulsiona. Como imitação do desejo, o desejo mimético põe aquele cujo desejo é imitado (o modelo, na terminologia de Girard) em uma relação de conflito com aquele que imita o desejo (o discípulo);[40] esse mecanismo não se limita a indivíduos, mas também funciona com coletivos. Nos EUA, o desejo

---

[36] Hayek, Friedrich August von. *The Constitution of Liberty*. Chicago, University of Chicago Press, 1960. p. 45.

[37] Sung, Jung Mo. *Desire, Market and Religion*. Reclaiming Liberation Theology series. Marcella Althaus-Reid & Ivan Petrella, orgs. London, SCM Press, 2007. p. 32.

[38] Sung, ibidem, p. 31, nota 3.

[39] Girard, René. *Violence and the Sacred*. Patrick Gregory, trad. Baltimore, The Johns Hopkins Press, 1979. p. 146. Girard observa que "o desejo é essencialmente mimético, dirigido a um objeto desejado pelo modelo".

[40] Girard, ibidem, p. 147, lembra que o discípulo também serve de modelo, "até de seu próprio modelo". Entretanto, nem o modelo, nem o discípulo, entendem realmente o que se passa, por que existem as tensões.

mimético pode ser coloquialmente descrito como "procurar ter um padrão de vida melhor que os vizinhos", com todas as consequências de uma interminável competição insana que domina inteiramente a vida das pessoas. Embora dessa forma o desejo mimético crie tensões, para as nações mais pobres o desejo mimético tem consequências realmente desastrosas, pois exige que, a fim de não ficar atrás da opulência das nações ricas, os abastados das nações mais pobres precisem se apropriar de mais riqueza e concentrar renda em suas mãos.

Girard presume que esse tipo de desejo é "a base de todos os relacionamentos humanos",[41] contudo parece-nos que hoje o desejo mimético alcançou um novo nível. Uma das características das condições atuais de Império é ser o desejo mimético promovido agressivamente. É desnecessário dizer que a indústria da propaganda baseia-se em promover esse tipo de desejo: queremos não apenas os objetos que nos comerciais as pessoas felizes têm, mas queremos também aquilo que as faz tão felizes. Para além da indústria de propaganda e seu alcance global, entretanto, há também o que pode ser chamado "embaixadores do Império" – John Perkins os chamou de "sicários econômicos" –, que difundem os desejos das elites do Império para as elites de outros países, com a intenção de que "esses líderes caiam em uma teia de débito que assegure sua lealdade".[42] O desejo mimético existe até nos níveis mais altos da sociedade.

O desejo mimético ajuda-nos a entender alguns dos níveis mais profundos dos relacionamentos humanos e da subjetividade sob as condições atuais de Império. A própria subjetividade torna-se o que podemos chamar de "subjetividade mimética". A concorrência não se baseia apenas na escassez de objetos desejáveis, como quase sempre

---

[41] Girard, ibidem, p. 147; Girard, René. Mimesis and Violence. In: Wiliiams, James G., org. *The Girard Reader*. New York, The Crossroad Publishing Company, 1996, p. 10, chega a ressaltar que "a imitação ou arremedo é comum aos animais e aos homens".

[42] Essa citação é de Perkins, John. *Confessions of an Economic Hit Man*. New York, Plume, 2004. p. xiv.

se presume, baseia-se no desejo mimético.[43] Desse ponto de vista, o que impulsiona o progresso econômico, o consumo e o progresso das estruturas do Império é os outros quererem o que os abastados já têm. O resultado é a concorrência extraordinariamente intensa que veio a ser aceita como a essência das economias de mercado livre. Não é difícil ver que não há espaço para subjetividade e um sujeito ativo, exceto justamente no topo da sociedade. Mas mesmo ali se travava uma batalha constante sobre quem está em primeiro lugar nas listas, quem é mais abastado e mais poderoso, quem tem casas maiores e iates mais caros. Na verdade, o desejo mimético nunca é satisfeito. O problema é complexo, já se vê, para os que não conseguem acompanhar. Quando são atraídos para esse sistema, eles só se veem como fracassos, como teóricos do hemisfério sul ressaltaram.[44] O que torna o desejo mimético tão eficiente na busca do Império é que ele parece ter o efeito de uma bola de neve,[45] e parece que hoje testemunhamos esse efeito em formas extremas. Além disso, há uma reciprocidade incorporada que leva a uma escalada mais extensa, pois, nas palavras de Girard, "é provável que o modelo seja mimeticamente afetado pelo desejo de seu imitador".[46]

Esses mecanismos são imensamente poderosos, mas, como os mecanismos do sujeito automático, muitas vezes passam despercebidos. Não é por acaso, pois é papel da cultura encobrir esses mecanismos e as cadeias de reações do desejo mimético.[47] Aqui há alguns laivos religiosos, pois o desejo não está ligado ao objeto como tal, mas à sua

---

[43] Girard, Mimesis and Violence, p. 10, ressalta que na vida animal a escassez também ocorre, mas isso não é suficiente para explicar por que indivíduos de classe baixa inspiram-se para desafiar o grupo dominante.

[44] Veja, por exemplo, Sung, Jung Mo. *Desire, Market and Religion*, p. 41.

[45] Girard, Mimesis and Violence, p. 12: "Quando um objeto é o foco de rivalidade entre dois ou mais adversários, outros membros do grupo tendem a juntar-se a ele, mimeticamente atraídos pela presença do desejo mimético". Veja também Girard em Assman, Hugo, org. *Götzenbilder und Opfer*; René Girard im Gesträch mit der Befreiungstheologie. Série Beiträge sur mimetischen Theorie, Horst Goldstein, trad. Thaur, Verlagshaus Thaur; Münster, LIT Verlag, 1996. p. 268.

[46] Girard, Mimesis and Violence, p. 12.

[47] Girard em Assman, org. *Götzenbilder und Opfer*, p. 268.

Império, religião e subjetividade

promessa transcendental, o que, até certo ponto, faz paralelo com a noção marxista de fetichismo da mercadoria, isto é, a impressão que a mercadoria indica uma realidade mais profunda do que ela mesma.[48] Assim, a subjetividade permanece ligada a uma visão transcendente; é formada por um desejo mimético que é ele próprio infinito e que promete felicidade infinita para além dos objetos desejados.

Contudo, o desejo mimético não cresce indefinidamente. Girard analisa também os limites desse desejo. Quando aumentam as tensões nas quais a subjetividade é produzida, a certa altura o grupo adversário se une e dirige sua rejeição para uma única pessoa ou um grupo minoritário; é quando começa o processo de sacrifício, no qual é selecionado um bode expiatório que tem de carregar as tensões.[49] Nessa situação a agressão "faz uma pausa"; o bode expiatório é agora o único que age.[50] Segundo Girard, bode expiatório e sacrifício são os mecanismos típicos seguidos no mundo antigo. Ali, o sacrifício religioso era o mecanismo principal para reprimir a escalada do desejo mimético e seus efeitos violentos. "A função do sacrifício é sufocar a violência dentro da comunidade e evitar que conflitos explodam."[51] Ele ressalta que o início do Cristianismo e a crença que Cristo é o sacrifício definitivo interromperam esse processo e, assim, provocaram seu fim.

Todavia, a lógica do sacrifício não parece ter terminado completamente. A opinião de Girard, expressa na década de 1970, que "em nosso mundo, os meios sacrificais degeneram cada vez mais",[52] não apreende o que está acontecendo agora. Das perspectivas da América Latina, por exemplo, a lógica do sacrifício como aquilo que ajuda a

---

[48] Veja também Sung, *Desire, Market and Religion*, p. 47.
[49] Girard, Mimesis and Violence, p. 13.
[50] Girard em Assman, org. *Götzenbilder und Opfer*, p. 269.
[51] Girard, Mimesis and Violence, p. 14.
[52] Girard, Mimesis and Violence, p. 17. Ibidem pp. 16-17, Girard observa que "a vitimação ainda está presente [...] mas em formas corrompidas que não produzem o tipo de reconciliação mítica e prática ritual exemplificado por cultos primitivos". E ele acrescenta que "essa falta de eficiência não raro significa que há mais vítimas, não menos".

mediar as tensões sociais parece estar bem viva. Sacrificados são os que parecem menos competentes, que resistem às leis do mercado e os que buscam regular o mercado, como lembra Jung Mo Sung.[53] Essas observações da América Latina e de outros lugares são fundamentais porque levaram Girard a admitir o uso político de suas teorias.[54] Nos EUA contemporâneos, a lógica sacrifical parece voltar de várias maneiras na disposição de sacrificar os outros. As pressões são tão grandes que, às vezes, nenhuma ação direta do governo é necessária: se imigrantes são considerados uma ameaça, por exemplo, tudo que é preciso para estimular uma dinâmica sacrifical é o afastamento da proteção governamental. As ações de milícias autodesignadas ao longo das fronteiras do sul dos EUA são um exemplo. Outro lugar onde uma lógica sacrifical retorna é no contexto do sacrifício de soldados dos EUA. Essa atitude parece ser apoiada pela suposição comum da lógica sacrifical divina manifesta na cruz de Cristo, princípio básico do fundamentalismo que é aceito sem discutir por muitos cristãos evangélicos e até pela maioria de cristãos da corrente principal nos EUA. O sucesso fenomenal do filme de Mel Gibson *A Paixão de Cristo*, que descreve o sacrifício de Cristo com todos os detalhes sangrentos – o Cristo de Gibson é sacrifício sobre-humano até em termos da quantidade sobre-humana de sangue que ele perde –, demonstra como essa lógica continua arraigada. Essa lógica de sacrifício é ainda mais eficaz quando aumentada por uma lógica de sacrifício pessoal entre os próprios soldados, muitos dos quais estão dispostos a arriscar a vida para que o desejo mimético mais uma vez brote livremente, indo para a morte com o lema "a liberdade não está livre". A verdade é que a liberdade do desejo mimético não está realmente livre. Desse modo, os militares recebem uma nova função

---

[53] Veja Sung, *Desire, Market and Religion*, p. 45: "A fome e a morte de milhões de pobres em toda a América Latina e em outros países do Terceiro Mundo são sacrifícios que devem assegurar que não serão mais necessários outros sacrifícios".

[54] Veja, por exemplo, as conversas de Girard com os teólogos da libertação latino-americanos Hugo Assmann, Franz Hinkelammert, Julio de Santa Ana, Jung Mo Sung e outros em Assmann, org. *Götzenbilder und Opfer*.

– possibilitada pelo fato de muitos dos soldados virem das classes mais baixas, que são sacrificadas mais facilmente. Um estranho fenômeno surge como resultado dessa lógica: embora os que fazem objeção à guerra tenham compensado as acusações de que no passado não mostravam respeito pelos soldados dos EUA, seus lemas atuais: "apoiem nossos soldados – tragam-nos para casa vivos", mostram-se na maioria das vezes ineficientes. Em vez de serem elogiados como os verdadeiros defensores dos soldados (*versus* os que os mandam para a morte ou para um futuro de deficiência mutilante por razões espúrias), parece que os objetantes são os que deixam de apoiar os soldados em sua missão real – a do desprendimento que mantém vivo o desejo mimético (um dos pilares do Império). Desagregar essa lógica sacrifical torna-se papel importante que talvez seja mais bem desempenhado pela teologia.[55]

A formação de subjetividade é aqui vista em nova luz. Passa a ser parte integrante do Império por meio dos mecanismos do desejo mimético que são atiçados a fim de garantir o prosseguimento da expansão e do sucesso. Assim, os comentários mais tardios de Girard sobre a utilidade da análise mimética como instrumento de suspeita contra tudo que expressamos em nossa fala apontam na direção certa.[56] A volta da lógica sacrifical com uma vingança tal que grandes grupos de pessoas começam a se identificar com ela e a desenvolver ideias de abnegação deve nos fazer vacilar. Nos EUA em especial, a situação é deprimente a esse respeito, já que os soldados não são os únicos; muitos trabalhadores parecem aceitar uma lógica semelhante de abnegação quando assumem cada vez mais trabalho por um pagamento cada vez menor e quando aceitam que sua vida vire a qualquer momento um desastre devido à falta de serviços de saúde e outros serviços de apoio à vida proporcionados não só a seus colegas europeus, mas cada vez mais também a seus vizinhos latino-americanos.

---

[55] Veja Sung, *Desire, Market and Religion*, p. 48.
[56] Girard em Assman, org. *Götzenbilder und Opfer*. p. 260.

Para além do espírito do Império

## 3.3. Tratamento de choque e a religião da onipotência

Entretanto, nem o sujeito automático nem a subjetividade formada pelo desejo mimético parecem bastar para o Império. A formação da subjetividade aumenta por métodos ainda até mais intencionais que as promoções mais agressivas de desejo mimético. Isso separa a situação contemporânea de Império dos avanços mais implícitos do capitalismo no passado e nos conduz para além das análises de Império apresentadas há apenas alguns anos.[57] O que se segue faz-nos lembrar esforços para produzir uma espécie de poder superior onipotente que lembra as imagens do teísmo clássico.

Uma das máximas tradicionais dos que procuram construir Impérios é dividir e conquistar, estratégia às vezes empregada até pelo divino a fim de preservar seu poder unilateral (é um jeito de interpretar a narrativa da Torre de Babel no Gênesis). *Divide et impera* era o lema do Império Romano, repetido através dos séculos e retomado mais uma vez nos tempos modernos. Em carta a Thomas Jefferson, James Madison declara: "*Divide et impera*, o axioma desaprovado da tirania é, sob certas qualificações, a única política pela qual uma república pode ser administrada com princípios justos".[58] A pergunta interessante, já se vê, é: quem precisa ser dividido? Em Impérios passados, essa frase quase sempre se referia a outras nações que deviam ser controladas (os romanos, por exemplo, dividiram a Palestina em cinco partes) ou a estratégias militares específicas. Hoje, quando o Império adaptou-se a princípios democráticos, o Império precisa impedir as pessoas de se fortalecerem organizando-se em torno de interesses comuns. Nos EUA, essa estratégia é vista muito claramente nas campanhas agressivas contra sindicatos de trabalhadores e contra novos esforços de trabalhadores para se organizarem. Os poderes constituídos seriam gravemente ameaçados se um grupo de pessoas

---

[57] Veja, por exemplo, a análise de Hardt, Michael & Negri, Antonio em *Empire*. Cambridge, Mass., Harvard University Press, 2000.

[58] Carta de James Madison a Thomas Jefferson, de 24 de outubro de 1787, http://press-pubs.uchicago.edu/founders/documents/v1ch17s22.html, acessado em 18/12/2007.

Império, religião e subjetividade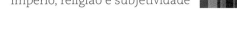

que compartilham interesses, como a erosão dos salários reais e a decadência de escolas e outras infraestruturas sociais, não pudesse ser dividido.

Entretanto, ultimamente, uma forma muito mais radical de divisão e conquista alcançou as manchetes em ligação com o tratamento de prisioneiros nos EUA: "Guerra ao terror". Enquanto a definição de tortura é debatida, os fundamentos de dividir e conquistar estão todos presentes no tratamento atual de prisioneiros, mas na maior parte ausentes do debate: isolar prisioneiros e confiná-los em pequenos espaços solitários é prática comum. Procurar controlar o estímulo sensorial e mental é também comum, manifesto em formas mais brandas de restringir e controlar o fluxo de informação e comunicação e visível ao público nas imagens de prisioneiros iraquianos encapuzados. Muitas formas de tortura são variações desses temas, tais como: confinamento em espaços tão pequenos que os prisioneiros não conseguem nem ficar de pé nem se deitar; encarceramento em espaços escuros sem estímulo sensorial nem comida, nem água (capuzes, tampões de ouvido, imobilização de membros etc. também são usados com esse propósito), alternado com encarceramento em espaços onde música alta e luzes ofuscantes são experimentadas; tratamentos de choque por meio de surras violentas, eletrocussão, afogamento simulado (que recentemente ganhou fama na mídia dos EUA como "embarque na água") e exposição a temperaturas extremamente quentes ou frias. Esses e outros métodos estão não só descritos nos manuais do exército dos EUA, como também foram recentemente defendidos em público. "Embarque na água", por exemplo, pareceu ser justificado porque disseram que produziu informações ou evitou ataques terroristas nos EUA.[59] Note, entretanto, que o restabelecimento de informações provavelmente não é a preocupação

---

[59] Veja, por exemplo, Bowden, Mark, The Point: In Defense of Waterboarding. *The Philadelphia Inquirer*, 23/12/2007. Na web em http:// www.philly.com/inquirer/ opinion/20071223_The_Point_In_Defense_of_ waterboardinh. html, acessado em 26/12/2007.

73

principal desses métodos, pois notoriamente não se pode confiar na tortura.

O denominador comum de todos esses métodos é nada menos que a restrição absoluta do ego – a subjetividade – dos atormentados. Restringir a subjetividade, se não simplesmente tentar eliminá-la, é considerado como tendo diversos benefícios. No caso de criminosos, parece limitar a atividade criminosa. No caso de prisioneiros de guerra, faz parte de ganhar a guerra. Tem até um impacto nos que não são diretamente afetados, pois ameaça sua percepção do ego. No Iraque, por exemplo, canais de televisão patrocinados pelos EUA mostram confissões de terrorismo por cidadãos comuns que foram brutalizados e, assim, privados de sua subjetividade[60] – a brutalidade em si não precisa ser mostrada, bastam seus sinais, como rostos inchados e contundidos.

Embora muitas dessas práticas não tenham sido debatidas em público até recentemente, as suposições correntes sobre a vida mais comum na prisão contribuíram para dinâmicas similares. A aceitação pública da violência na prisão – até mesmo estupro – serve para intimidar os que nunca estão seguros de que não acabarão eles mesmos em lugares semelhantes devido a simples "enganos". Nos EUA, isso inclui minorias raciais que são submetidas a perfis raciais, como o professor afro-americano da Southern Metodist University que era constantemente parado pela polícia quando atravessava de carro o bairro exclusivamente de brancos. Esse problema é particularmente grave em áreas de conflito político ou guerra, pois ninguém está a salvo desses mecanismos e o medo espalha-se até entre os que nunca experimentam a prisão. No Iraque, por exemplo, de 70 a 90% dos reclusos nas prisões dos EUA são soltos depois de algum tempo porque tudo indica que foram presos "por engano",[61] criando uma situação em que todos se sentem ameaçados. O problema é claramente muito

---

[60] Klein, *The Shock Doctrine*, p. 371.
[61] Klein, ibidem, p. 370.

maior que casos individuais de abuso ou enganos aleatórios. Há alguma coisa sistemática nesses tratamentos de choque que afetam grandes áreas da população ao redor do globo. Na América Latina, por exemplo, a população de países inteiros foi mantida sob controle enquanto centenas de milhares de pessoas desapareceram durante as ditaduras militares.[62]

Mais importante para nosso assunto é que essas ameaças têm graves consequências para a subjetividade das pessoas, individual e coletivamente. Por parte dos perpetradores e outros que se beneficiam dessa situação, há uma sensação de poder e controle que é difícil de alcançar em qualquer outra parte da vida real e se parece com o tipo de poder onipotente que toca as raias das imagens teístas clássicas do divino. Por parte de todos os outros que não estão no controle, quer sequestrados e torturados, quer não, há uma sensação de vulnerabilidade e perigo que está presente tanto na ordem simbólica quanto na realidade. Observe que, em situações de tortura, apenas mostrar os instrumentos é muitas vezes tão eficaz quanto usá-los.

Naomi Klein investigou a natureza sistemática e o impacto de tais ameaças. Essa abordagem remonta a experimentos psicológicos da década de 1950 que mais tarde foram condenados publicamente pela CIA, que os havia financiado. Entretanto, apesar dessas condenações, os experimentos mesmo assim penetraram nos manuais das forças armadas dos EUA, como o famoso manual do "Interrogatório Kubark de contraespionagem". Em 2006, foi publicado o relatório de um interrogador do Departamento de Defesa que recomendava a leitura atenta do manual Kubark.[63] O principal investigador dos experimentos psicológicos da década de 1950, doutor Ewen Cameron, presumiu

---

[62] Essa destruição era sistemática. Na Argentina, por exemplo, os filhos de pais desaparecidos foram dados para os que estavam no poder e seus amigos, ação que condiz com a categoria de genocídio, onde filhos de um grupo são transferidos para outro grupo. As avós da Praça de Maio em Buenos Aires ainda estão investigando e protestando.

[63] Veja Klein, ibidem, pp. 38-46. O manual Kubark focaliza a destruição da resistência e refere-se a experimentos na McGill University; na edição de 1983, encontra-se uma advertência mais enérgica sobre o risco de ações judiciais posteriores. Escrito em 1963 e tornado público em 1996 (com supressões), o manual está na web em: http://www.kimsoft.com/2000/kubark.htm.

que seus pacientes precisavam ser "desmoldados", ser devolvidos a um estado mental vazio e regredir à infância. Isso era conseguido por meio de eletrochoques muitas vezes mais fortes e severos do que os já tentados na medicina. Além disso, ele usava múltiplas drogas e substâncias químicas para subjugar os pacientes. Cameron também usava câmaras de isolamento e longos períodos de sono induzido por drogas. Seu principal objetivo era controlar e restringir a absorção e a memória sensoriais contínuas a fim de eliminá-las.[64] Como Kelly Oliver ressalta, "a colonização do espaço psíquico na opressão opera em grande parte negando o acesso a operações que dão significado".[65]

Hoje, essas estratégias também são aplicadas em grande escala. Klein identifica três etapas da maneira como o choque é aplicado ou utilizado.[66] Tremendas experiências de choque são geradas pela guerra, pelo terror, por subversões políticas e também por desastres naturais. Embora os desastres naturais não sejam provocados pelo homem, seu valor de choque pode ser tão útil quanto se fossem, já que os afetados – em especial se são privados de meios para escapar, como transporte e fundos – também sofrem restrições extremas de sua subjetividade. Em um segundo passo, as corporações têm permissão para explorar a situação e introduzir terapias de choque econômico. Esse passo foi endossado oficialmente não só para o furacão Katrina, mas também para golpes de Estado, por ninguém mais que Milton Friedman, da Escola de Economia de Chicago, que acreditava que "somente uma crise – real ou imaginada – produz mudança real".[67] A terceira etapa é a inevitável chegada da polícia, de soldados

---

[64] Veja Klein, ibidem, pp. 25-38. Veja um relato visual das práticas de Cameron em http://www.youtube.com/ watch?v=KIZNgsNBi8c.

[65] Oliver, Kelly. *The Colonization of Psychic Space*, p. 128. Outro mecanismo é confinar as pessoas a um mundo de significado sem a capacidade de participar na produção de significado.

[66] Klein, ibidem, pp. 25-26.

[67] Citado em Klein, ibidem, p. 6. Quando surge a crise, Friedman explicou, "as atitudes que são tomadas dependem das ideias que estão abandonadas". Preparar essas ideias é o que ele considerava tarefa básica dos economistas. Friedman considerava os golpes de estado e os desastres naturais oportunidades de ouro. Em uma carta depois do furacão Katrina, ele sugeriu que essa era a oportunidade para reforma radical. Em vez de reconstruir escolas públicas, ele propôs vales escolares – sugestão que foi realizada por meio da fundação de escolas arrendadas, o

e interrogadores.[68] Hoje, esses usos de choque já não são uma tática ou estratégia ocasional: formam uma economia de um bilhão de dólares que ainda não tem o tipo de análise que outros avanços econômicos proeminentes receberam no passado.[69] Em outras palavras, esses tipos de tratamento de choque e métodos de dividir e conquistar já não são os tipos de atos planejados nos quais os teóricos da conspiração insistem. Estão agora integrados ao ambiente econômico que sustenta o Império e sua (oni)potência cada vez mais deiforme e, portanto, assumem vida própria. As consequências para a subjetividade e o ego dos que são ativa e deliberadamente excluídos desse tipo de poder são devastadoras.

A lógica do choque ajuda a entender melhor as ações dos EUA no Iraque. Enquanto durante toda a Guerra do Golfo de 1991 foram usados cerca de trezentos mísseis teleguiados Tomahawk, entre 20 de março e 2 de maio de 2003 mais de trinta mil bombas e vinte mil mísseis teleguiados foram usados – 67% do número total já fabricado.[70] Foi mais do que suficiente para pôr todo um país em estado de choque. Os autores do método "Choque e espanto" declaram explicitamente que o objetivo não é apenas vencer por meio de poder de fogo avassalador, mas cuidando "da vontade pública do adversário para resistir", com o objetivo de "tornar o adversário completamente impotente".[71] Klein também descreve como a privação sensorial

---

que deixou o conselho escolar com quatro escolas públicas, em vez das 123 que havia antes do furacão. Não é surpreendente que Friedman trabalhasse estreitamente com o ditador chileno general Augusto Pinochet depois que ele derrubou o governo Allende em 1973. Klein, ibidem, pp. 4-7.

[68] Embora esse terceiro passo funcionasse com rapidez no Iraque, em Nova Orleans demorou mais tempo. Pouco antes do Natal de 2007, cassetetes foram usados nos que protestavam do lado de fora da prefeitura de Nova Orleans. Veja Klein, Naomi, The Shock Doctrine in Action in New Orleans, The Huffington Post, Dec. 21, 2007. Na web: http:// www.huffingtonpost. com/ naomi-klein/the-shock-doctrine-in-act b 77886.html, acessado em 28/12/2007.

[69] Klein, ibidem, p. 306, fala sobre isso como "convergência sem precedentes de poderes de polícia e capitalismo desenfreados, fusão do centro de compras e da prisão secreta". Esses avanços são ocultos do público já que os capitalistas do desastre não buscam as luzes da ribalta como seus predecessores ponto com.

[70] Klein, ibidem, pp. 331-332.

[71] Citado em Klein, ibidem, p. 333.

fazia parte do esforço de guerra quando as comunicações eram completamente paralisadas e as luzes se apagavam – muitos iraquianos relataram que a perda das telecomunicações estava entre as partes mais estressantes do ataque – e como o país sentia-se despojado pela tremenda pilhagem que não era controlada pelas forças armadas do EUA. Oito por cento dos itens mantidos pelo Museu Nacional do Iraque foram tomados, fato que equivale a uma tremenda perda de memória coletiva. Todos esses fatores trabalhavam juntos em um esforço para criar uma boa fama. Como John Agresto, que sob Paul Bremer foi diretor da reconstrução da educação superior no Iraque, declarou para sua área de supervisão, o despojamento de universidades e escolas proporcionou "a oportunidade para um recomeço".[72]

Klein examina essas abordagens em termos de um fundamentalismo religioso que se agarra a suas crenças sem se importar com os fatos ou as consequências. As crenças são claras: são as três suposições da Escola de Chicago – é preciso privatizar o setor público, eximir as corporações de quaisquer obrigações e reduzir o gasto social. Os indícios crescentes sugerem que esse fundamentalismo foi incrementado principalmente não por meios democráticos, mas por formas de coerção.[73] Milton Friedman acreditava fervorosamente que a introdução da liberdade econômica – pelos meios que fossem necessários – levaria à liberdade política e, ao que tudo indica, também à liberdade religiosa e cultural. Mas a história dos últimos trinta anos em busca dessa lógica contam outra história.

Está em jogo mais que um fundamentalismo econômico específico. Parece haver uma suposição religiosa mais profunda quanto à maneira como o divino age no mundo, a saber: de cima para baixo e em manifestações onipotentes de poder que não devem ser questionadas. É esse o espírito da "teocracia americana" descrita para os

---

[72] Citado em Klein, ibidem, p. 338. Veja mais detalhes em ibidem, pp. 334-337.
[73] Klein, ibidem, p. 18.

Império, religião e subjetividade

EUA por Kevin Phillips.[74] O problema mais profundo, já se vê, é que tipo de teocracia está previsto. Se se achar que a noção de onipotência divina é fundamental, o problema não é apenas o Cristianismo conservador do Partido Republicano; os cristãos predominantes e até os liberais também não estão livres disso. Ampliando essa lógica, a subjetividade humana precisa ser formada nessa imagem. Os que parecem estar mais próximos do divino – os que estão no topo em posições de poder e privilégio – precisam governar e todos os outros precisam ser refreados e divididos, suprimidos ou reprogramados (até propostas mais moderadas para reeducar o povo devem ser esmiuçadas). Aqui deve ser mencionado um último paradoxo que talvez indique onde a resistência começa: quanto mais poder alguém tem, maior o medo de perder esse poder: "A paranoia é a doença do poder".[75]

## 3.4. O sujeito de acordo com o realismo e a religião do statu quo

Uma última perspectiva ajuda-nos a teorizar e analisar algumas das camadas mais profundas do que se passa em todos esses processos da formação da subjetividade. Essa perspectiva, que deriva das percepções da psicanálise, de estudos subalternos e da teoria pós-colonial, só faz sentido se as tensões nas quais se forma a subjetividade – até mesmo as estudadas nas seções anteriores – forem explicitamente mencionadas e enfatizadas. Sem o conhecimento dessas tensões, as percepções da teoria pós-colonial são com demasiada

---

[74] Philips, Kevin. *American Theocracy*; The Peril and Politics of Radical Religion, Oil, and Borrowed Money in the 21st Century. New York, Viking, 2006. pp. 101-103: "A principal economia mundial e principal poder militar é também – ninguém pode interpretar erroneamente – o principal estado cruzado zeloso da leitura da Bíblia, imerso em um Antigo Testamento de profetas austeros e de sangrentos campos de batalha do Oriente Médio". Duchrow et alii. *Solidarisch Mensch werden*, p. 162 fala de uma inclinação para "desempenhar o papel de Deus", que faz parte de uma disposição neoliberal global.

[75] Canetti, Elias ("Paranoia ist die Krankheit der Herrschaft"), citado em Duchrow et alii. *Solidarisch Mensch werden*, p. 153; há também a sensação de que esse tipo de poder absoluto leva à fragmentação e ao isolamento pessoais nos que o procuram. Ibidem, p. 175.

79

facilidade confundidas com preocupações Pós-Modernas com formas mais inofensivas de diversidade, diferença e "o fluxo interminável de significância".[76]

Há um tipo especial de realismo sob as condições do Império que se expressa na forma de suposições gerais que não devem ser questionadas. "Não existe nenhuma alternativa", como costumava afirmar a primeira-ministra britânica Margaret Thatcher. Realistas como Thatcher na Inglaterra e Ronald Reagan nos EUA, e quase todos os que subsequentemente ocuparam posições poderosas no que é chamado "mundo livre", acreditam realmente que seu sistema é o único possível. Parece que a queda da União Soviética proporcionou provas adicionais. Na verdade, esse tipo de realismo encontra-se não só na economia e na política, mas também em assuntos de cultura e religião. Seja o que for que possa ser dito em defesa dessas posições, sua maior deficiência é haver total falta de compreensão que as coisas parecem diferentes de outros pontos de vista, em especial das margens e do lado inferior. É como se a teoria econômica não pudesse aprender nada ao levar em conta as narrativas dos que são esmagados por estruturas econômicas, ou como se a religião ou a cultura pudessem ser estudadas em termos das grandes mentes somente com a compreensão de suas consequências para "estes pequeninos". Infelizmente, é assim que esses vários campos ainda são estudados, mas há outras opções.

A distinção de Jacques Lacan entre realismo e o real proporciona um primeiro indício. O que conta como realidade e o que o realismo capta é o que é comumente aceito como verdadeiro pelos que fazem parte do *statu quo*. Declarações como "todos sabem" ou "é fato comumente aceito" baseiam-se na pressuposição que só existe uma visão válida da realidade. As magistrais narrativas e constantes de

---

[76] Veja uma dessas críticas de pós-colonialismo em Callinicos, Alex. Wonders Taken for Signs from Homi Bhabba's Postcolonialism. In: *Post-Ality*; Marxism and Postmodernism. Mas'ud Zavarzadeh; Teresa L. Ebert; Dornald Morton, orgs. Transformation 1. Maisonneuve Press, 1995. A citação é da p. 106.

## Império, religião e subjetividade

uma dada cultura e o que é percebido como "bom senso" pertencem todos a essa esfera da realidade (que o Lacan mais tardio denominou a ordem simbólica). Os vários nacionalismos, patriotismos, religiões prevalecentes e subjetividades dominantes cabem todos aqui. O real, em contraste, é precisamente o que escapa à perspectiva realista.[77] Mais especificamente, o real é o que foi empurrado para baixo e reprimido pelas perspectivas realistas; aqui precisamos falar sobre a escura área vulnerável de nacionalismo, patriotismo, religião predominante e subjetividades dominantes. Como o que foi reprimido, o real não só é invisível para o realismo, é seu *alter ego*, o fundo no qual se constrói o realismo. O real é algo como o inconsciente coletivo das subjetividades dominantes. Esse inconsciente coletivo é produzido em analogia com o inconsciente individual em momentos de repressão. Além disso, já que participa da realidade como um todo, esse inconsciente incorpora todos os seus aspectos, econômicos, políticos, culturais, religiosos etc.[78]

Nos tempos Pós-Modernos, o realismo ficou mais sofisticado e ampliou-se para incorporar uma compreensão de diversidade e diferença ainda não evidente no realismo de Thatcher e Reagan. O pluralismo e o multiculturalismo Pós-Modernos já não contradizem o realismo, mas se tornaram aspectos integrantes; corporações multinacionais beneficiam-se desse *éthos* porque ele lhes permite ficar

---

[77] O real, de acordo com Lacan é o que "está além do *automaton*, o retorno, a volta, a insistência dos sinais". Lacan, Jacques. *The Four Fundamental Concepts of Psycho-Analysis*. Jacques-Alain Miller, org. Alan Sheridan, trad. New York, W. W. Norton, 1978. pp. 53-54. Aqui, o *automaton* é a ordem simbólica, as narrativas importantes que dominam determinado contexto. Em contraste com a fascinação pós-moderna sobre a metonímia, isto é, o livre fluxo de significância sem referentes, Lacan afirma a importância também da metáfora. A metáfora é definida como a substituição de um significador por outro em um processo de repressão. Esse processo interrompe o livre fluxo de significação e cria outro nível de realidade sob aquele que comumente conta como realidade. Veja Lacan, The Agency of the Letter in the Unconscious or Reason since Freud. In: *Écrits*; A Selection. Alan Sheridan, trad. New York, W. W. Norton, 1977. p. 164.

[78] Jameson, Fredric falou sobre o inconsciente político. Veja seu livro *The Political Unconscious; Narrative as a Socially Symbolic Act*. Ithaca, Cornell University Press, 1981. Uma das grandes vantagens da abordagem de Lacan à psicanálise é que ela pode ser usada a fim de analisar processos sociais, pois foi desenvolvida com esse horizonte mais amplo em mente. Veja o uso que Rieger faz de Lacan em *Remember the Poor* e *God and the Excluded*.

mais sensíveis a idiossincrasias em situações diferentes. Contudo, há uma diferença significativa entre a ênfase Pós-Moderna na diversidade, na diferença, que está ligada ao livre fluxo de significação, e na diversidade, na diferença que está ligada às repressões produzidas no real.[79] Ao contrário da versão Pós-Moderna do livre fluxo de significação que tende a considerar o multiculturalismo divertido e uma forma de dar lucro, refletir na repressão e no real nos permite analisar graves assimetrias de poder que correspondem à condição contemporânea de Império. A interpretação lacaniana da relação de homens e mulheres, que também se aplica a outras pessoas nas margens, ajuda a entender o que está em jogo. As mulheres e outras pessoas marginalizadas não são simplesmente parte de diversidade e diferença de flutuação livre: elas se encontram em posições reprimidas, muitas vezes romantizadas ou endemoninhadas – os dois lados da mesma moeda. No mundo repressivo e altamente assimétrico do Império patriarcal, os homens formam imagens idealistas das mulheres, os colonizadores formam imagens idealistas dos colonizados (o "selvagem nobre") e os cristãos abastados formam imagens idealizadas "dos pobres". Ao fazer isso, reconhecem a diversidade e a diferença de maneira aparentemente positiva, mas também reafirmam o controle; são eles que determinam como o outro é realmente. Eles são os realistas que pensam entender esses outros melhor do que esses outros entendem a si próprios. Os colonizadores tendem a falar sobre os colonizados em termos plurais, como Albert Memmi observou: "eles são isto"; "eles são todos a mesma coisa";[80] Joerg Rieger notou uma tendência semelhante na teologia cristã para falar de Deus nesses termos gerais.[81] Contudo, os colonizados, as mulheres e outros grupos marginalizados tendem a desafiar esses estereótipos,

---

[79] Veja uma perspectiva pós-moderna que prefere metonímia a metáfora em, por exemplo, Man, Paul de. Semiology and Rhetoric. In: *Critical Theory since 1965*, Hazard Adams e Leroy Searle, orgs. Tallahassee, University Presses of Florida, Florida State University Press, 1986.

[80] Memmi, Albert. *The Colonizer and the Colonized*. Boston, MA, Beacon Press, 1967. p. 88.

[81] Veja Rieger, *Remember the Poor*; e Rieger, God and the Excluded; Visions and Blindspots in Contemporary Theology. Minneapolis, Fortress Press, 2001.

e agora vemos o porquê: suas vidas não podem ser confinadas pelo realismo porque eles também existem como parte do real reprimido excluído do realismo e invisível para ele. Como Lacan observa: "Não existe tal coisa como *A* mulher, onde o artigo definido representa o universal".[82] Isso não significa que as mulheres e os marginalizados não sejam reais – muito pelo contrário: são tão reais que não podem e não devem ser definidos em termos do realismo dos que estão no poder – realismo que, na verdade, é uma fantasia.

O mito do individualismo esclarece o que está em jogo. Em sua maioria, os realistas contemporâneos presumem que o individualismo é uma realidade fundamental. Muitos economistas afirmam ser ele uma coisa boa – presume-se que a iniciativa individual guia a economia como, por exemplo, propõem os modelos dominantes da Escola de Economia de Chicago. Muitos fanáticos e pastores criticam-no, observando que deveríamos ser menos individualistas, embora presumindo sua realidade. Entretanto, a partir da perspectiva do real, as coisas parecem diferentes. O individualismo é o tipo de narrativa magistral que os que estão no poder, que compartilham a subjetividade dominante, contam a respeito de si mesmos a fim de encobrir e reprimir o real, isto é, todos os que contribuíram para seu sucesso e os em cujas costas seu sucesso, em última análise, se constrói. Esse mundo reprimido do individualista inclui mestres, pais e iguais, mas também zeladores, trabalhadores que produzem por salários baixos e todos os outros fornecedores de serviços e subordinados na estrutura de comando. Note que o individualismo é narrativa necessária para a subjetividade dominante. O sujeito dominante que aparentemente se fez por si mesmo deve contar a história do realismo do individualismo e reprimir o real; é o único meio de evitar ser desafiado por outro tipo de subjetividade que faz parte do real. A noção lacaniana do real reprimido ajuda-nos a ver que não existe nenhum sujeito autônomo. O individualismo é apenas o mito dos poderosos;

---

[82] Lacan, Jacques. Seminar 20, *Encore*, 1972-1973. In: *Feminine Sexuality*; Jacques Lacan and the école freudienne, Juliet Mitchell e Jacqueline Rose, orgs. New York, W. W. Norton, 1982. p. 144.

nem mesmo a subjetividade dominante existe em isolamento. Opressores que procuram salvaguardar sua objetividade perpetuando a narrativa magistral do individualismo simplesmente enganam a si mesmos, já que sua identidade é invariavelmente construída em relação aos outros e, mais especificamente, à custa dos outros. Nesse contexto, o comunitarismo não se sai muito melhor porque se baseia no mito do individualismo, comportando-se como se realmente houvesse sujeitos individuais lá fora que teríamos de reunir em comunidade. Em qualquer caso, a fealdade do ego, construído à custa dos outros, voltará para nos assombrar.

Frantz Fanon expressou a subjetividade que surge no real nas palavras mais fortes possíveis: "Ora, o *sujeito*, o desempregado, o nativo faminto não reivindicam a verdade; não *dizem* que representam a verdade, pois eles *são* a verdade".[83] A verdade dessa subjetividade não está ligada ao realismo, mas ao real; é o que foi reprimido, empurrado abaixo da superfície. O que quer que tenha sido reprimido torna-se a verdade do sistema – não em termos românticos ou universais, de uma vez por todas, mas naquela determinada situação de repressão. Fanon está ciente da natureza elaborada da verdade dessa subjetividade quando declara que "a alma negra é o artefato do homem branco".[84] O teórico pós-colonial Homi Bhabha reúne Lacan e Fanon quando descreve como a identidade foi produzida na situação colonial do "intermediário" – nas pressões entre "o Ego colonialista e o Outro colonizado" – por exemplo, como o artifício do homem branco gravado no corpo do homem negro.[85] As duas subjetividades, a dominante e a reprimida, estão inextricavelmente unidas de maneiras especiais; há até um desejo secreto que está ligado àquilo que é reprimido. Talvez isso também nos ajude a entender até certo ponto nosso medo irracional do outro – há bem no fundo uma sensação

---

[83] Fanon, Frantz. *The Wretched of the Earth*. Constance Farrington, trad. New York, Grove Press, 1968. p. 48.
[84] Fanon, Frantz. *Black Skin, White Masks*. Charles Lam Markmann, trad. New York, Grove Press, 1967. p. 14.
[85] Bhabha, Horni. *The Location of Culture*. London, Routledge, 1994. p. 45.

que a subjetividade do outro tem realmente o poder de desenredar nossa subjetividade. Uma noção relacionada da verdade encontra-se em *Versos satânicos* de Salman Rushdie, onde um bêbado nos lembra a ocultação da verdade da perspectiva dos que estão no poder: "O problema com os ingleses é que a história deles aconteceu além-mar, de modo que eles não sabem o que ela significa". Entretanto, embora a verdade esteja oculta, está claro que a subjetividade dominante baseia-se nela e depende dela.[86]

A subjetividade dominante do realismo parece, em alguns aspectos, o sujeito Pós-Moderno que se move livremente; o que muitas vezes se esquece é que esses movimentos livres relacionam-se estreitamente com o livre fluxo do capital. Contudo, esses livres fluxos são ilusórios, porque misturam a realidade do lado inferior: na ilusão da subjetividade que flutua livremente, os pobres desapareceram,[87] exatamente como a realidade cansativa do trabalho desaparece na ilusão do capital circulante. Em todo caso, o fenômeno da repressão não desaparece, e assim o livre fluxo do capital se confronta com uma dimensão de profundidade, onde o inconsciente reprimido instrui, de algum modo, o consciente e indica subjetividades alternativas. Eis alguns paralelos estreitos com a "opção preferencial pelos pobres" da teologia da libertação. Embora pareça que faltem à aparelhagem teológica essas estimativas, há um senso comum que, ao nos ligarmos ao real, aos pobres, pomo-nos em contato com o que realmente importa, aquilo que está mais em contato com a pulsação da vida – as raízes de uma religiosidade totalmente diferente que tem mais em comum com a pessoa e a obra de Jesus Cristo do que com as religiões civis imperiais do realismo (que agora se diz terem tomado formas liberais e também conservadoras).[88]

---

[86] Citado em Bhabha, *Location of Culture*, p. 6.
[87] Eagleton, Terry. *Ideology*; An Introduction. London, Verso, 1991. p. 198.
[88] Veja Rieger, *Remember the Poor*; e Rieger, org. *Opting for the Margins*; Postmodernity and Liberation in Christian Theology. American Academy of Religion, Reflection and Theory in the Study of Religion series. Oxford, Oxford University Press, 2003. Há um paralelo entre estudos subalternos e a teologia da libertação: Beverley o entende em termos da "opção preferencial

Agora muitos consideram o conjunto binário de opressor e oprimido, ou de subjetividade dominante e reprimida simplista demais. Esse é um dos alvos da crítica pós-colonial que favorece a noção de hibridade e rejeita como categorias eurocêntricas os conjuntos binários claros entre colonizadores e colonizados. Na verdade, faz sentido observar a bagunça da vida real e o fato de as pessoas terem múltiplas dedicações e identidades; a formação da subjetividade é sempre complexa. Além disso, como os relacionamentos coloniais oficiais são, na maior parte, assunto do passado, as relações entre opressores e oprimidos tornaram-se mais complexas e menos visíveis. Mesmo assim, hoje vivemos mais uma vez em situação de graves diferenciais de poder que em muitos casos são tão duros quanto antes, como mostram os exemplos já citados. Quando os ricos ficam mais ricos e os pobres ficam mais pobres, com a classe média sendo muitas vezes puxada para baixo, os conjuntos binários não desaparecem. A impressão de Fanon de que "o mundo colonial é um mundo maniqueísta",[89] isto é, um mundo marcado por fortes dualismos, está voltando em nosso tempo. Mais cedo ou mais tarde, até o meio terá de se decidir.[90] Nunca fomos mais claros quanto ao fato de que o fim do colonialismo formal não subentende o fim do imperialismo.

A esse respeito, as ideias produzidas no campo de estudos subalternos são úteis. Ao ampliar nossa visão das margens, em especial incluindo os grupos que não possuem uma consciência unificada de classe como os camponeses e os pobres,[91] os estudos subalternos

---

pelos pobres" e o esforço de "ouvir os pobres" (Gutiérrez). Em outras palavras, não apenas olhar para nossa fala a respeito do subalterno, mas construir relacionamentos. Beverley, John. *Subalternity and Representation*; Arguments in Cultural Theory. Durham, N.C., Duke University Press, 1999. p. 38.

[89] Fanon, Frantz. *The Wretched of the Earth*. p. 41. Fanon fala do caráter totalitário do colonialismo e da necessidade do colonizador retratar o nativo como mal absoluto.

[90] Veja em Duchrow et alii. *Solidarisch Mensch werden* uma análise da situação da classe média e sugestões muito úteis sobre passos a serem dados na direção certa. Os autores presumem que o futuro do globo depende da solidariedade da classe média com a classe trabalhadora. Ibidem, p. 413.

[91] O primeiro Grupo de Estudos Subalternos foi fundado na Índia e mais tarde um outro foi fundado na América Latina. Note que existe muita diversidade dentro dos dois grupos de estudos

criaram novas preocupações e novos instrumentos para investigar a vida nas margens. Dessa perspectiva, os binários ainda existem, embora sem o caráter absoluto dos binários do *statu quo*.[92] John Beverley liga os estudos subalternos ao real lacaniano: o subalterno é "o que resiste à simbolização, um espaço no conhecimento que subverte ou derrota a presunção de 'conhecê-lo'". Como resultado, o real sempre precisa ser entendido em contextos específicos.[93]

Quais são as marcas da subjetividade subalterna emergente? Da perspectiva do subalterno fica claro que a subjetividade não deve ser romantizada. Ao contrário dos que estão no poder, as pessoas subalternas têm a percepção de que são indivíduos autônomos. Sentem nos próprios corpos, em bases diárias, que sua subjetividade é produzida por todos os tipos de forças descritas neste capítulo; o fluxo do capital, o desejo mimético, tratamentos de choque e repressões; aqui, no final das contas, nem o individualismo, nem o etnocentrismo, nem o comunitarismo ou nacionalismo simplório são opções reais. Mas nem os subalternos têm condições para simplesmente anular sua subjetividade; precisam desesperadamente dela a fim de sobreviver, e pode bem ser que essas subjetividades estejam entre as poucas coisas que desafiam o Império em uma época em que as subjetividades

---

subalternos. O que os une talvez seja mais bem descrito como conjunto de "espaços experimentais" relacionado com uma preocupação comum pelas margens. Beverley, *Subalternity and Representation*, p. 22. O termo *subalterno* vem de Gramsci, Antonio. *Selections from the Prison Notebooks of Antonio Gramsci*. Geoffrey Nowell Smith, trad. New York, International Publishers, 1971. pp. 52s. e capta a preocupação comum de estudos subalternos contemporâneos da situação das classes mais baixas – em especial os grupos nas margens que não possuem uma consciência unificada de classe.

[92] Beverley, *Subalternity and Representation*, p. 87, por exemplo, levanta a questão se a identidade subalterna é híbrida ou binária. Aqui a noção de Walter Mignolo de modo de pensar marginal, formado pela análise das relações das partes dominantes do mundo com a América Latina – ocidentalismo em vez de orientalismo – é também instrutiva: este modo de pensar não é estruturado em termos de relações tradicionais de sujeito-objeto, onde o sujeito permanece intocado e independente do objeto e onde o objeto é conhecido como tal. Este binário precisa desaparecer. O modo de pensar marginal e sua verdade surgem das "feridas das histórias, memórias e experiências coloniais". Mignolo, *Local Histories/Global Design*; Subaltern Knowledges, and Border Thinking. Princeton Studies in Culture/Power/History. Princeton University Press, 2000. p. 37.

[93] Beverley, *Subalternity and Representation*, p. 2.

Para além do espírito do Império

dominantes adaptaram-se a ele. Muitas vezes tem sido salientado que a subjetividade em geral é questionada precisamente em uma época em que os marginalizados começaram a adquirir alguma subjetividade. A pergunta de Gayatri Chakravorty Spivak sobre se o subalterno pode falar precisa ser vista nessa luz. Ela, com certeza, está certa se quer dizer que existem subjetividades alternativas que não são reconhecidas pelo *statu quo*. Contudo, embora a subjetividade subalterna nada conte sob as condições de Império – simplesmente confira seus salários em queda e estruturas de apoio que são reduzidas –, proporciona modos de vida alternativos que contêm algum saldo positivo que pode fazer diferença.[94] Talvez a subjetividade e a atuação que surgem aqui possam ser repensadas em termos da subjetividade e da atuação de Jesus, que pode passar sem a oferta de Satanás para governar o mundo (Mt 4,8-10).

Ao investigar a subjetividade dos colonizados, Homi Bhabha faz uma observação importante:

> O sujeito [dominante] não é compreendido sem a ausência ou a invisibilidade que o constituem – "como mesmo agora você olha/mas nunca me vê" – de modo que o sujeito fala e é visto de onde ele não está; e a mulher migrante subverte a perversa satisfação do olhar racista, "masculinista", que repudiou sua presença, apresentando-lhe uma ansiosa ausência, um contraolhar que vira de volta para ele mesmo o olhar discriminador que nega a diferença cultural e sexual dela.[95]

Como a subjetividade, quer dominante, quer subalterna, é produzida sob a pressão de diferenciais de imenso poder, precisamos pensar na subjetividade na relação entre o dominante e o subalterno. Sem investigar a subjetividade dominante e seu realismo unidimensional a partir de baixo, não veremos a imagem toda e continuaremos sem

---

[94] Spivak, Gayatri Chakravorty, *A Critique of Postcolonial Reason*; Toward a History of the Vanishing Present. Cambridge, Mass., Harvard University Press, 1999. pp. 308-311. A autora reescreve sua declaração anterior que "o subalterno não fala", dizendo que esse "foi um comentário desaconselhável". Contudo, ela prossegue e mostra as muitas maneiras em que o subalterno continua a ser silenciado.

[95] Bhabha, *Location of Culture*, p. 47, ao refletir na obra de Frantz Fanon. O outro "é sempre ambivalência, revelando uma falta". Ibidem, p. 52.

indícios sobre a subjetividade subalterna. Na verdade, embora não exista nada romântico a respeito da subjetividade subalterna, ela nos impele a investigar o lado inferior, que, em última análise, não pode ser controlado, e essa subjetividade subalterna pode bem ser nosso melhor guia para entender o que se passa com os poderes estabelecidos. Finalmente, a subjetividade subalterna proporciona tipos alternativos de inspiração – a função fundamental da religião – que nos indica novas direções para o (apertado) "caminho que leva à vida" (Mt 7,14).*

---

\* Texto traduzido por Barbara Theoto Lambert.

# Capítulo III
# O Império e a transcendência

## 1. A tese do fim da transcendência com o surgimento do Império

Hardt e Negri, no livro *O Império*, apresentam como a sua hipótese básica o seguinte: "[...] a soberania tomou nova forma, composta de uma série de organismos nacionais e supranacionais, unidos por uma lógica ou regra única. Esta nova forma global de economia é o que chamamos de Império".[1] Para eles, o conceito de Império é algo completamente diferente do de imperialismo, pois este era "uma extensão da soberania dos Estados-nações europeu além de suas fronteiras",[2] enquanto "o Império não estabelece um centro territorial de poder nem se baseia em fronteiras ou barreiras fixas. É

---
[1] HARDT, Michael & NEGRI, Antonio. *Império*. 6ª. ed., Rio de Janeiro: Record, 2004. p. 12.
[2] Ibidem, p. 12.

Para além do espírito do Império

um aparelho de *descentralização* e *desterritorialização* do geral que incorpora gradualmente o mundo inteiro dentro de suas fronteiras abertas e em expansão".[3]

Além dessa diferença fundamental, os autores defendem a tese de que há uma outra diferença fundamental que decorre da anterior: a imanentização do que na era Moderna era transcendente. Para eles, o tema dominante na política moderna, como também na metafísica, foi a eliminação da forma medieval de transcendência, de caráter religioso, que inibia a produção e consumo, e a constituição de uma forma de transcendência que fosse mais adequada para os novos modos de associação e produção: um aparelho político transcendente. A soberania do Estado moderno se tornou um lócus da soberania que transcende e medeia o plano das forças imanentes. Nesse sentido eles afirmam que "a proposta de Thomas Hobbes de um governante soberano definitivo e absoluto, um 'Deus na terra', desempenha papel fundamental na Modernidade na construção de um aparelho político transcendente."[4]

A partir da tese de que a transição do imperialismo moderno para o atual sistema de Império surge do crepúsculo da soberania moderna, Hardt e Negri defendem também a hipótese de que

> o que as teorias de poder da Modernidade foram forçadas a considerar transcendente, quer dizer, exterior às relações produtivas e sociais, é aqui formado no interior, imanente às relações produtivas e sociais. A mediação é absorvida dentro da máquina produtiva. A síntese política de espaço social é fixada no espaço da comunicação. É por isso que as indústrias de comunicação assumiram posição tão central. Elas não apenas organizam a produção numa nova escala e impõem uma nova estrutura adequada ao espaço global, mas também tornam imanente sua justificação.[5]

---

[3] Ibidem, pp. 12.
[4] Ibidem, p. 101.
[5] Ibidem, pp. 51-52.

# O Império e a transcendência

O fim ou o declínio da soberania do Estado-nação moderno teria levado consigo também a própria noção de transcendência no campo das relações produtivas e sociais, e até mesmo a justificação do Império e de todos e quaisquer atos no seu interior seria dada de forma imanente.

A razão para isso é que, se a soberania moderna baseava-se fundamentalmente na *transcendência* do soberano no plano social,

> o capital, diferentemente, opera no plano da *imanência*, através de relés e redes de relações de dominação, sem recorrer a um centro transcendente de poder [...], as leis pelas quais o capital funciona não são leis fixas e separadas que pairem acima de tudo e dirijam do alto as operações do capital, mas são historicamente leis variáveis imanentes ao próprio funcionamento do capital: as leis de taxas de lucro, de taxas de exploração, de realização de mais-valia e assim por diante.

A partir dessa ideia, eles afirmam: "O capital exige, portanto, não um poder transcendente, mas um mecanismo de controle que reside no plano de imanência".[6]

Como eles chamam a nova forma global de economia dominada pela lógica do capital de Império, podemos, então, chegar à conclusão de que para eles o Império prescinde da noção de transcendência e também de um *lócus* que transcenda as relações de produção e sociais. Eles não se perguntam se a passagem de uma determina forma de dominação para outra criou ou não uma nova forma de transcendência, como ocorreu na passagem da época medieval para a Moderna, mas simplesmente identificam a transcendência com a soberania moderna do Estado-nação e decretam o fim da transcendência juntamente com o fim ou o declínio do Estado-nação.

Pode um sistema tão amplo e complexo como o Império global funcionar e ser mantido, controlado ou comandado sem nenhuma referência a uma instância transcendental? Hardt e Negri afirmam que "o controle imperial opera por três meios globais e absolutos: a

---

[6] Ibidem, pp. 348.

Para além do espírito do Império

bomba, o dinheiro e o éter".[7] O conjunto das bombas nucleares, que cria um novo horizonte metafísico de violência absoluta, o dinheiro e o mercado como meio global de controle absoluto e administração das comunicações, do sistema educacional e da cultura constituem os mecanismos de controle do Império. É claro que, dos três mecanismos, a violência absoluta da guerra e das armas nucleares constitui o último e fundamental mecanismo de controle e dominação.

No livro *Multitud*, Hardt e Negri afirmam que

> O que é específico de nossa era [...] é que a guerra passou de elemento final das sequências de poder – força letal como último recurso – a primeiro elemento primordial, o fundamento da própria política. A soberania imperial cria ordem *não* pondo um fim à "guerra de cada um contra todos", como diria Hobbes, mas propondo um regime de administração disciplinadora e controle político baseado diretamente na contínua ação de combate. Em outras palavras, a aplicação constante e coordenada de violência é a condição necessária para o funcionamento da disciplina e do controle.[8]

Ora, se a guerra se tornou o fundamento da política, a distinção entre a violência ou a guerra legítima e ilegítima se torna chave na construção e na manutenção dessa ordem global. No mundo moderno, um dos pilares da soberania do Estado-nação é o monopólio da violência legítima dentro das fronteiras do país e contra outras nações. Hoje, para esses autores,

> a violência é legitimada da maneira mais eficaz [...] não em uma estrutura *a priori*, moral ou legal, mas só *a posteriori*, com base nos resultados. Pode parecer que a violência do forte é automaticamente legitimada e a violência do fraco é imediatamente rotulada de violência. O reforço ou reestabelecimento da ordem global usual é o que retroativamente legitima o uso da violência.[9]

---

[7] Ibidem, p. 366.
[8] HARD, Michael & NEGRI, Antonio. *Multitude: war and democracy in the age of empire*. New York: Penguin Press, 2004, p. 21.
[9] Ibidem, p. 30.

A violência dos fracos, ou a dos que se contrapõem à ordem hierárquica do Império global, é tachada de violência, enquanto a violência dos fortes, dos vencedores que mantêm a atual ordem, é considerada legítima, isto é, como não violento, ou como uma forma de violência especial, uma violência purificadora e restauradora da ordem ameaçada. Nas sociedades tradicionais Pré-Modernas e nas Modernas, essa distinção era feita em nome da transcendência. Nas sociedades Pré-Modernas, em nome da transcendência religiosa; e no mundo Moderno, em nome da transcendência da soberania do Estado-nação. Como Hardt e Negri defendem a tese de que na atual ordem global não há mais a noção de transcendência, eles propõem que a distinção entre violência legítima e a ilegítima, entre guerra "justa" e injusta, estaria fundamentada na própria força da violência do mais forte. A violência imanente seria o fundamento dessa distinção. Por isso, afirmam que "só importa uma única distinção, e ela se sobrepõe a todas as demais: a violência que preserva a hierarquia contemporânea da ordem global e a violência que ameaça tal ordem".[10]

Quando até a "violência absoluta" é justificada em nome da manutenção da ordem imperial, em nome do próprio Império, não há nada que o transcenda, e não há necessidade de nenhuma referência a uma instância ou valores transcendentais. Esse Império seria um Império que se expande em nome de si mesmo, pela expansão da submissão ao seu poder absoluto.

Entretanto, como é possível falar em violência *absoluta*, um novo horizonte *metafísico*, inversão *absoluta do poder da vida, árbitro imperial*, e ao mesmo tempo dizer que não tem *status* transcendente? Um poder absoluto sobre a vida ou árbitro imperial – qualidades divinas ou demoníacas – não significa estar acima de tudo, de ser transcendente? Pode um sistema imperial assim, sem nenhuma justificativa transcendente, exercer atração sobre países e grupos que

---

[10] Ibidem, p. 32.

ainda estão à margem do Império ou que podem estar pensando na possibilidade de sair do sistema?

Para Joseph Nye Jr., ex-secretário assistente de Defesa dos Estados Unidos, mesmo que o poder militar seja essencial para estabilidade global, ele não é suficiente. Ele diz: "Não devemos permitir que a ilusão do Império nos leve a perder de vista a importância cada vez maior do nosso poder brando (*soft power*)",[11] ou seja, a atração ideológica e cultural que os Estados Unidos exercem no mundo. É claro que ele reconhece os limites desse poder brando:

> Os tiranos e os fundamentalistas sempre nos odiarão por causa dos nossos valores de liberdade e oportunidade, e não nos resta senão enfrentá-los com uma política antiterrorista mais eficaz. Mas esses bolsões de ódio dificilmente catalisarão mais ódio, a não ser que abandonemos os nossos valores e adotemos políticas arrogantes e prepotentes diante dos tiranos e dos fundamentalistas que sempre odiarão.[12]

O uso do poder militar não somente não é suficiente como deve ser colocado a serviço da defesa de valores como a liberdade, senão a arrogância de governar em nome do poder militar terá como efeito o fortalecimento dos tiranos e fundamentalistas.

Esse tipo de discurso pode ser interpretado como uma mera retórica para justificar a dominação baseada no poderio militar. Pode ser. Mas, como diz Joan Robinson, "todo sistema econômico necessita de um conjunto de regras, uma ideologia que o justifique e uma consciência do indivíduo que faça com que ele o leve adiante".[13] Afinal, ninguém gosta de ter má consciência, e cinismo puro é algo raro: "Mesmo os tugues roubavam e assassinavam pela honra de sua deusa."[14] E Nye justifica o uso do poderio militar contra aqueles que ele rotula de tiranos e fundamentalistas em nome da liberdade. O

---

[11] NYE Jr., Joseph S. *O paradoxo americano. Por que a única superpotência do mundo não pode prosseguir isolada*. São Paulo: Ed. UNESP, 2002. p. 21.

[12] Ibidem, p. 14.

[13] ROBINSON, Joan. *Filosofia econômica* Rio de Janeiro: Zahar, 1979. p. 17. (orig. inglês: 1962).

[14] Ibidem, p. 22. Tugues.

poder militar não é usado em nome do próprio sistema. Há um valor superior, a liberdade, que justifica o uso de poder militar e não transforma o Império em algo arrogante, algo que não atrairia para si os que ainda estão à margem ou fora do domínio do Império.

## 2. O conceito de transcendência e o desvelamento do Império

A questão que se levanta aqui é se realmente o Império destruiu e/ou não precisa do conceito de transcendência para o seu funcionamento e legitimação diante de si mesmo e dos subordinados. Uma segunda questão que podemos levantar é sobre a necessidade ou a utilidade do conceito de transcendência na compreensão e na crítica do Império; isto é, da necessidade teórica ou não do desvelamento crítico do novo conceito de transcendência no Império. Para discutirmos isso, vamos, em primeiro lugar, manter-nos no interior do próprio pensamento de Hardt e Negri.

Tomemos o texto em que eles apresentam o "Império" como conceito:

> Deve-se salientar que "Império" é usado aqui não como *metáfora* […], mas *conceito*, o que pede basicamente uma abordagem teórica. O conceito de Império caracteriza-se fundamentalmente pela ausência de fronteiras: o poder exercido pelo Império não tem limites […]. Em segundo lugar, o conceito de Império apresenta-se não como um regime histórico nascido da conquista, e sim como uma ordem que na realidade suspende a história e dessa forma determina, pela eternidade, o estado de coisa existente. Do ponto de vista do Império, é assim que as coisas serão hoje e sempre – e assim sempre deveriam ter sido […] como um regime sem fronteiras temporais, e, nesse sentido, fora da História ou no fim da História. Em terceiro lugar, o poder de mando do Império funciona em todos os registros da ordem social, descendo às profundezas do mundo social. O Império não só administra um território com sua população, mas também cria o próprio mundo que ele habita. Não apenas regula as interações humanas como procura reger diretamente a natureza humana. O objeto do seu governo é a vida

social como um todo, e assim o Império se apresenta como forma paradigmática de biopoder. Finalmente, apesar de a prática do Império banhar-se continuamente em sangue, o conceito de Império é sempre dedicado à paz – uma paz perpétua e universal fora da História.[15]

Hardt e Negri apresentam quatro características fundamentais do conceito de Império: a) o poder do Império não tem limites; b) apresenta-se como realidade eterna, que suspende a História; c) o poder do Império funciona em todos os registros da ordem social, até às profundezas do mundo social, a tal ponto que procura reger a própria natureza humana; d) o Império se dedica à paz perpétua e universal fora da História através de contínuo banho de sangue. É interessante notar aqui que essas quatro características do Império nos trazem à mente as características do próprio Império Romano, assim como dos mitos religiosos que sacralizam uma ordem social.

Peter Berger, por exemplo, assumindo a definição de Thomas Luckmann sobre a religião, diz que esta é "a capacidade de o organismo humano transcender sua natureza biológica através da construção de universos de significados objetivos, que obrigam moralmente e que tudo abarcam".[16] A eficiência da religião, seja em linguagem tradicional, seja em uma linguagem aparentemente secularizada, no processo de legitimação de uma ordem social repousa no fato de que ela relaciona a realidade precária das instituições sociais e da própria ordem social com a realidade suprema e assim infunde-lhes "um *status* ontológico de validade suprema, isto é, *situando-as* num quadro de referência sagrado e cósmico".[17] Dessa forma, as legitimações religiosas conferem "às instituições uma aparência de inevitabilidade, firmeza e durabilidade análoga a essas qualidades, tais como se atribuem aos próprios deuses".[18]

---

[15] HARDT, Michael & NEGRI, Antonio. *Império*, pp. 14-15.
[16] BERGER, Peter L. *O dossel sagrado: elementos para uma teoria sociológica da religião*. São Paulo: Paulinas, 1985. p. 183.
[17] Ibidem, p. 46.
[18] Ibidem, p. 49.

# O Império e a transcendência

A caracterização do Império feita por Hardt e Negri nos remete para a função exercida pela religião nos processos de legitimação de uma ordem social. Mas é claro que o Império atual não se utiliza das linguagens religiosas Pré-Modernas para a sua legitimação. Entretanto, se não faz um uso explícito da linguagem religiosa nem referência a um outro tipo de transcendência, como se fez no mundo moderno, como o Império atual justifica essa pretensão de poder sem limites, eterno, capaz de reger todos os aspectos da vida social, até da própria natureza humana, e que exige sacrifícios contínuos de sangue humano com a promessa da paz eterna? É possível responder a essa questão sem nenhuma referência à noção de transcendência, qualquer que ela seja?

Antes de responder a essas questões, é importante destacarmos aqui que esses autores deixam claro que tais características não são atribuídas por eles, mas são produções do próprio Império ou das relações produtivas e sociais do Império: "Do ponto de vista do Império, é assim que as coisas serão hoje e sempre – e assim sempre deveriam ter sido". Isto é, as quatro características do Império não são "reais", ou "verdades objetivas", mas são do "ponto de vista do Império", especialmente a ideia de que o Império é uma realidade eterna, suspensa da História. Podemos dizer de modo rápido – pois vamos tratar deste tema com maior profundidade depois – que o que realmente é "real" é a lógica sacrificial do Império: a exigência de banhar-se continuamente em sangue em nome da paz perpétua. As exigências de sangue em nome de paz e justiça só são compreensíveis apelando para uma noção de transcendência, seja de um deus que exige sacrifícios em troca da salvação, seja em nome da soberania do Estado-nação/Leviatã. Mas como Hardt e Negri defendem a tese de que não há mais transcendência no Império, eles não aprofundam a crítica dessa lógica sacrificial ou a crítica de uma transcendência perversa que não somente legitima os sacrifícios de vidas humanas em nome da paz perpétua ou do desenvolvimento, mas, o que é mais importante, inverte um mal – o banho de sangue – em um bem. Tal crítica a uma transcendência perversa pressuporia a ideia de que todas as formas de organização social produzem divinizações e transcendências a partir e no interior das suas relações produtivas e sociais. E, se este for o caso, a questão não seria mais negar ou defender as transcendências de uma determinada ordem social, mas discernir as imagens e conceitos transcendentais que fundam e legitimam ou criticam uma determinada ordem social.

Há uma afirmação de Hardt e Negri que revela um problema teórico na abordagem dessa questão: "O que as teorias de poder da Modernidade foram forçadas a considerar transcendente, quer dizer, exterior às relações produtivas e sociais, é aqui formado no interior, imanente às relações produtivas e sociais".[19] Ora, uma coisa é o lugar onde algo é formado, outra é como as teorias ou ideologias de poder de uma determinada época são forçadas ou não a considerar tal objeto. O fato de as teorias de poder da Modernidade serem forçadas a considerar transcendente a produção biopolítica de ordem não significa que ela tenha sido realmente um produto da ação de um ser transcendente e que não tenha sido gerada no interior das relações produtivas e sociais. Pois, como eles mesmos afirmam, as teorias modernas foram forçadas a considerar transcendentes por razões do seu tempo. A descoberta de que esse poder não tem origem transcendente, mas se dá na imanência, não significa também que os teóricos do Império e os discursos legitimadores não o tratem como transcendente. De um ponto de vista não imperial, na perspectiva das vítimas, todo poder é resultado imanente das relações produtivas e sociais, mas do ponto de vista dos dominadores eles são ou podem ser considerados transcendentes.

Afirmar que não há mais o transcendente ou referência à transcendência na lógica e no discurso de poder do Império somente porque se "descobriu" que a produção biopolítica da ordem se dá no interior

---

[19] Ibidem, pp. 51-52.

O Império e a transcendência

das relações produtivas e sociais é cair em um dualismo que separa radicalmente a transcendência e a imanência nas ordens sociais.

Marx, que na juventude tinha reduzido a religião e o "mundo transcendente" a um simples sintoma de uma sociedade alienante e opressora, na maturidade faz da crítica à religião um método de análise:

> Com efeito, é muito mais fácil encontrar mediante a análise o núcleo terreno das imagens nebulosas da religião que proceder ao contrário, partindo das condições da vida real em cada época para remontar às suas formas divinizadas. Este último método é o único que pode ser considerado como o método materialista e, portanto, científico.[20]

Ele propõe analisar e discernir as divinizações a partir da vida real, não simplesmente descartá-las. Nessa mesma linha, Franz Hinkelammert – um dos autores contemporâneos que mais trabalhou a relação entre os conceitos transcendentais e sistemas sociais[21] – diz: "Sociedades e seres humanos se autorrefletem no meio e por meio de suas formas divinas".[22] Por isso, a questão não é se os seres divinos existem ou não, mas analisar os conceitos ou valores transcendentais e formas divinas produzidas pelas relações produtivas e sociais historicamente contextualizadas para compreender as dinâmicas mais profundas que regem essas sociedades.

É somente um método assim que pode nos levar a uma crítica mais aguda das características do Império que Hardt e Negri mesmos descrevem.

O fato de atuais meios de controle do Império não possuírem uma localização determinada e de estarem articulados em relação às funções produtivas não significa por si que o Império não possui ou nem

---

[20] Marx, Karl. *El capital*, vol. I. México, 1966, 303, nota 4.
[21] Entre as suas obras sobre esse assunto, vide especialmente: HINKELAMMERT, Franz. *Crítica a la razón utópica*. San José (Costa Rica): DEI, 1984.
[22] HINKELAMMERT, Franz. Prometeo, el discernimiento de los dioses y la ética del sujeto. Reflexiones a partir de un libro. *Pasos*. San José (Costa Rica): DEI, n. 118, mar.-abr./2005, pp. 7-24. Citado da p. 10.

pretende ter uma transcendência. Por outro lado, sem uma noção de transcendência é difícil explicar e compreender as características até aqui analisadas a partir da obra de Hardt e Negri.

Tomemos um texto de Edward Said, do prefácio de 2003 ao seu livro *Orientalismo*, para aprofundarmos essa questão:

> Todos os Impérios que já existiram, em seus discursos oficiais, afirmaram não ser como os outros, explicaram que suas circunstâncias são especiais, que existem com a missão de educar, civilizar e instaurar a ordem e a democracia, e que só em último caso recorrem à força. Além disso, o que é mais triste, sempre aparece um coro de intelectuais de boa vontade para dizer palavras pacificadoras acerca de Impérios benignos e altruístas, como se não devêssemos confiar na evidência que nossos próprios olhos nos oferecem quando contemplamos a destruição, a miséria e a morte trazidas pelas mais recentes *mission civilisatrice*.
>
> O que conta é a eficiência e a engenhosidade do texto e, por assim dizer, quantos irão morder a isca. O pior aspecto desse material essencializante é que o sofrimento humano, em toda a sua densidade, é eclipsado. A memória, e com ela o passado histórico, é eliminada, como na conhecida e desdenhosamente insolente expressão inglesa "you're history" ("você já era").[23]

Esse texto de Said sintetiza bem as características dos Impérios, seja do tempo dos imperialismos, seja do Império (Hardt e Negri). Todos os Impérios afirmam – de modo explicitamente religioso ou mais secular – a sua excepcionalidade, por isso a sua missão civilizatória. O que Said destaca, com mais ênfase do que Hardt e Negri, é que essa missão civilizatória ou divina é realizada com o uso da força e, portanto, com sacrifícios e opressões. Mas porque é compreendido como sacrifício – sofrimento humano imposto em nome do progresso, da civilização ou de uma missão divina – esse sofrimento humano é eclipsado e eliminado da memória. Só resta a eficiência do progresso, a salvação trazida pela "civilização ocidental moderna".

---

[23] SAID, Edward. *Orientalismo: o Oriente como invenção do Ocidente*. São Paulo: Companhia das Letras, 2007. p. 18.

Há uma correlação intrínseca entre a noção de excepcionalidade e o apagar da memória os sofrimentos humanos. Pois sofrimentos humanos necessários para o cumprimento de uma missão excepcional ou divina são sofrimentos ou sacrifícios necessários para a "salvação", portanto não sofrimentos. A lógica sacrificial ressignifica os sofrimentos das vítimas como caminho necessário para a salvação, o bem maior, portanto como um "bem". Assim, os sofrimentos e as mortes das vítimas são apagados da memória como tais e relembrados como sacrifícios necessários.

Mas de onde vem esse caráter de excepcionalidade dos Impérios? Said afirma que nos casos atuais ele se justifica através de um pensamento abstrato que nega ou desconhece a relevância do contexto histórico e cultural, o que nos aproxima da noção de Hardt e Negri de que o Império se apresenta como suspenso da História, como algo eterno. Entretanto, o caráter abstrato ou "eterno" do discurso por si só não explica o fundamento da sua excepcionalidade e, o que é mais importante, a inversão que apresenta como benignos os sofrimentos e as mortes impostos em nome da "missão". Que tipo de missão, dada por quem e qual a relação entre o Império e essa missão que permite tal inversão? Que tipo de racionalidade pode conceber um Império benigno e altruísta?

Responder a essas questões é fundamental para desmascararmos o "espírito" que move o Império atual. E para isso precisamos aprofundar na questão da transcendência produzida pelas práticas produtivas e sociais e pelos discursos dos intelectuais do Império.

## 3. Segurança, liberdade e o mercado livre

O presidente George W. Bush, no discurso aos formandos da Academia Militar de West Point em junho de 2002, disse: "A América não tem nenhum Império para expandir nem utopia para estabelecer. Desejamos para os outros só o que desejamos para nós mesmos – proteção contra a violência, as recompensas da liberdade e a esperança de uma vida melhor".[24] Aqui, sem entrar na discussão se os Estados Unidos realmente têm ou não intenções imperiais ou uma utopia, queremos analisar a relação entre segurança contra a violência – entendida hoje fundamentalmente como terrorismo –, a liberdade e uma vida melhor. Esses três objetivos correspondem a três tarefas e caminhos distintos, ou seriam resultados de uma tarefa fundamental a ser assumida? A nossa hipótese é: na perspectiva do Império, há um caminho fundamental para se atingir esses três objetivos, e esse caminho está vinculado a uma noção de utopia ou de transcendência.

Para começar esta discussão, queremos trazer aqui um documento do Ministério de Cooperação Internacional do Canadá, um país que poucos acusariam de imperialista. Na apresentação do documento *Canada's International Policy Statement: A Role of Pride and Influence in the World: Development*,[25] de 2005, a ministra Aileen Carroll diz que o mundo conseguiu nos últimos anos um progresso significativo no campo do desenvolvimento humano. Entretanto, essa conquista é desigual e ainda vinte por cento da humanidade luta para satisfazer as suas necessidades básicas.

> Essa pobreza ofende nossos mais básicos valores de decência e de justiça. Simplesmente não há nenhuma boa razão para, no século XXI, meio milhão de mulheres morrerem durante o parto e para milhares de crianças morrerem todos os dias de doenças facilmente evitáveis e tratáveis. Essa pobreza é uma afronta moral a todos nós e essa razão tão somente força nossa resposta.[26]

A indignação ética é apresentada aqui como a razão suficiente para ações e políticas de cooperação internacional. Mas, logo após essa fundamentação na moral, a ministra apresenta outra razão mais

---

[24] Disponível na Internet: http://www.whitehouse.gov/news/releases/2002/06/20020601-3.html. Acessado em 12/07.
[25] *Canada's International Policy Statement: A Role of Pride and Influence in the World: Development*. Message from the Minister, Disponível na Internet: http://www.acdi-cida.gc.ca/ips--development, acessado em 12/07.
[26] Ibidem. Introduction.

pragmática, mais sistêmica: "Entretanto, essa pobreza cada vez mais apresenta um risco direto para o Canadá e nossos aliados. Entendemos que há ligações entre a pobreza intensa e o fracasso do Estado e entre o fracasso do Estado e a segurança global". Indignação ética pode afetar pessoas de boa vontade, mas não funciona como argumentação suficiente no mundo real da política e da economia. Por isso, ela apresenta a razão do sistema: pobreza dos países pobres significa risco para a segurança global, porque a pobreza e Estados fracassados têm ou teriam relação com o terrorismo e a violência.

À primeira vista, esta apresentação do argumento pragmático poderia ser interpretada como uma retórica necessária no jogo político do Canadá ou de qualquer outro país. No campo político, os argumentos pragmáticos costumam ser mais convincentes do que argumentos baseados somente no senso moral. Assim, alguém poderia dizer que a principal razão para apoiar o desenvolvimento humano nos países pobres seria a moral, e que o argumento da ligação intrínseca entre o desenvolvimento humano e a questão da segurança do sistema global e do próprio Canadá seria apenas um argumento secundário, de ordem mais pragmática.

Entretanto, no corpo do documento a ordem está invertida. Primeiro, as razões do sistema:

> Nosso futuro está entrelaçado com o das pessoas ao redor do globo que lutam para assegurar democracia e direitos humanos [...] O fracasso para alcançar um significativo progresso político, econômico, social e ambiental no mundo em desenvolvimento terá um impacto no Canadá, no longo prazo, no que concerne à nossa segurança e à nossa prosperidade. Segurança e desenvolvimento estão inextricavelmente ligados. O desenvolvimento tem de ser a primeira linha de defesa para um sistema de segurança coletiva que leve a sério a prevenção.

Depois, em segundo lugar, subordinado ao interesse de Canadá e da segurança global, a questão moral: "Embora haja uma imposição moral para reagir a crises humanitárias que surgem quando Estados se degradam em conflito e caos, os interesses canadenses estarão mais bem servidos se puderem ser evitados".[27] Isso mostra que por trás de um discurso aparentemente fundado na indignação ética opera a razão pragmática: o que justifica a preocupação com o desenvolvimento humano, uma vida melhor para todos no mundo, é, em primeiro lugar, a preocupação com a segurança da ordem global. A razão da cooperação com países não ricos na luta pela superação da pobreza não é a superação da pobreza em si, mas a manutenção da segurança e da estabilidade da ordem global. Os esforços para o desenvolvimento social e humano dos países mais pobres estarão condicionados e limitados às exigências e às necessidades da segurança. E esse documento é do Ministério da Cooperação Internacional do Canadá, e não do Ministério de Defesa!

Tomemos, agora, um documento escrito especificamente sobre a questão da segurança: *The National Security Strategy of the United States of America*,[28] do governo G. W. Bush, de 17 de setembro de 2002. A introdução ao documento começa assim: "As grandes lutas do século XX entre liberdade e totalitarismo terminaram com uma vitória decisiva das forças da liberdade, e um único modelo sustentável para o sucesso nacional: liberdade, democracia e livre-empresa". Esta vitória, no entanto, não significa que não há mais perigo: os terroristas e tiranos que não aceitam a liberdade econômica e política continuam ameaçando a paz. Os Estados Unidos irão usar o seu poder militar sem paralelo e sua grande influência econômica e política para preservar a paz construindo boas relações com as grandes potências e "encorajando sociedades livres e abertas em todos os continentes". Isso inclui também encorajamento para o avanço da democracia e da abertura econômica na Rússia e na China, "porque esses são os melhores fundamentos para a estabilidade interna e a ordem internacional".

---

[27] Ibidem.
[28] Disponível na Internet: http://www.whitehouse.gov/nsc/nss.html. Acessado em dez. 2007.

Para manter a paz e a ordem global, o ataque preventivo contra os inimigos deve ser complementado pelo "encorajamento" da liberdade econômica e política em todo mundo, porque no fundo o fundamento da estabilidade e da paz desta ordem global é a liberdade. E "os Estados Unidos usarão esse momento de oportunidade para ampliar os benefícios de liberdade através do globo. Trabalharemos ativamente para levar a esperança de democracia e desenvolvimento, de mercados livres e livre-comércio a todo canto do mundo". A razão da ênfase no mercado livre em um documento sobre a segurança nacional e mundial é que

> uma economia mundial forte eleva nossa segurança nacional fomentando a prosperidade e a liberdade no resto do mundo. O crescimento econômico apoiado pelo livre-comércio e mercados livres cria novos empregos e rendas mais altas. Permite que as pessoas saiam da pobreza, estimula a reforma econômica e legal e a luta contra a corrupção e reforça os hábitos de liberdade. Promoveremos o crescimento econômico e a liberdade econômica para além das praias da América.

O caminho para a segurança, então, passa fundamentalmente pela promoção do livre-mercado, que promoverá o crescimento econômico em todo o mundo. Isso porque o conceito de "livre mercado surgiu como princípio moral antes mesmo de se tornar um pilar de economia" e "esta é a *verdadeira liberdade*, a liberdade de uma pessoa – ou nação – construir um modo de vida" (itálicos nossos). Se a liberdade de comércio, apresentada como a verdadeira liberdade, é um princípio moral fundamental para o progresso econômico e a paz, então é perfeitamente compreensível que o documento afirme que "*liberdade é uma exigência inegociável* de dignidade humana" (itálicos nossos) e que assuma como a grande missão a expansão dessa liberdade:

> Em toda a história, a liberdade é ameaçada pela guerra e o terror; é desafiada pelas vontades opostas de Estados poderosos e os desígnios malignos de tiranos; e é testada pela pobreza e pela doença disseminadas. Hoje, a humanidade tem nas mãos a oportunidade de promover

Para além do espírito do Império

o triunfo da liberdade sobre todos esses inimigos. Os Estados Unidos acolhem com prazer nossa responsabilidade de liderança nessa *grande missão* (itálicos nossos).

A argumentação desses dois documentos aqui apresentados não passa pela afirmação da legitimidade da violência ou do uso do poder militar em nome do poder do mais forte ou da simples preservação da ordem global. As intervenções militares e também pressões políticas e econômicas são justificadas em nome da liberdade e da paz. Daí a noção de "missão" de expandir ao mundo a "verdadeira liberdade", o livre-comércio ou mercado livre. Há algo que transcende a ordem global e o poder militar: a liberdade, a exigência não negociável da dignidade humana, que se encarnaria verdadeiramente na liberdade do mercado.

Assim, a análise da noção de transcendência no interior do discurso e prática de livre-mercado se torna fundamental para a compreensão do espírito do Império.

## 4. O mundo como um mercado perfeito

Alan Greenspan, o ex-presidente do Banco Central dos Estados Unidos (*Federal Reserve*), foi nas duas últimas décadas, e continua sendo, uma das pessoas mais influentes no mundo econômico e financeiro internacional. Em seu livro *A era da turbulência*, escrito após a sua saída do *Federal Reserve*, diz que "o restabelecimento no último quarto de século dos mercados abertos e do livre-comércio arrancou da pobreza acabrunhante muitas centenas de milhões de pessoas".[29] Vimos anteriormente como a luta contra a pobreza, por estar intimamente ligada à luta pela segurança e, com isso, à estabilidade da ordem global, é um tema importante para o sistema atual e para os seus principais defensores. É interessante notar aqui a noção de que o mercado livre foi restabelecido no último quarto do século

---

[29] GREENSPAN, Alan. *A era da turbulência*: aventuras em um mundo novo. Rio de Janeiro: Elsevier, 2008, p. 14.

XX. Para ele, o que marca o último quarto do século passado é a redescoberta do capitalismo de mercado, após a expansão do intervencionismo estatal entre 1930 e 1970. "Depois de ser forçado a recuar por seus fracassos na década de 1930 e pela subsequente expansão do intervencionismo estatal na década de 1960, o capitalismo de mercado voltou à tona lentamente como força poderosa, ensaiando o início da recuperação na década de 1970."[30] A partir da década de 1970, o capitalismo de mercado se recuperou até atingir a situação presente, em que prevalece, com maior ou menor intensidade, em todo o mundo.

É importante notar que, para Greenspan, o que prevaleceu entre 1930 até 1970 não é o capitalismo que ele defende, o capitalismo de mercado. É claro que ele não está defendendo a tese de que nesse período os Estados Unidos e a Europa, além de outros países sob a influência ocidental, viveram sob o regime socialista ou comunista. Ninguém duvida que esse período também faz parte da história do capitalismo. A distinção que ele faz entre esses dois períodos históricos revela a noção de capitalismo com que ele trabalha. Ele opera com um conceito de capitalismo "puro", ou um conceito-ideal de capitalismo, a partir do qual ele analisa as economias capitalistas empíricas e distingue fases de "recuo" e o "restabelecimento" do capitalismo de mercado.

A descrição da situação nos dá uma ideia do que seja esse modelo ideal de capitalismo:

> A *difusão* do Império da lei comercial e, sobretudo, da proteção do direito de propriedade fomentou o espírito empreender em todo o mundo, o que, por sua vez, levou à criação de instituições que agora orientam anonimamente parcela *cada vez maior* da atividade humana – versão internacional da "mão invisível" de Adam Smith.[31]

---

[30] Ibidem, p. 14.
[31] Ibidem, p. 14 (itálico acrescentado).

O capitalismo de mercado "puro" ou perfeito seria um sistema econômico onde o Império da lei comercial e a proteção do direito de propriedade vigoraria de forma absoluta, sem nenhum forma de intervenção do Estado ou da sociedade civil organizada que o limitasse, e toda as atividades humanas seriam orientadas e coordenadas anonimamente pelo mecanismo do mercado que Adam Smith chamou de "mão invisível". As palavras "difusão" e "cada vez maior" mostram o juízo positivo desse movimento de aproximação ao que é pressuposto como "perfeito" ou "puro".

Tal noção de capitalismo de mercado totalmente livre de intervenções externas[32] serve não somente para discernir etapas históricas do capitalismo e julgar a "qualidade" do tipo de capitalismo em operação, mas é a meta que orienta as grandes estratégias de ação político-econômica. Esta é a razão pela qual o governo Bush afirma: "Promoveremos o crescimento econômico e a liberdade econômica para além das fronteiras da América". Para os defensores desse modelo, essa meta está presente no capitalismo desde o seu início, como afirma Thomas Friedman de uma forma clara e direta:

> Desde os primeiros movimentos do capitalismo, as pessoas imaginam a possibilidade do *mundo como mercado perfeito* – livre de pressões protecionistas, sistema legal discrepante, diferenças culturais e linguísticas, ou desacordo ideológico [...] É por isso que o debate a respeito do capitalismo foi, desde o início, a respeito de quais fricções, barreiras e limites são meras fontes de desperdício e ineficiência e quais são fontes de identidade e relacionamento que devemos proteger.[33]

Em outras palavras, o conceito de "capitalismo de mercado totalmente livre" funciona como um conceito transcendental em relação

---

[32] Sobre isto Karl Polanyi diz: "Uma economia de mercado significa um sistema autorregulável de mercados; em termos ligeiramente mais técnicos, é uma economia dirigida pelos preços do mercado e nada além dos preços do mercado. Um tal sistema, capaz de organizar a totalidade da vida econômica sem qualquer ajuda ou interferência externa, certamente mereceria ser chamado de autorregulável." A grande transformação: as origens da nossa época, Rio de Janeiro, Campus, 1980, p. 59. (orig. inglês, 1944).

[33] FRIEDMAN, Thomas L. *The World is Flat. A Brief History of the Twenty-first Century*. New York: Farrar, Straus and Giroux, 2005, p. 204 (itálico acrescentado).

ao qual a realidade empírica é interpretada. Ele possibilita a análise e a classificação das economias empíricas e fornece as grandes linhas de ação político-social nos campos econômico, político e cultural.

Além disso, o conceito transcendental fornece também a base para juízos éticos concretos. Ele não somente permite a interpretação da realidade, mas também fornece critérios para distinguir o bem do mal. Sabemos que os filósofos e outros teóricos que estudam os fundamentos da ética ainda não chegaram a um consenso sobre a possibilidade ou não de sabermos com certeza o que é o bem e o mal ou sobre o fundamento último de sistemas éticos ou morais válidos para todos os grupos sociais e pessoas. Mas sociedades não podem ficar esperando o fim dessa discussão, e as decisões são tomadas levando em consideração ou não esses debates. Como todos nós, humanos, carregamos em nós um senso moral, ou pelo menos a capacidade de distinguir entre os conceitos de bem e de mal, sem a qual não seria possível uma vida em grupo, as decisões econômicas também precisam ser justificadas em nome de algum tipo de noção de bem. E se houvesse uma contradição entre o conceito transcendental que orienta as ações estratégicas e os critérios éticos do grupo, ocorreria uma contradição no interior dos próprios sujeitos (individual ou coletivo) da ação que os paralisaria ou funcionaria como fricção que diminuiria a eficiência do sistema.

Por isso, Greenspan também deduz do conceito de capitalismo de mercado o critério para o seu juízo ético:

> Como não poderia deixar de ser, generalizei minhas experiências, o que aprofundou ainda minha avaliação do livre-mercado competitivo como *força do bem*. Com efeito, à exceção de poucos incidentes ambíguos, não me lembro de nenhuma situação em que a expansão do Império da lei e o aprimoramento dos direitos de propriedade não contribuíram para o aumento da prosperidade material.[34]

---

[34] Ibidem, p. 15 (itálico acrescentado).

Se ele admitisse que a expansão do Império da lei cria situações que fossem julgadas como eticamente *mal*, ele não poderia defender o capitalismo de mercado totalmente livre de intervenção como a meta a ser atingida por todos os países. Por isso, ele afirma o "livre-mercado competitivo como força do bem". Entretanto, para fazer essa generalização ele identifica o conceito de "bem" com o de "prosperidade material"; ou melhor, reduz o conceito de bem ao de prosperidade econômica. Todos nós sabemos, mesmo ele, que o bem é maior do que a prosperidade, que nem todo crescimento econômico beneficia toda a população e que nem sempre a prosperidade material, que é medida em termos monetários, significa necessariamente uma melhor vida mesmo para os que acumulam mais riqueza. Greenspan reconhece:

> O problema é que a dinâmica que define o capitalismo, a intransigente competição de mercado, se choca com o anseio humano por estabilidade e certeza. Ainda mais importante, amplos segmentos da sociedade são dominados por forte senso de injustiça, cada vez mais intenso, em relação à distribuição das recompensas do capitalismo.[35]

Mas ele não abandona a sua posição de identificar a prosperidade material com a noção de uma vida melhor, com o bem, e desloca o problema para nós, os humanos que não sabemos conviver com a ansiedade e a injusta distribuição de riqueza. O motivo pelo qual nós deveríamos aprender a viver com a ansiedade e a injusta distribuição é que estas são provocadas pela lógica central do capitalismo: a "destruição criativa", "o sucateamento das velhas tecnologias e de velhas maneiras de fazer as coisas para ceder espaço ao novo" e "a única maneira de aumentar a produtividade e, portanto, de elevar o padrão de vida de maneira duradoura".[36]

A pedra angular da defesa do capitalismo de mercado como a melhor forma de organizar a sociedade e o mercado totalmente livre

---

[35] Ibidem, p. 258.
[36] Ibidem, p. 259.

como a meta a ser alcançada é a identificação do aumento quantitativo da prosperidade, medida em termos monetários, com o bem supremo. Ele apresenta um critério formal abstrato – o crescimento monetário da riqueza – e assim, como nos lembra Said, procura apagar da memória os sofrimentos causados pelas injustiças do sistema. Os seres humanos reais, com suas preocupações por justiça social e anseios por uma vida menos estressante, são desqualificados e substituídos por uma noção de um ser humano "frio", que faz do cálculo monetário o único ou principal critério para encontrar o sentido da sua vida e das ações. Essa posição nos lembra a famosa afirmação de Max Weber sobre o espírito do capitalismo:

> De fato, o *summum bonun* desta "ética", a obtenção de mais e mais dinheiro, combinada com o estrito afastamento de todo gozo espontâneo da vida, é, acima de tudo, completamente destituída de qualquer caráter eudemonista ou mesmo hedonista, pois é pensado tão puramente como uma finalidade em si, que chega a parecer algo de superior à "felicidade" ou "utilidade" do indivíduo, de qualquer forma algo de totalmente *transcendental* e simplesmente irracional. O homem é dominado pela produção de dinheiro, pela aquisição encarada como finalidade última da sua vida. A aquisição econômica não mais está subordinada ao homem como meio de satisfazer suas necessidades materiais. Esta inversão do que poderíamos chamar de relação natural, tão irracional de um ponto de vista ingênuo, é evidentemente um princípio orientador do capitalismo, tão seguramente quanto ela é estranha a todos os povos fora da influência capitalista.[37]

Mesmo que se afirme que o capitalismo puritano, com a sua ética de trabalho, foi substituído nos dias de hoje por um capitalismo marcado pela cultura de consumo, não podemos negar o fato de que os ricos já possuem uma riqueza que não poderiam consumir em várias vidas e ainda assim buscam mais riquezas. Além disso, o princípio orientador do capitalismo continua o mesmo: a busca de mais dinheiro como o "bem supremo", isto é, como o valor transcendental.

---

[37] WEBER, Max, *A ética protestante e o espírito do capitalismo*. 3. ed., São Paulo. Pioneira, 1983. p. 33. O segundo itálico é acréscimo meu.

É este critério que permite a Greenspan qualificar o livre-mercado competitivo como *força do bem*.

Essa noção de "força do bem" se refere a um movimento que não se reduz ao que aconteceu no passado, mas aponta também para o futuro. O que leva a Greenspan, e outros que concordam com ele, a fazer esse juízo ético também em relação ao que pode acontecer no futuro? Sabemos que não podemos fazer deduções lógicas sobre o futuro a partir dos acontecimentos passados, pois a história humana não é algo predeterminado. Além do que, as generalizações feitas por ele sobre o passado são, como todas as generalizações na área de ciências sociais, incompletas e parciais. É claro que uma pessoa tão preparada intelectualmente como ele não desconhece essas questões da lógica e da epistemologia, o que nos indica que esse juízo ético sobre o mercado tem um outro fundamento. Mas trataremos deste tema mais adiante.

Voltando ao tema do conceito transcendental do capitalismo de mercado perfeito, uma outra questão que surge é: ele é um conceito empírico, descrição de uma realidade existente ou que pode existir, ou é um conceito transcendental também no sentido de que está além da factibilidade histórica? Isto é, além de ser um conceito transcendental no sentido de possibilitar a interpretação da realidade social e fornecer linhas de ações estratégicas e de prover os critérios para juízos morais, é também transcendental no sentido de que está além da possibilidade de ser concretizado ou tornado empírico no interior da história humana?

Joseph Stiglitz, um economista ganhador do Prêmio Nobel de Economia que se apresenta como crítico do atual modelo de globalização, diz que, com o fim da Guerra Fria, a importância de economia de mercado foi reconhecida e os governos puderam deixar de lado as batalhas ideológicas em torno da opção capitalismo *x* comunismo e voltar-se para resolver os problemas do capitalismo. Para ele, e aqui ele concorda com Greenspan, com o fim da disputa ideológica a questão central da discussão econômica no mundo não é mais política ou ideológica, mas somente técnica: como melhor conduzir o capitalismo. Isto é, não há mais dúvida que o capitalismo é a melhor forma de organizar as sociedades, mas discorda do modelo que Greenspan chama de "capitalismo de mercado" e defende a tese de que, "sem regulamentação nem intervenção apropriada do governo, os mercados não levam à eficiência econômica".[38] Na periodização feita por Greenspan sobre economia capitalista no século XX, Stiglitz defende um modelo mais próximo do capitalismo que dominou entre 1930 e 1970.

A forma adequada de gerir a globalização – a própria noção de "gerir" a globalização mostra a diferença com os pensadores pró-mercado-livre – é, para Stiglitz, aquela que foi aplicada pelos governos do Leste Asiático que obtiveram um bem-sucedido desenvolvimento. Eles perceberam que "o sucesso exige estabilidade social e política, e que, por sua vez, essa estabilidade requer altos níveis de emprego e desigualdade limitada. Eles não somente desestimularam o consumo conspícuo como também as grandes disparidades salariais".[39] Ele defende intervenção não somente no campo econômico e social, mas também no campo cultural, desestimulando o consumo conspícuo, um tema importante na cultura de consumo que domina hoje uma boa parte do mundo. A partir dessa interpretação do que ocorreu no Leste Asiático – interpretação essa que muitos do Leste Asiático que olham a realidade na perspectiva das vítimas desse processo discordariam –, Stiglitz elabora no seu livro qual seria a forma de aproximar desta gestão "perfeita" entre a economia de mercado e a intervenção que beneficiaria tanto os países em desenvolvimento como os desenvolvidos.

Para a nossa questão sobre a factibilidade ou não do conceito transcendental, interessa-nos aqui a crítica que Stiglitz faz aos Estados Unidos por ter perdido a oportunidade para construir um

---

[38] STIGLITZ, Joseph. *Globalização: como dar certo*. São Paulo: Companhia das Letras, 2007. p. 46.
[39] Ibidem, p. 118.

sistema econômico e político internacional baseado em valores e princípios que pudessem promover o desenvolvimento nos países pobres. "Em vez disso, livres da competição para 'conquistar as mentes e os corações' do Terceiro Mundo, os países industriais avançados criaram um regime de comércio global que ajudou os seus interesses especiais empresariais e financeiros e prejudicou os países mais pobres do mundo."[40]

Para ele, um dos problemas fundamentais do funcionamento não satisfatório da globalização é o "fundamentalismo de mercado", uma crença que "apela para a 'mão invisível' de Adam Smith – a noção de que os mercados e a busca do interesse pessoal conduziriam, como que por uma mão invisível, à eficiência econômica".[41] Uma expressão importante dessa crença é o receituário do "Consenso de Washington", que

> baseia-se numa teoria da economia de mercado que supõe informação perfeita, competição perfeita e riscos de mercado perfeitos, uma idealização da realidade que tem pouca relevância para os países em desenvolvimento em particular. Os resultados de qualquer teoria dependem de seus pressupostos – e se os pressupostos se afastam demais da realidade, as políticas baseadas naquele modelo estarão provavelmente erradas.[42]

Stiglitz critica o mundo de Adam Smith e dos defensores do livre-comércio, sem nenhuma intervenção ou regulação por parte dos governos, como sendo "apenas um *mundo mítico* de mercados funcionando perfeitamente sem desemprego".[43] Contra esse "mundo mítico", ele argumenta que,

> sempre que a informação é imperfeita, em particular quando há assimetrias de informação – em que alguns indivíduos conhecem alguma coisa que os outros não conhecem (em outras palavras, *sempre*) –, o

---

[40] Ibidem, pp. 42-43.
[41] Ibidem, p. 45.
[42] Ibidem, p. 96.
[43] Ibidem, p. 147.

motivo de a mão parecer invisível é que ela não está presente. Sem regulamentação nem intervenção apropriada do governo, os mercados não levam à eficiência econômica.[44]

De fato, um mercado perfeitamente livre pressupõe uma simetria perfeita no acesso às informações, o que é empiricamente impossível. Nesse sentido Stiglitz tem razão quando diz que essa noção pertence ao "mundo mítico", ou, na linguagem que temos usado aqui, um conceito transcendental, no sentido de além da possibilidade histórica.[45] Mas ele não tem razão se ele quer dizer que o Consenso de Washington ou os teóricos que defendem o livre-comércio, como Greenspan, pressupõem um mercado com informações e competições perfeitas nas suas análises concretas sobre o mercado global.

Para economistas pró-mercado-livre, o problema da economia mundial e das nações é que o mercado ainda não é completamente livre das intervenções e regulamentações dos governantes e políticos. Se o mercado já fosse totalmente livre, a discussão eleitoral, por exemplo, não teria muita importância, pois a "mão invisível" do mercado estaria operando plenamente de modo impessoal, espontâneo e auto-organizativo. Por isso, Greenspan diz:

> Muitas vezes fico pensando se uma chapa composta de um republicano para a presidência e um democrata para a vice-presidência – ou o contrário – não atrairia o vasto centro desassistido. Talvez essa questão não importasse se o mundo estivesse em paz. Com a predominância crescente da "mão invisível" da globalização supervisionando os bilhões de decisões econômicas diárias, a identidade dos líderes seria menos importante. Mas esse não tem sido o caso desde 11 de setembro. O importante é, ainda, quem segura as rédeas do governo.[46]

---

[44] Ibidem, pp. 45-46.
[45] Para F. Hinkelammert, conceitos transcendentais são conceitos "em relação aos quais a realidade empírica é interpretada. São conceitos imaginários da realidade e portanto não são factíveis, mas de modo algum são conceitos arbitrários. Eles constituem uma empiria idealizada a partir das características gerais da realidade". *Crítica a la razón utópica*, p. 56.
[46] GREENSPAN, A. *A era da turbulência*, p. 240.

Não queremos discutir aqui a questão eleitoral norte-americana, nem o problema do ataque do dia 11 de setembro, mas apontar que, para Greenspan, o desejado "Império da lei comercial" ainda não está completo, a "mão invisível" da globalização predomina cada vez mais no mundo, mas ainda há inimigos dela que precisam ser derrotados. É por isso que os ocupantes do governo dos Estados Unidos e de outros países poderosos fazem diferença. Se não houvesse a guerra, se o mercado e sua paz reinassem no mundo, a discussão político-eleitoral não seria mais importante.

Nessa mesma linha, Walter R. Mead, um pesquisador sênior no Conselho de Relações Exteriores, diz que

> é um grande mal-entendido supor que o capitalismo do milênio seja simplesmente uma questão de ausência de regulação [...]. No capitalismo do milênio o papel da regulação é proteger a existência e a eficiência dos mercados a fim de permitir um acesso mais amplo a seus benefícios.[47]

Na medida em que há inimigos do mercado livre querendo intervir na economia, os governos têm um papel importante de regulação, não no sentido proposto por Stiglitz, mas no sentido de regular a sociedade para diminuir e até chegar ao ponto de impedir a regulação do mercado. O que se propõe no fundo é a anulação da política, considerá-la totalmente irrelevante, e assim, em nome da liberdade de mercado, decretar a morte da democracia e da república como sistema político. O Império, do mercado, anula, assim, a própria possibilidade da república e produz a aporia de que em nome de uma melhor política se destrói a possibilidade da política. O ser humano, enquanto *Homo politicus*, é destruído pelo absolutismo do mercado. Desde um ponto de vista teológico, é um processo de "desencarnação": em vez de o transcendente fazer-se humano, o humano fica absorvido em uma abstração imperial.

---

[47] MEAD, Walter Russell. *Poder, terror, paz e guerra: os Estados Unidos e o mundo contemporâneo sob ameaça*. Rio de Janeiro: Jorge Zahar, 2006. p. 84.

Além disso, se os ditos "fundamentalistas do mercado" pressupusessem que o mercado já funciona de modo pleno, não haveria a necessidade da noção de "missão" de levar ao mundo esta "verdadeira liberdade", a liberdade do mercado livre. Um conceito transcendental entendido como já existente não tem utilidade na tarefa de interpretar o mundo empírico e fornecer linhas para as ações estratégicas.

O reconhecimento de que o mercado livre não impera perfeitamente no mundo não responde, ainda, à questão sobre a possibilidade ou não de um dia isso se tornar real. Greenspan nos dá uma resposta clara:

> Mundo "plenamente globalizado" é aquele em que a produção, o comércio e as finanças não sofrem restrições e são impulsionadas pela busca do lucro e pela assunção de riscos, de maneira totalmente indiferente às distâncias e às fronteiras nacionais. Essa situação *jamais será atingida*. A aversão ao risco, inerente à natureza humana, e o viés doméstico, manifestação dessa repulsa, significam que a globalização tem limites.[48]

Ele explicitamente diz que o "mundo plenamente globalizado" – o mundo do mercado total –, é algo impossível de ser alcançado. Em outras palavras, é um conceito transcendental em dois sentidos: a) indispensável para interpretar a realidade existente e fornecer as linhas estratégicas e os critérios para juízo ético; b) transcendente também no sentido de que está além dos limites da história humana. Os conceitos transcendentais – por exemplo, o mercado perfeito, o planejamento perfeito da antiga União Soviética ou Igrejas como comunidades perfeitas – são indispensáveis para a interpretação da realidade e ação, mas ao mesmo tempo são impossíveis de ser realizados no interior da história; isto é, não são factíveis, apesar de teoricamente indispensáveis. Problemas surgem quando grupos sociais não reconhecem que operam com um conceito transcendental

---

[48] Ibidem, p. 352.

subjacente às suas teorias sociais e de ação e não reconhecem a não factibilidade da meta transcendental que almejam.

A razão para a impossibilidade do "mundo plenamente globalizado", segundo Greenspan, não está no caráter transcendental do conceito "mundo plenamente globalizado", mas na natureza humana: a aversão ao risco, que o livre-mercado competitivo exacerba, e a fuga no nativismo, no tribalismo, no populismo e em "todos os demais *ismos*, em que se refugiam as comunidades, quando se veem sitiadas em sua própria identidade e não conseguem perceber melhores escolhas".[49]

A melhor escolha seria assumir o caminho da intransigente competição de mercado, que "se choca com o anseio humano por estabilidade e certeza" e "forte senso de injustiça, cada vez mais intenso em relação à distribuição das recompensas do capitalismo".[50] Mas muitas pessoas preferem se refugiar nos "tribalismos" ou "populismos" e resistem à globalização plena. Há também um outro grupo que resiste ao mercado livre, não por causa do seu desejo de estabilidade ou identidade, mas por causa de compaixão ou solidariedade em relação aos pobres; grupos que motivados por prescrições religiosas se aproximam do discurso socialista: "Embora as raízes do socialismo sejam seculares, seu empuxo político corre em paralelo a muitas prescrições religiosas referentes à sociedade civil, na tentativa de mitigar a angústia dos pobres".[51]

Há culpados pela não realização da plenitude: são pessoas e povos que não são capazes de vencer a sua natureza humana ou superar os velhos preceitos religiosos de compaixão aos pobres, por isso não são capazes de se adaptar à dinâmica do mercado livre, a verdadeira liberdade (*real freedom*), "liberdade [que] é a exigência não negociável de dignidade humana".[52] Esses inimigos da liberdade teimam

---

[49] Ibidem, p. 17.
[50] Ibidem, p. 259.
[51] Ibidem, p. 263.
[52] *The National Security Strategy of the United States of America.*

em resistir, por isso Greenspan diz: "[...] nunca se alcança vitória definitiva na batalha pelo capitalismo".[53] Assim, a luta contra terroristas, comunistas, intervencionistas, grupos religiosos solidários aos pobres e todos os outros que resistem à expansão da liberdade do mercado e da cultura "pós-compaixão" se torna uma guerra/missão salvífica sem fim. Se, na aporia anterior, se destruía a política em nome da política, aqui se nega os melhores sentimentos humanos em nome da "dignidade humana".

Contudo, há um problema na argumentação de Greenspan sobre a impossibilidade da concretização do que ele chama de "mundo plenamente globalizado". A razão da impossibilidade do mercado perfeito não é, primeiramente, a natureza humana, mas a impossibilidade de conhecimento perfeito ou de acesso perfeito às informações, que é pressuposto no conceito de mercado perfeito. Nesse ponto Stiglitz tem razão: sempre há assimetria de informação e as informações são imperfeitas. Por isso, o mercado por si só não é capaz de coordenar de modo eficiente o complexo sistema econômico contemporâneo. Em razão disso, ele defende a intervenção do Estado na economia para controlar os abusos dos interesses empresariais e financeiros que colocam em risco o crescimento sustentável, o equilíbrio social e o bom funcionamento da globalização.

O diagnóstico da não factibilidade do conceito transcendental por causa da impossibilidade de conhecimento perfeito nos impele a aceitarmos a nossa condição humana e aprendermos a viver com mercados e governos imperfeitos. Mas, mesmo que hipoteticamente o acesso perfeito às informações fosse possível, o mercado perfeito seria impossível, pois em uma situação em que todos têm acesso perfeito às informações não há concorrência e, portanto, não há mercado. A não factibilidade de conceitos transcendentais no campo social deriva não da resistência dos "inimigos da humanidade", mas da contradição interna do próprio conceito transcendental, que

---

[53] GREENSPAN, A. *A era da turbulência*, p. 332.

resulta da diferença radical entre o mundo ideal imaginado e o mundo empírico.

Curiosamente, ao contrário de Stiglitz, Hayek defende o mercado livre e critica todas as formas de intervenção no mercado em nome justamente da impossibilidade do conhecimento perfeito de todos os fatores da economia. Toda intervenção no mercado com vistas a alterar ou corrigir o seu rumo – em nome da "justiça social" ou em nome do "equilíbrio econômico-social" – pressupõe um agente externo ao mercado capaz de conhecer um número muito grande de fatores que estão em jogo no mercado. Como este conhecimento não é possível, Hayek argumenta que as intervenções só produziriam ineficiência econômica e, assim, mais problemas econômicos e sociais.

Na conferência dada por ocasião do recebimento do Prêmio Nobel da Economia, em 1974, Hayek apresentou de modo sintético o núcleo filosófico-teológico que nos interessa aqui. O título é bastante significativo: "A pretensão do conhecimento".[54] No fundo, trata-se de uma releitura do mito do pecado original em Adão e Eva.

Nessa conferência ele colocou o desafio da crise econômica do início da década de 1970 – a crise que marcaria a virada do capitalismo para o "capitalismo de mercado" ou o neoliberalismo – da seguinte forma: "[...] neste momento os economistas são chamados a dizer como libertar o mundo livre da séria ameaça de aceleração da inflação".[55] É importante sublinhar que ele reduz a crise ao problema da inflação, descartando o desemprego como um problema fundamental. Para ele, a crise foi causada por políticas econômicas intervencionistas recomendadas pela maioria dos economistas de inspiração keynesiana, os quais pressupõem, segundo Hayek, a possibilidade de se conhecer todos os fenômenos complexos que compõem o mercado. Em outras palavras, o mal fundamental que origina o mal da inflação galopante e consequente desequilíbrio e

---

[54] HAYEK, F.A. Von. *The Pretence of Knowledge*. Disponível na internet: http://nobelprize.org/nobel_prizes/economics/laureates/1974/hayek-lecture.html

[55] Ibidem.

instabilidade do mercado – em termos teológicos, o pecado original – é a pretensão de conhecer o mercado e, a partir disso, o desejo de promover consciente e intencionalmente o bem social.[56]

Contra essa pretensão, Hayek defendeu a ideia de que o mercado é uma estrutura de complexidade tal que não podemos conhecê-lo plenamente. E que, por isso, não devemos pretender substituir os processos espontâneos do mercado – hoje chamados de auto-organizativos – pelo controle humano consciente através de intervenções visando metas econômicas e sociais: "Agir na crença de que possuímos o conhecimento e o poder que nos permite formar os processos da sociedade inteiramente do nosso gosto – conhecimento que, de fato, não possuímos – provavelmente nos prejudica bastante".[57]

Da correta compreensão do mercado como um sistema complexo e, portanto, do reconhecimento da impossibilidade de ser conhecido plenamente, ele deduz a impossibilidade de dirigi-lo segundo os nossos desejos e defende a não intervenção na economia e a abdicação das metas sociais.

O mal como um efeito não intencional de uma ação que busca o bem social se dá, segundo ele, pelo fato de que esta ação de coação sobre outras pessoas ou grupos sociais por uma autoridade "impede a atuação daquelas forças ordenadoras espontâneas pelas quais, sem entendê-las, o homem é, de fato, tão abundantemente auxiliado na busca de seus objetivos",[58] isto é, impede o livre funcionamento do mercado.

Quando as ações sociais planejadas a partir de boas intenções são vistas como geradoras da crise econômico-social, só nos restam dois caminhos. Um é assumir uma posição niilista radical e defender a impossibilidade de se ter um mundo melhor. Só que este tipo de

---

[56] Para uma visão mais ampla dessa questão, vide: SUNG, J. M. "Evil in the Free Market Mentality". *Concilium*, n. 273, 1997/5, London: SCM Press, pp. 24-32; *Desire, Market and Religion*. London: SCM Press, 2007. cap. 1.

[57] HAYEK, F. *The Pretence of Knowledge*.

[58] Ibidem.

teoria social é frustrante por natureza e fadado ao fracasso político. Outro caminho é crer e esperar que a solução dos problemas econômicos e sociais virá dos efeitos não intencionais promovidos por um sistema econômico intrinsecamente benfazejo, isto é, o mercado e a sua "mão invisível" providencial.

Mas, se é verdade que não podemos conhecer suficientemente os fatores e as dinâmicas do mercado para podermos intervir nele, como podemos saber que o mercado sempre produzirá efeitos benéficos ou que é essencialmente uma "força do bem"? Saber que o mercado sempre produzirá efeitos benéficos não é uma pretensão de conhecer o mercado? Como não se pode comprovar esse caráter providencial do mercado, temos aqui um "salto de fé" na afirmação da qualidade essencialmente benéfica do mercado livre.

Hayek, no último livro da sua vida, *A arrogância fatal* [*The Fatal Conceit*], procura justificar esse "salto de fé" apelando para a ideia de que a evolução biológica e cultural produziu "uma ampla ordem de cooperação humana, mais conhecida pelo pouco afortunado termo 'capitalismo'", que, "longe de ser fruto de desígnio ou intenção, deriva da incidência de certos processos de caráter espontâneo".[59] Essa caracterização do surgimento do sistema de mercado competitivo como algo espontâneo, resultado do processo evolutivo, também está presente no livro clássico que formou várias gerações de economistas, *Introdução à análise econômica*, de Paul A. Samuelson. Para ele, o sistema competitivo do mercado é um esmerado mecanismo de coordenação inconsciente da economia, que surgiu sem que ninguém o tenha projetado. "Ele simplesmente evoluiu e, como a natureza humana, está sofrendo modificações."[60]

Na evolução em direção ao capitalismo, ocorreu, segundo Hayek, uma ruptura de valores ou a criação de normas capazes de estabelecer

---

[59] HAYEK, Friedrich A., *La fatal arrogancia: los errores del socialismo*, Madri: Unión Editorial, 1990, p. 33. (orig. inglês: *The Fatal Conceit. The Errors of Socialism*, 1988)

[60] SAMUELSON, Paul A. *Introdução à análise econômica*. vol. 1, 8. ed., Rio de Janeiro: Agir, 1977, p. 45. (Traduzido da 9. ed. em inglês, 1973).

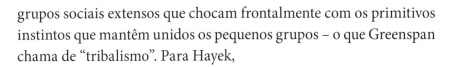

grupos sociais extensos que chocam frontalmente com os primitivos instintos que mantêm unidos os pequenos grupos – o que Greenspan chama de "tribalismo". Para Hayek,

> a ordem extensa nunca teria chegado a surgir se não tivesse sido ignorada a recomendação de que todo semelhante seja tratado com o mesmo espírito de solidariedade que se dedica a quem habita o entorno mais próximo [...] a todos interessa que nossas relações interpessoais se ajustem a essa outra normativa que corresponde à ordem aberta, isto é, a esse conjunto de normas que regulam a propriedade plural e o respeito aos pactos livremente estabelecidos e que ao largo do tempo foram paulatinamente substituindo a solidariedade e o altruísmo.[61]

A solidariedade e o altruísmo são agora considerados instintos primários que devem ser superados e substituídos pela defesa do interesse próprio – que os antigos chamavam de instinto egoísta – e pelo respeito pela propriedade e pelo contrato. Na medida em que a solidariedade é considerada um instinto primário, esses novos valores seriam adquiridos através da educação. A evolução consistiria nessa passagem de pequenas comunidades, com os seus valores "tribais" de solidariedade, para uma ordem social extensa com a criação, difusão e domínio de novos valores que se adaptam e reforçam a livre-concorrência.

> Esta evolução nunca foi linear, senão fruto de um ininterrupto processo de prova e erro, isto é, de uma incessante experimentação competitiva de normas diferentes. As práticas que acabaram prevalecendo não foram fruto de um processo intencionado, ainda que a evolução que as originou fosse em certo sentido similar à evolução genética e produzisse consequências em alguma medida comparáveis.[62]

E "a concorrência não só constitui a pedra angular da evolução passada, senão que é igualmente imprescindível para que os logros já alcançados não iniciem processos de regressão".[63]

---

[61] HAYEK, F. *La fatal arrogancia*, pp. 43-44.
[62] Ibidem, p. 53.
[63] Ibidem, p. 63.

Para além do espírito do Império

Hayek reconhece que esse processo não foi fácil, pois significou rompimento com valores morais e estruturas sociais que propiciam mais segurança e estabilidade social e produziu

> resultados sempre pouco gratos ao ser humano – e sobre cuja validade e intrínseca eficácia nada sabia [...]. A não deliberada, relutante e até dolorosa submissão do ser humano a tais normas facilitou a ditos entornos sociais a necessária coesão graças à qual seus membros acederam a um nível superior de bem-estar e conhecimentos de diversas espécies, o que lhes permitiu 'multiplicar-se, povoar e encher a terra' (Gn 1,28). Quiçá seja este processo a faceta mais ignorada da evolução humana.[64]

Ora, se os grupos humanos não sabiam do valor e dos efeitos desses hábitos morais pouco gratos aos seres humanos, como eles foram assumidos e transmitidos culturalmente? Afinal, como o próprio Hayek reconhece, os efeitos positivos desses hábitos dolorosos só ocorreram tempos depois e não para todos nem na mesma proporção.

Hayek introduz aqui o papel da religião. Como as qualidades culturais não se transmitem automaticamente como as genéticas, ele defende a hipótese de que "certas crenças míticas foram talvez necessárias para conseguir esse efeito, especialmente quando se tratava de normas de conduta que chocavam contra os instintos" e que, "gostemos ou não, devemos em parte a persistência de certas práticas, e a civilização que delas resulta, ao apoio de certas crenças das quais não podemos dizer que sejam verdadeiras – ou verificáveis, ou constatáveis – no sentido que o são as afirmações científicas", mas que merecem ser chamadas de "verdades simbólicas" e que, "até mesmo agora, a perda dessas crenças, verdadeiras ou falsas, criaria graves dificuldades".[65]

Crenças míticas, mitos e teologias de caráter sacrificial – deuses que exigem coisas dolorosas como sacrifícios necessários para "salvação" – são apresentadas como uma das pedras angulares da evolução

---

[64] Ibidem, p. 33.
[65] Ibidem, pp. 212-213.

das sociedades humanas até as nossas sociedades de sistema de mercado. É com essa ideia de evolução – que salta do nível da evolução biológica para a cultural – que ele procura justificar o seu "salto de fé". Milton Friedman, Prêmio Nobel da Economia em 1976, diz mais diretamente: "[...] subjacente à maior parte dos argumentos contra o mercado livre está a ausência da *fé* na liberdade como tal".[66]

Tal uso da "fé" como argumento "científico" é uma das características dos fundamentalistas religiosos. A recorrência desses argumentos nos debates econômicos e sociais nos obriga a ampliarmos o conceito de fundamentalismo para além do campo religioso. Dessa forma, a expressão "fundamentalismo do mercado" não deve ser entendida somente como uma metáfora, mas como uma chave de leitura da economia contemporânea.[67] George Soros, o famoso megainvestidor do mercado financeiro internacional e defensor do capitalismo, por exemplo, diz que "o fundamentalismo de mercado representa hoje uma ameaça maior para a sociedade aberta do que qualquer ideologia totalitária",[68] e que "o renascimento do fundamentalismo de mercado se explica apenas pela fé numa qualidade mágica ('a mão invisível') que ainda é mais importante do que a base científica".[69] Além disso, "o fundamentalismo de mercado desempenha um papel crucial no sistema capitalista global. Ele fornece a ideologia que não apenas motiva os participantes mais bem-sucedidos como ainda induz a política".[70]

Aqui temos a resposta para a pergunta que fizemos acima: como Greenspan pode, baseado na generalização que faz dos

---

[66] FRIEDMAN, M. *Capitalismo e liberdade*. São Paulo: Abril, 1982. p. 23 (itálico acrescentado). (*Capitalism and Freedon*, 1962).

[67] Vide por ex., SUNG, Jung Mo. "Fundamentalismo econômico". *Estudos de Religião*, n. 11, dez./95, São Bernardo do Campo-SP, pp. 101-108.

[68] SOROS, George. *A crise do capitalismo*. Rio de Janeiro: Campus, 1999. p. 24.

[69] Ibidem, p. 179.

[70] Ibidem, p. 180. Boaventura Souza Santos diz: "De todos os fundamentalismos vigentes nas sociedades contemporâneas, o fundamentalismo neoliberal é, sem dúvida, o mais intenso. Consiste na subordinação da sociedade no seu conjunto à lei do valor que rege a economia de mercado [...]." *A gramática do temp*: para uma nova cultura política. São Paulo: Cortez, 2006. p. 62.

acontecimentos passados, afirmar que o mercado livre é uma "força do bem"? Além da redução da noção do bem a uma abstração formal do aumento quantitativo do valor monetário, ele se baseia na sua fé no mercado.

A noção de que o mercado coordena de modo inconsciente ou espontâneo o sistema econômico capitalista é o que os cientistas hoje chamam de sistemas auto-organizativos. Paul Krugman também se utiliza deste conceito de *"sistemas auto-organizadores* – de sistemas complexos nos quais acontecimentos aleatórios e caos parecem evoluir espontaneamente em uma ordem inesperada –"[71] para dizer:

> O mundo está cheio de sistemas auto-organizadores, sistemas que formam estruturas não simplesmente em resposta a insumos de fora, mas também, na verdade primordialmente, em resposta à sua lógica interna. O tempo global é um sistema auto-organizador; então, com certeza, é a economia global.[72]

A partir da teoria de sistemas complexos, ele apresenta uma visão não mítica do conceito de "mão invisível" de Adam Smith: "Quando Adam Smith descreveu o jeito com que os mercados conduzem seus participantes, 'como se por uma mão invisível', a resultados que ninguém pretendia, o que ele estava descrevendo, se não uma propriedade emergente?".[73] Se a "mão-invisível" é um termo que Adam Smith encontrou para designar, antes do tempo, a dinâmica auto-organizativa dos sistemas complexos, devemos tirar o caráter providencial, mítico, que o próprio Adam Smith lhe dá e que hoje muitos reforçam. Como diz Krugman, "a auto-organização não é necessariamente, nem mesmo presumivelmente, uma coisa boa", "a auto-organização é algo que observamos e procuramos entender, não necessariamente algo que queremos".[74]

---

[71] KRUGMAN, Paul. *The Self-organizing Economy*. Malden-Oxford: Blackwell, 1996. p. vi.

[72] Ibidem, p. 99.

[73] Ibidem, p. 3. Propriedade emergente é um dos produtos da auto-organização dos sistemas complexos.

[74] Ibidem, pp. 5 e 6.

O Império e a transcendência

Mas uma visão não mítica da "mão invisível" do "mercado plenamente globalizado" não serve para os propósitos do Império nem para dar certeza sobre a veracidade e a validade do conceito transcendental assumido a partir de "salto de fé", ou, então, para justificar a boa sensação de ser membro de um povo escolhido para uma grande missão.

## 5. O Império como missão

Robert Kagan, em um texto que pretende criticar a ideia de que a Europa e os Estados compartilham de uma mesma visão do mundo, diz: "A transmissão do milagre europeu para o resto do mundo tornou-se a nova *mission civilisatrice*. Assim como os americanos sempre acreditaram terem descoberto o segredo da felicidade humana e desejavam exportá-la para o resto do mundo".[75] A diferença entre a Europa e os Estados Unidos estaria na disposição norte-americana de usar, unilateralmente se necessário, o poder militar para exercer a sua missão. O comum aos dois é o sentido de missão.

Esse sentido de missão civilizatória, que os leva a se autoapresentarem como modelo de humanidade ou de civilização, não é algo recente. A própria noção de "descobrimento" para descrever a chegada dos europeus no continente, que eles denominaram América, revela um paradigma de pensamento que, como diz Walter Mignolo, "pressupõe a triunfante perspectiva europeia e imperial na história mundial, realização que foi descrita como 'Modernidade'".[76] Essa invenção da América,

> foi um dos pontos nodais que contribuíram para criar as condições para a expansão imperial europeia e um estilo de vida, na Europa, que serviram de modelo para a realização da humanidade [...] Foi o

---

[75] KAGAN, Robert. *Power and Weakness*, Policy Review. Hoover Institution/Stanford University, jun./2002. Disponível na internet: http://www.policyreview.org/JUN02/kagan.html. Acessado em nov./07.

[76] MIGNOLO, Walter D. *The Idea of Latin America*. Malden-Oxford: Blackwell Publishing, 2005. p. 4.

momento em que as exigências da Modernidade como horizonte definitivo da salvação começaram a exigir a imposição de um conjunto específico de valores que contavam com a lógica do colonialismo para a sua implementação.[77]

O que leva a Europa e os Estados a acreditarem que descobriram o segredo da humanidade e, por isso, são portadores da missão civilizatória no mundo? Freud nos dá uma pista: "As pessoas sempre estarão prontamente inclinadas a incluir entre os predicados psíquicos de uma cultura os seus ideais, ou seja, suas estimativas a respeito de que realizações são mais elevadas e em relação às quais se devem fazer esforços por atingir".[78] A princípio pode parecer que esses ideais existem primeiro e determinam as realizações culturais a serem buscadas, entretanto "os ideais se baseiam nas primeiras realizações que foram tornadas possíveis por uma combinação entre os dotes internos da cultura e as circunstâncias externas, e que essas primeiras realizações são, então, erigidas pelo ideal como algo a ser levado avante". Isto é, os valores ou ideais a serem perseguidos são projeções transcendentais a partir da interpretação das realidades empíricas. E Freud conclui:

> A satisfação que o ideal oferece aos participantes da cultura é, portanto, de natureza narcísica; repousa em seu orgulho pelo que já foi alcançado com êxito. Tornar essa satisfação completa exige uma comparação com outras culturas que visaram a realizações diferentes e desenvolveram ideais distintos. É a partir da intensidade dessas diferenças que toda cultura reivindica o direito de olhar com desdém para o resto.

Em outras palavras, a ideia de que se tem uma missão diante das outras culturas nasce do processo de construção de sua identidade cultural de cunho narcísico, da afirmação de sua excepcionalidade, que transforma suas conquistas e seus ideais em ideais universais que

---

[77] Ibidem, p. 6.
[78] FREUD, Sigmund. O futuro de uma ilusão. *Freud*. São Paulo: Abril Cultural, 1978, pp. 85-128 (Col. Os Pensadores). Esta citação e as duas seguintes são da p. 93.

devem ser buscados por ou impostos sobre todos os povos.[79] Esse processo tem a grande vantagem de legitimar, para si e diante dos povos submetidos, o projeto de dominação. Esse não é mais visto como dominação, mas como um serviço, uma missão de levar a salvação, a civilização ou o progresso econômico e paz para os povos "inferiores" ou "atrasados".

Essa construção ideológica cumpre outras duas funções fundamentais e necessárias para a expansão e manutenção do Império atual. O primeiro tem a ver com a criação e a expansão do mercado mundial. A globalização econômica significa, entre outras coisas, a criação de "produtos mundiais", produtos produzidos em diversas partes do mundo e vendidos em todo o mundo. Para isso, é necessário, além das tecnologias que possibilitam esse processo de produção em escala mundial, a criação de um padrão de consumo mundial. Em outras palavras, sem um desejo comum a todos ou à grande maioria dos consumidores, não há o mercado consumidor mundial. Tomemos como exemplo o telefone celular. Ele se tornou objeto de desejo e também de necessidade social dos consumidores de quase todos os países do mundo.[80] Temos centenas de milhões de portadores de celulares na China e também na Índia, como também há regiões no mundo em que há mais celulares do que habitantes. Assim como Nike, iPod, Louis Vuitton e outras marcas famosas estão por todo o mundo sendo admiradas e desejadas.

O desejo de imitar o padrão de consumo dos países ricos por parte das populações dos países em desenvolvimento e pobres é um fato que revela como a Europa e os Estados Unidos venceram a "batalha cultural" e atingiram o seu objetivo de se apresentarem como modelos de civilização e humanidade. Os seres humanos são seres de desejo e desejam o que os seus modelos de desejo desejam, isto é,

---

[79] Sobre o processo de transformação dos valores de uma história local em um projeto global, vide, por ex., MIGNOLO, Walter D. *Histórias locais / Projetos globais: colonialidade, saberes subalternos e pensamento liminar.* Belo Horizonte: UFMG, 2003.

[80] Sobre a passagem do desejo para a necessidade social, vide, por ex., SUNG, J. M. *Desire, Market and Religion.* London: SCM Press, 2007. cap. 2 e 3.

desejam imitar o desejo das pessoas que consideram que possuem o "ser".[81] Na medida em que os europeus e norte-americanos conseguiram se impor no mundo como aqueles que possuem o "ser", eles se impuseram como modelos de desejo e conseguiram impor o seu padrão de consumo para quase todos os países do mundo. Assim, foi solucionado o problema da criação e expansão do mercado consumidor mundial.

Como os poderosos do Império são vistos como modelos de humanidade e progresso, o Império não precisa usar a força militar como o seu recurso primário na manutenção e expansão da ordem global. Aqui entra a segunda função: a atração ideológica e cultural como o poder brando (*soft power*) do Império. Como diz Nye, "o poder brando é mais que persuasão ou que a capacidade de mover as pessoas pela argumentação. É a capacidade de seduzir e atrair. E a atração leva à aquiescência e à imitação".[82]

Na medida em que as elites econômicas e políticas dos países subordinados desejam imitar o padrão de vida da elite dos países ricos, o trabalho do Império fica muito bem mais fácil.[83] A subordinação é desejada pelos próprios subalternos, não mais imposta pela força. O principal campo de luta para a manutenção e expansão da ordem imperial não se dá mais no campo militar, mas no campo cultural ou no campo do "poder intangível". Fukuyama explicita isso ao dizer como os Estados Unidos devem se importar com o que acontece com os outros países: "[...] os principais instrumentos pelos quais faremos isso estão quase todos no domínio do poder intangível: nossa capacidade de *dar exemplos*, treinar e educar, ajudar com conselhos

---

[81] Este tema do desejo mimético é tratado neste livro, no cap. 2, sobre a subjetividade.

[82] NYE Jr. J. *O paradoxo* americano, p. 37.

[83] Já na década de 1960, Celso Furtado criticou este desejo de imitação do padrão de consumo dos países ricos como uma das causas da não superação da profunda desigualdade social, que hoje se caracteriza como "apartação social" nos países do Terceiro Mundo. Vide FURTADO, Celso. *O mito do desenvolvimento econômico*. Rio de Janeiro: Paz e terra, 1974.

e, muitas vezes, dinheiro".[84] A capacidade de "dar exemplos" significa a capacidade de se apresentar e ser aceito como modelos a serem seguidos.

Por sua vez, Charles S. Maier, que utiliza expressões como "Império por convite" ou "Império consensual" para se referir à atual ordem imperial, diz:

> Impérios funcionam em virtude do prestígio que irradiam, bem como pelo poder, e, na verdade, desmoronam se confiam apenas na força. Estilos artísticos, a linguagem dos governantes e as preferências dos consumidores fluem para fora juntamente com o poder e o capital de investimento – às vezes difundidos conscientemente pela diplomacia cultural e permuta de estudantes, às vezes simplesmente pelo gosto popular pelos produtos fascinantes da metrópole, sejam eles *Coca-Cola* ou *Big Macs*.[85]

Essa capacidade do Império de provocar desejos de imitação não é algo que só os seus defensores alardeiam. David Harvey, um crítico do atual processo de globalização, diz:

> Não há dúvida de que a emulação tem tido um importante papel em questões globais. Boa parte do resto do mundo tem sido levada a embarcar política, econômica e culturalmente na globalização por meio da americanização [...]. A emulação do consumismo, dos modos de vida, das formas culturais e das instituições políticas e financeiras norte-americanas tem contribuído globalmente para o processo de acumulação interminável do capital.[86]

E que o imperialismo cultural é hoje uma arma importante na promoção do desejo de imitar o modo americano de ser e de apresentar os Estados Unidos como "um farol da liberdade dotado do poder

---

[84] FUKUYAMA, Francis. *O dilema americano: democracia, poder e o legado do neoconservadorismo*. Rio de Janeiro, 2006. p. 176 (itálico acrescentado).

[85] MAIER, Charles S. An American Empire? The problems of frontiers and peace in twenty-first-century world politics. *Harvard Magazine*, nov.-dec./2002, p. 28. Disponível na internet: http://www.harvardmagazine.com/on-line/1102193.html. Acessado em: dez./07.

[86] HARVEY, David. *O novo imperialismo*. São Paulo: Loyola, 2004. p. 42.

Para além do espírito do Império

exclusivo de engajar o resto do mundo numa civilização duradoura caracterizada pela paz e pela prosperidade".[87]

Uma das novidades do Império atual em relação aos imperialismos do passado, a sua capacidade de atração e o uso secundário do poderio militar para a manutenção da ordem, é resultado da sua própria dinâmica econômica e da sua capacidade de produzir e impor ao mundo os seus discursos e seu horizonte utópico transcendental de civilização e humanidade.

A transcendência produzida pelo Império cumpre as três funções vitais para a dominação: (a) fornece critérios para interpretar a realidade, estabelecer estratégias de ação e fazer juízos morais de acordo com os seus valores e interesses; (b) impõe-se como horizonte de desejo – que revela os objetos que realmente merecem ser desejados – que seduz e encanta os povos em todo mundo, produzindo, assim, uma subordinação voluntária ao Império; (c) que, por ser um horizonte utópico e estar além da factibilidade histórica, nunca é completamente alcançado e, por isso, sempre está estimulando a busca da acumulação sem fim do capital e/ou do consumo ilimitado; e, ao mesmo tempo, coloca a culpa da não realização plena do que é impossível nos chamados "inimigos da humanidade", assim justificando a exigência da guerra sem fim contra os que se rebelam ou resistem à "atração" do Império.

## 6. A transcendência do Império, sacrifícios e a mística cruel

Um dos segredos do sucesso do atual Império é que conseguiu impor ao mundo uma nova metanarrativa sobre a história. Ao contrário do que muitos pensadores Pós-Modernos pensam, o que entrou em crise não foi a metanarrativa como tal, mas sim a Moderna, que propunha a realização do "paraíso terrestre" através da razão

---

[87] Ibidem, p. 53.

e ação política consciente. Hayek formulou, no final da década de 1950, o que pode ser considerada uma síntese da metanarrativa que norteia o Império atual:

> As aspirações da grande massa de população do mundo só podem ser satisfeitas mediante um rápido progresso material. No presente estado de ânimo, a frustração das esperanças das massas conduziria a graves conflitos internacionais e mesmo à guerra. A paz do mundo, e com ela a mesma civilização, depende de um progresso contínuo a um ritmo rápido. Daí que não só somos criaturas do progresso, senão também seus cativos. Ainda que o desejássemos, não poderíamos virar as costas ao caminho e desfrutar ociosamente do que temos conseguido. Nossa tarefa há de ser continuar dirigindo, caminhar à frente pela rota que tantos outros, despertados por nós, tratam de seguir.[88]

As elites econômicas do mundo são apresentadas aqui como os "cativos" do progresso, os servidores que não podem gozar das suas riquezas conquistadas porque têm a missão de: (a) garantir a paz no mundo expandindo o sistema de mercado livre em todo o mundo para promover o progresso econômico que irá satisfazer as aspirações da população mundial; e (b) ser modelos, líderes, que seguem à frente chamando outros para se juntarem a essa missão.

Mas qual é a mola propulsora do progresso econômico? Para Hayek, é o desejo mimético: "[...] em cada etapa, algumas das coisas que a maioria do povo deseja só as obtêm uns poucos e só é possível fazê-las acessíveis a todos mediante maiores progressos".[89] Por isso, apresentar as elites econômicas como modelos de humanidade, modelos de desejo, fomenta o desejo mimético que estimula a todos a um maior esforço em busca do progresso. Na medida em que aumenta o desejo e a demanda por produtos consumidos pela elite, o sistema de mercado irá providenciar o aumento da produção, gerando com isso o progresso econômico. Por isso, Hayek diz: "[...] para que

---

[88] HAYEK, Friedrich A. *Los fundamentos de la libertad*. 5. ed., Madri: Unión Ed., 1991. p. 72. (ed. orig. inglês, *The Constitution of Liberty*, 1959)

[89] Ibidem, p. 65.

uma sociedade continue progredindo é imprescindível que alguns dirijam e sejam seguidos pelo resto".[90]

O mundo seria maravilhoso se essa metanarrativa funcionasse sem problemas ou contradições. A primeira contradição se encontra no interior da própria lógica do desejo mimético na economia. Em primeiro lugar, só os objetos que são escassos em relação às necessidades ou desejos das pessoas são considerados bens econômicos. Por exemplo, o ar que respiramos não é um bem econômico, porque há em quantidade suficiente, por enquanto, para todos os seres que respiram. Em segundo lugar, os objetos desejados são desejados por que outras pessoas, especialmente os modelos de desejo, também os desejam. Sendo assim, as pessoas que desejam são sempre em maior número que os objetos desejados. Isto é, os objetos são desejados porque são escassos, não em relação às necessidades humanas, mas em relação aos desejos das pessoas.

Objetos abundantes não são desejados nem estimulam a concorrência e o progresso. Por isso, o padrão de consumo objeto de imitação é, por definição, não acessível para todos. A busca incessante para acompanhar esse padrão que sempre está se movendo para frente só tem sentido na medida em que há outros que vão ficando para trás no caminho. É a essência da competição. Se a linha de chegada não se move, se novos objetos de desejo não são produzidos e oferecidos, a elite mundial não estaria cumprindo a sua missão de levar sempre avante, sem limite, o progresso econômico. E nessa metanarrativa que move o Império "um pequeno declinar do nosso índice de progresso poderia ser fatal".[91]

Os que não conseguem atingir o padrão de consumo mínimo exigido pela comunidade são vistos como "consumidores-falhos", aqueles que nos lembram que nós também podemos ser deixados para trás na corrida pelo consumo sem limites, os nossos "demônios

---

[90] Ibidem, p. 65.
[91] Ibidem, p. 72.

O Império e a transcendência

interiores". Como diz Baumann: "[...] os 'excluídos do jogo' (os *consumidores falhos* [...]) são exatamente a encarnação dos 'demônios interiores' peculiares à vida do consumidor".

> Cada vez mais, *ser pobre* é encarado como um crime; *empobrecer*, como produto de predisposições ou intenções criminosas – abuso de álcool, jogos de azar, drogas, vadiagem e vagabundagem. Os pobres, longe de fazerem jus a cuidado e assistência, merecem ódio e condenação – como a própria encarnação do pecado.[92]

Enquanto Baumann critica essa lógica econômica baseada no desejo mimético, que produz e condena "consumidores falhos", Hayek diz que isso é inevitável e benéfico, pois só o tipo de desejo que gera concorrência move os indivíduos e as sociedades para o progresso econômico. Ele reconhece que depreciar os sofrimentos dos mais pobres pode parecer cruel, "porque incrementa o desejo de todos em proporção ao incremento de dons que tão só a uns quantos beneficiam. Mas para que uma sociedade continue progredindo é imprescindível que alguns dirijam e sejam seguidos pelo resto".[93]

A segunda contradição está no fato de que o padrão de consumo que se toma como referência não é sustentável ecologicamente. A busca sem fim por mais consumo pressupõe uma capacidade tecnológica de produzir de modo ilimitado as riquezas desejadas; o que pressupõe que o nosso meio ambiente não tenha limites biológicos naturais ou sistêmicos. Em outras palavras, uma visão do planeta que não é redondo, limitado, mas plano e expandindo de modo infinito. Talvez seja por isso que Thomas Friedman, no seu livro *The World is Flat* ["O mundo é plano"], diz: "Se a Índia e a China se moverem nessa direção [democracias de livre-mercado], o mundo não só se tornará mais plano que nunca, mas também, estou convencido, mais próspero que nunca. Três Estados Unidos são melhores que um,

---

[92] BAUMAN, Zygmunt. *O mal-estar da pós-modernidade*. Rio de Janeiro: Jorge Zahar Ed., 1998. pp. 57 e 59.
[93] HAYEK, F. *Los fundamentos de la libertad*, p. 65.

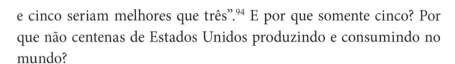

e cinco seriam melhores que três".[94] E por que somente cinco? Por que não centenas de Estados Unidos produzindo e consumindo no mundo?

A terceira contradição tem a ver com a questão cultural. A homogeneização dos desejos e a imposição da cultura de consumo e o *American way of life* entram em conflito com a diversidade de contextos histórico-culturais. Os europeus e os norte-americanos não são os únicos povos orgulhosos da sua identidade cultural; há muitos outros povos que também são orgulhosos da sua tradição cultural e que, em nome dos seus valores religiosos ou culturais, resistem a e combatem essa "expansão" cultural, que, no final das contas, os classifica sempre como inferiores ou atrasados. Esses povos e grupos sociais, que resistem à atração da cultura de consumo Pós-Moderna e ao liberalismo econômico que o Império impõe e os seus missionários pregam, são aqueles que, segundo Greenspan, se escondem em "tribalismos" ou outros "ismos".

Diante dessas contradições, temos dois caminhos: o primeiro é reconhecer que o sistema imperial não pode solucionar por si essas contradições e limitar a sua volúpia e o seu desejo de acumulação buscando novos caminhos no interior do próprio sistema, ou, então, lutar por algum outro tipo de sistema social; o segundo é reafirmar o atual sistema e tentar superar as contradições definindo os "culpados" a serem exterminados. É claro que o atual Império, como todos os Impérios, assume a segunda opção. Assim, temos aqui identificados mais claramente os três tipos de inimigos que a própria contradição do capitalismo de mercado produz: a) os pobres, os "consumidores-falhos" e os que são levados pela compaixão que se aliam com populistas para intervir no mercado e criar mecanismos não mercantis para tentar solucionar os problemas sociais; b) os defensores do meio ambiente que não acreditam que a dinâmica do mercado livre é a única capaz de solucionar os problemas ecológicos

---

[94] FRIEDMAN, T. *The World is Flat.* p. 127.

e defendem medidas de controle e limitação de consumo; c) os Pré-Modernos e defensores de culturas não adaptáveis à Modernidade e Pós-Modernidade capitalista que rechaçam em nome dos seus valores tradicionais ou religiosos a "boa-nova" da globalização capitalista. Esses são os "inimigos da humanidade", porque inimigos do progresso.

Aqui entra a coerção, dos mais variados tipos, e o uso da força bruta. O desafio é como acabar com os inimigos sem que o Império perca a capacidade de atração ou a legitimidade de se apresentar como um Império benigno. Prover argumentos para esse tipo de desafio é uma das funções dos intelectuais ou ideólogos a serviço do Império.

Joseph Nye Jr. é um dos muitos autores que apresentam argumentos para a força bruta do "Império benigno":

> Embora seduzam muita gente, o individualismo e as liberdades não deixam de ser repulsivos para alguns, particularmente para os fundamentalistas [...]. Os tiranos e os fundamentalistas sempre nos odiarão por causa dos nossos valores de liberdade e oportunidade, e não nos resta senão enfrentá-los com uma política antiterrorista mais eficaz.[95]

Para ele, o uso do poderio militar não é resultado de uma opção, na medida em que "não nos resta senão enfrentá-los". O Império é coagido a usar o seu poder militar; a culpa da violência do Império é daqueles que não querem aceitar os valores do individualismo e do liberalismo ocidental. Não são só os membros da Al-Qaeda ou de outros grupos terroristas que são objeto dessa política antiterrorista, mas todos aqueles que não são capazes de entender e aceitar os valores ocidentais. Há aqui uma clara divisão no mundo: nós e outros, os Pré-Modernos fundamentalistas, aqueles que não aceitam a nossa liberdade e o mercado livre.

Nessa mesma linha, só que com uma franqueza até chocante, Robert Cooper, um diplomata sênior do governo britânico que ajudou

---

[95] NYE Jr. J. *O paradoxo americano*, p. 14.

Para além do espírito do Império

Tony Blair na formulação de novas políticas de intervenção humanitária, diz o seguinte:

> O desafio do mundo Pós-Moderno é se acostumar com a ideia de padrões duplos. Entre nós, operamos na base de leis e segurança cooperativa aberta. Mas quando tratamos com tipos mais antiquados de Estados fora do continente Pós-Moderno da Europa, precisamos voltar aos métodos mais violentos de uma época anterior – força, ataque preventivo, fraudes, o que for necessário para lidar com os que ainda vivem no mundo oitocentista de cada Estado por si. Entre nós, cumprimos a lei, mas, quando agimos na selva, precisamos também utilizar a lei da selva.[96]

É óbvio que, mesmo concordando com a tese de Cooper, poucos ousariam usar uma linguagem tão crua e direta. Fukuyama é mais sutil. No seu conhecido livro *O fim da história e o último homem*, ele diz que as democracias liberais, para se defender dos totalitarismos que estavam destruindo em massa as populações civis e dos recursos econômicos, "foram levadas a adotar estratégias militares como o bombardeio de Dresden ou de Hiroshima, que, no passado, teriam sido considerados genocídios". Sem entrar em discussão se os bombardeios a Dresden e Hiroshima eram militarmente necessários, queremos chamar a atenção para o fato de que, segundo Fukuyama, esses bombardeios seriam no passado considerados genocídios, mas não são porque foram executados ou cometidos por democracias liberais contra os totalitarismos.

Há algo de extraordinário na democracia liberal, especialmente na sua luta contra os totalitarismos, que faz suspender juízos éticos de tempos normais. Em outra época, esses bombardeios seriam considerados genocídios, mas não quando efetuados em nome da defesa da democracia liberal e do seu sistema de mercado livre. Este é o caráter transcendental do soberano que pode suspender a ordem normal e decretar o estado de exceção. Excepcionalmente, porque se

---

[96] COOPER, Robert. *New Imperialism*. Observer World View, april/07/2002. Disponível na Internet: http://observer.guardian.co.uk/print/0,,4388912-110490,00.html. Acessado: em dez./2007.

realiza em nome da defesa do capitalismo de mercado, qualquer coisa é válida na luta contra os totalitarismos, tiranos e fundamentalistas.

Aqui não ocorre somente uma suspensão dos valores morais ou legais, mas uma inversão. O que antes seria genocídio agora é apresentado como ato salvífico. Essa é a lógica das teologias sacrificiais: a inversão de um ato que normalmente seria considerado como mau para um ato benéfico porque feito em nome da exigência de valores ou entidades considerados transcendentes. Todos os Impérios, como o atual, que se apresentam como Impérios benignos ou altruístas, têm no seu coração uma teologia sacrificial. Esse é o verdadeiro "espírito do Império".

Mas na luta contra os "inimigos da humanidade" nem sempre há necessidade ou justificativa suficiente para o uso da força bruta. Especialmente contra os que são excluídos do jogo do mercado, é preciso usar outro tipo de estratégia: a propagação da cultura da insensibilidade. Pois, como já vimos, a compaixão pelo sofrimento dos pobres tende a levar à aliança com os populistas, os intervencionistas ou até mesmo os socialistas. Uma das formas para isso é apagar da memória e da visão os sofrimentos reais das pessoas concretas. Como diz Fukuyama, "até mesmo uma hegemonia benevolente precisa às vezes agir de forma inclemente".[97] Isso faz parte dos deveres do Império para a manutenção da ordem global.

Essa cultura da insensibilidade humana é algo estratégico hoje porque, como diz Z. Bauman, a produção de "refugos humanos" – os excluídos do sistema de mercado, o que os teólogos latino-americanos chamam de "sobrantes" [os que sobram]–

> é um produto inevitável da modernização, e um acompanhante inseparável da Modernidade. É um inescapável efeito colateral da construção da ordem (cada ordem define algumas parcelas da população como "deslocadas", "inaptas" ou "indesejáveis") e do *progresso econômico* (que não pode ocorrer sem degradar e desvalorizar os modos anterior-

---

[97] FUKUYAMA, F. *O dilema americano*, p. 113.

mente efetivos de "ganhar a vida" e que, portanto, não consegue senão privar seus praticantes dos meios de subsistência).[98]

Hayek diz que a solidariedade humana é um instinto primário que deve ser apagado nas sociedades mais complexas como a nossa. Mas muitos de nós ainda continuamos sendo tocados pelo sofrimento das outras pessoas. Parece que há uma contradição entre a nossa velha natureza humana e o esforço do Império para construir um mundo como um perfeito mercado. Contra a compaixão e tradições culturais e espirituais que valorizam a solidariedade humana, os ideólogos do mercado totalmente livre defendem o fim do que eles chamam de "paternalismo" e a introdução de uma nova espiritualidade compatível com o espírito do Império. Roberto Campos, um ex-ministro da economia do governo brasileiro, sintetiza bem esse desafio dizendo que "a modernização pressupõe uma *mística cruel* do desempenho e do culto da eficiência".[99] "Mística" para superar a tentação da compaixão e assumir um novo culto. "Cruel" porque esse novo culto significa colocar a vida humana subordinada aos números do lucro, isto é, pressupõe uma insensibilidade ou cinismo diante dos sofrimentos dos menos "competentes" e menos eficazes, os pobres.

Vidas desperdiçadas (Bauman), vidas sacrificadas em nome do avanço do capitalismo do mercado, vidas cujos sofrimentos e dignidades foram apagados da memória dos que se sentem confortáveis no atual sistema. Essas vidas exigem não somente a recuperação das suas memórias, mas também críticas teológicas aos fundamentos teológico-idolátricos dos Impérios. Os ídolos, na tradição bíblica, são os deuses que exigem sacrifícios de vidas humanas.

Todos os sistemas sociais produzem seus conceitos transcendentais que vão servir de modelo ideal para a interpretação da realidade e para dar linhas de ações estratégicas. Além disso, serve também como fonte de critério para juízos éticos e horizonte de utopia que

---

[98] BAUMAN, Zygmunt. *Vidas desperdiçadas*. Rio de Janeiro: Jorge Zahar Ed., 2005. p. 12.
[99] CAMPOS, Roberto. *Além do cotidiano*. Rio de Janeiro: Record, 2. ed., 1985. p. 54.

canaliza os desejos dos seus membros para uma direção compatível com a dinâmica social vigente. Esse processo é uma necessidade de todos os tipos de ordem social. A questão não é se um sistema possui ou não uma noção de transcendência, mas como a sociedade se relaciona com o seu conceito transcendental. O foco principal da nossa reflexão crítica sobre a atual ordem global não foi se ela possui ou não uma noção de transcendência. Esperamos que tenhamos conseguido mostrar que sim. O problema fundamental é outro: a relação que a sociedade mantém com a sua noção de transcendência é ou não sacrificial? Esperamos também ter mostrado que sim. O nosso desafio, então, é como construir uma noção de transcendência que nos oriente na interpretação da realidade e na nossa ação que não seja sacrificial, que seja humanizante e nos ajude na construção de uma ordem social mais humana, justa e sensível aos sofrimentos das outras pessoas e de outros povos.

Capítulo IV

# Transcendência humanizadora: condição humana e os "outros"

No final do capítulo III, "O Império e a transcendência", apresentamos o desafio de construir uma noção de transcendência que não seja sacrificial para orientar a nossa interpretação da realidade e nossas ações na construção de uma sociedade mais humana, justa e sensível aos sofrimentos das pessoas e dos povos. Isso quer dizer que precisamos encontrar ou explicitar uma noção de utopia, de uma transcendência, que esteja fundada nas lutas concretas contra as opressões do Império e no espírito de solidariedade dos e com pessoas marginalizadas e oprimidas.

No capítulo que agora inicia, queremos enfrentar essa tarefa analisando diversas posições sobre a noção de utopia e transcendência que encontramos entre aqueles que se opõem ao atual modelo de globalização e ao atual Império. Queremos buscar, nas discussões já existentes sobre a utopia, as pistas e os caminhos para construirmos essa noção de transcendência que seja crítica e humanizadora. Para isso, iniciaremos com a análise de alguns pensadores da tradição marxista e, depois, de um outro grupo que não se encaixa mais em uma definição mais estreita da tradição marxista, apesar de não negar a importância da contribuição de Marx.

## 1. Utopia de uma sociedade sem desigualdades e conflitos

Alain Badiou, em um texto sobre a eleição do presidente Sarkozy na França e a situação dos que lutam pela emancipação, diz que, "depois das experiências negativas dos estados 'socialistas' e das lições ambíguas da revolução cultural e de maio de 1968, nossa tarefa é recriar a hipótese comunista de outra maneira, ajudá-la a surgir em novas formas de experiência política".[1]

Antes de avançarmos na reflexão sobre a proposta de Badiou, vale uma pergunta: ainda tem sentido discutirmos temas como comunismo, uma proposta nascida no século XIX, na nossa luta para superarmos o atual Império? Isto é, a derrocada do bloco socialista e a decretada morte do marxismo (por intelectuais apressados ou comprometidos com o sistema capitalista) não seriam elementos suficientes para que não voltássemos à "velha" discussão sobre comunismo, socialismo ou marxismo?

Nós pensamos que o novo que pode surgir no mundo não será uma repetição dos sonhos ou projetos do passado, mas também não será algo tão novo que não tenha nenhuma relação com as práticas e teorias de emancipação ou libertação da história mais recente ou longínqua da humanidade. Sem repensarmos o passado, não podemos construir um futuro diferente, um futuro que não seja uma mera reprodução do presente. Por isso, reflexões críticas sobre as teorias

---

[1] BADIOU, Alain. *Communist Hipothesis*. New Left Review, n. 49 jan./feb. 2008, p. 37.

Transcendência humanizadora: condição humana e os "outros"

críticas que mobilizaram e mobilizam as lutas sociais emancipatórias no passado e no presente são importantes.

Voltando à "hipótese comunista", para Badiou o sentido geral do termo "comunista" significa, em primeiro lugar, que "a lógica de classe – a subordinação fundamental do trabalho a uma classe dominante, o acordo que tem persistido desde a Antiguidade – não é inevitável; ela pode ser superada".[2] Partindo dessa premissa, diz:

> A hipótese comunista é que uma diferente organização coletiva é praticável, uma que eliminará a desigualdade da riqueza e até a divisão do trabalho. A apropriação privada de grandes fortunas e sua transmissão por herança desaparecerá. A existência de um estado coercitivo, independente da sociedade civil, já não parecerá uma necessidade: um longo processo de reorganização baseada em uma livre associação de produtores o verá desaparecer gradualmente.[3]

A hipótese comunista proposta por Badiou começa com uma afirmação de que poucos discordariam: uma organização coletiva diferente do capitalismo é possível. Isto é, o capitalismo não é a única forma viável de organizar a coletividade humana. Mesmo Fukuyama, que um dia defendeu a tese de que a história tinha chegado ao fim com o capitalismo liberal, reconheceu que a história está aberta, pois "não pode haver fim da história sem um fim da ciência e da tecnologia".[4] Isso sem falar nas possíveis mudanças sociais e históricas introduzidas pelas revoluções políticas e sociais. O problema da hipótese comunista de Badiou aparece no modo como ele descreve o comunismo como uma forma de organização coletiva alternativa. Ele apresenta quatro características. O primeiro é a eliminação da desigualdade de riqueza; o segundo é a eliminação da divisão do trabalho; o terceiro, o desaparecimento da apropriação privada de imensas riquezas e a sua transmissão via herança; e o quarto, o fim

---

[2] Ibidem, pp. 34-35.
[3] Ibidem, p. 35.
[4] FUKUYAMA, Francis. *Nosso futuro pós-humano. Consequências da revolução da biotecnologia*. Rio de Janeiro: Rocco, 2003. p. 28.

da necessidade do Estado coercitivo, substituído aos poucos pela livre associação de produtores.

A eliminação de desigualdade de riqueza – objetivo também de muitos grupos sociais e políticos que não necessariamente se identificam com propostas socialistas ou comunistas – e o desaparecimento de apropriação privada de imensas riquezas e a sua transmissão via herança são objetivos perfeitamente factíveis. Mas a eliminação da divisão do trabalho e a substituição do Estado coercitivo pela livre associação de produtores são objetivos de caráter distinto dos dois outros. Primeiro, porque não se pode implementar esses objetivos por meio de ações políticas do Estado – combinado ou não com ações da sociedade civil –, como é o caso dos dois primeiros objetivos. Políticas coercitivas do Estado e as pressões da sociedade civil podem eliminar a desigualdade de riqueza e a apropriação privada e a transmissão via herança de grandes riquezas, mas não podem eliminar a divisão do trabalho e, portanto, as relações mercantis, e o fim do próprio Estado. As experiências concretas dos Estados socialistas demonstram isso. Entretanto, para Badiou, a não realização desses dois objetivos se deveu basicamente às falhas dos Estados socialistas e por isso diz que "nossa tarefa é recriar a hipótese comunista de outra maneira, ajudá-la a surgir em novas formas de experiência política".[5]

A pergunta que surge, então, é: é possível criar alguma forma de organização social e política que possibilite a realização desses objetivos? Em outras palavras, os objetivos do fim da divisão do trabalho e do Estado são historicamente factíveis?

Para Badiou, comunismo não é um programa ou um projeto político definido, pois "o 'comunismo' como tal significa apenas este conjunto muito geral de representação intelectual. É o que Kant chamou de uma ideia com uma função reguladora, não um programa [...] são padrões intelectuais, sempre realizados de maneira diferente".[6]

---

[5] BADIOU, "The Communist Hypothesis," 37.
[6] Ibidem, p. 35.

Transcendência humanizadora: condição humana e os "outros"

Ao dizer que o comunismo é uma ideia com função reguladora e não um programa que atualiza essa ideia, de modos diferentes em épocas e situações diferentes, ele não deixa muito claro se o objetivo de uma sociedade sem Estado e sem divisão do trabalho é um objetivo a ser perseguido, porque historicamente possível, ou um conceito transcendental que serve para nortear as ações, embora impossível de ser realizado.

Entretanto, a crítica que ele faz aos partidos comunistas que conseguiram tomar o poder e implantar Estados socialistas ou comunistas nos dá uma boa pista:

> O partido foi um instrumento apropriado para a destruição de regimes reacionários enfraquecidos, mas mostrou-se mal adaptado para a construção da "ditadura do proletariado" no sentido que Marx pretendia – isto é, um Estado temporário, que organizasse a transição para o não Estado: seu "desaparecimento gradual" dialético. Em vez disso, o Estado partidário transformou-se em nova forma de autoritarismo. Alguns desses regimes deram grandes passos em educação, saúde pública, valorização do trabalho etc.; e provocaram um constrangimento geral na arrogância dos poderes imperiais. Entretanto, o princípio estatístico em si mostrou-se corrupto e, no longo prazo, ineficiente.[7]

Ele diz que o partido foi um instrumento apropriado para fazer a revolução, mas não para construir um Estado temporário que organizasse a transição para sem Estado. Como ele coloca a tarefa da construção de um Estado que levaria a uma sociedade sem Estado no mesmo nível da tarefa de tomar o poder, ele pressupõe que essa sociedade sem Estado, a livre associação de produtores, é historicamente possível. Por isso, mesmo reconhecendo que alguns desses regimes conseguiram um avanço social e político significativo, ele critica o modelo de partido-Estado comunista do século XX por não ter sido um instrumento capaz de construir essa transição e de ter caído em uma nova forma de autoritarismo. O núcleo da crítica é que os regimes comunistas criaram novas formas de autoritarismo

---

[7] Ibidem, p. 36.

Para além do espírito do Império

estatal em vez de caminhar na direção da sua autodestruição e de uma sociedade sem Estado. Essa dura crítica revela que para ele essa transição é possível. A tarefa agora seria, então, criar novas formas de experiência e organização políticas que sejam apropriadas para a realização desse objetivo.

A possibilidade ou não da construção de uma sociedade fundada na livre associação de produtores, ou qualquer outra forma de designar uma sociedade caracterizada pela liberdade, justiça e cooperação, é uma discussão importante na luta pela superação do Império atual e na construção de sociedades e globalização alternativas. Afinal, a política e lutas sociais pressupõem a distinção entre o que é impossível e o possível.

Agnes Heller, em uma perspectiva diferente de Badiou, nota que Marx não diz nada sobre como os produtores associados irão tomar as suas decisões econômicas nessa nova sociedade. Para ela, o silêncio de Marx sobre questão tão importante não é acidental, pois para ele não haveria conflito de interesses na futura sociedade. A própria categoria de interesse se tornaria irrelevante.

Após essa constatação, Heller assume a tese de Ernst Bloch, de que existem utopias férteis e inférteis, e diz:

> Muitos aspectos das ideias de Marx sobre produtores associados são utópicos quando avaliados em comparação com nossas ideias de hoje e nossas possibilidades de ação; entretanto, eles são *férteis*; pois ele estabeleceu uma norma pela qual podemos avaliar a realidade e o valor de nossas ideias.[8]

A noção de utopia fértil usada aqui por Heller merece uma reflexão mais cuidadosa. Em primeiro lugar, ela utiliza utopia no sentido do impossível, não factível; e não como ainda-não que pode se tornar possível ou como algo fútil ou fantasioso. Nesse sentido uma sociedade de livre associação de produtores seria impossível porque interesse e conflito de interesses fazem parte da condição humana. Como

---

[8] HELLER, Agnes. *The Theory of Need in Marx*. London: Allison & Busby, 1978. p. 130.

muito bem diz Hugo Assmann, um dos principais teólogos latino-americanos que trabalhou a relação entre teologia e economia, há nas utopias modernas de origem marxista ou cristã um pressuposto antropológico "um tanto ingênuo e excessivamente generoso em sua apreciação das predisposições humanas à justiça e à fraternidade".[9] Uma antropologia que supõe que, quando libertos da opressão do sistema capitalista e da coerção do Estado, todos os seres humanos voltariam à sua natureza original de solidariedade e bondade, sem nenhum interesse pessoal que entrasse em conflito com interesses de outras pessoas ou da coletividade.

Para Assmann, a luta por uma sociedade mais livre e justa não é compatível com essa antropologia ingênua e otimista, que não leva em consideração a real condição humana. Para ele, "é preciso despedir-se de ilusões acerca de propensões solidárias, supostamente espontâneas e naturais dos seres humanos",[10] e reconhecer que os seres humanos são seres marcados pelo egoísmo e possibilidade de solidariedade, de interesses e paixões, e de necessidades e desejos. Desejos esses que nem sempre são compatíveis com as necessidades e as vontades da coletividade e/ou com as condições objetivas do meio ambiente ou da sociedade.

Além dessa questão antropológica subjacente à noção de livre associação de produtores, há também uma questão econômica importante. Em sociedades amplas e complexas como as nossas, não é possível uma pessoa, ou um grupo, ou toda a coletividade ter acesso a e conhecimento de todas as informações implicadas no processo econômico de produção, distribuição e consumo dos bens necessários para a reprodução da vida da coletividade. O que significa a necessidade de especializações e fragmentações do conhecimento, práticas e decisões econômicas. Ademais, nenhum grupo consegue, hoje, produzir todos os bens necessários para a reprodução da sua vida e

---

[9] ASSMANN, Hugo. Crítica à lógica da exclusão: ensaios sobre economia e teologia, São Paulo: Paulus, 1994. p. 31.
[10] Ibidem, p. 34.

dos investimentos necessários para as futuras gerações. Isso exige a divisão do trabalho, seja em termos individuais dentro de um grupo ou unidade produtiva (família, empresa, comunidade etc.), seja em termos de divisão de trabalho no interior do sistema econômico, que hoje é mundial. E a divisão do trabalho pressupõe a desigualdade de informações e conhecimento, portanto, desigualdade no poder de tomada de decisões dos processos econômicos, que gera a desigualdade de renda ou de riqueza.

Essas breves reflexões nos permitem entender melhor por que a utopia de livre associação de produtores é, como diz Heller, algo impossível de ser realizado. Mas, como vimos anteriormente, Heller não só afirma a impossibilidade. Ela diz que, apesar de impossível, "entretanto, elas são *férteis*. Ela [a utopia] estabeleceu uma norma pela qual podemos avaliar a realidade e o valor de nossas ideias". Essa utopia é impossível de ser alcançada, mas mesmo assim é fértil, útil.

A fertilidade da utopia, segundo Heller, está no fato de que ela estabelece uma norma a partir da qual se pode medir a realidade existente e também os valores das ideias que legitimam ou contestam esta mesma realidade e que norteiam as ações e comportamentos. Nesse sentido a utopia de uma sociedade pensada como livre associação de produtores serve como um critério de análise e juízo sobre o sistema capitalista vigente. Ela tem uma função gnoseológica fértil ou até mesmo fundamental. Vimos no capítulo III que a utopia de mercado totalmente livre cumpre também essa mesma função de servir de critério para a análise, avaliação e legitimação para defensores do sistema de mercado livre.

Alec Nove, um economista crítico do modelo econômico dos países do antigo bloco comunista, discorda da posição de Agnes Heller. Mas, para fazer a sua crítica, ele introduz na reflexão a posição de outro pensador, o polonês Bienkowski, que escreveu: "não rejeitemos a visão marxista utópica: talvez um dia 'mercadorias' e 'dinheiro'

Transcendência humanizadora: condição humana e os "outros"

desapareçam".[11] Bienkowski, mesmo criticando aqueles que procuram um caminho curto e mais direto para essa sociedade sem mercadoria e moeda, defende a ideia de que não se pode definir antecipadamente a não factibilidade dessa utopia.

Diante da posição de Bienkowski, Nove diz: "Ainda não me convenci. Como já foi argumentado, embora reconheça o papel e o benefício dos ideais, algumas dessas noções utópicas criam uma ilusão perigosa, confundem a mente".[12] Ele não concorda que a utopia de uma sociedade sem conflito, sem mercadoria e sem dinheiro seja um dia possível de ser concretizada e diz que certas utopias, como a de Marx, cria ilusões perigosas e confunde a mente. Enquanto Heller diz que a utopia de Marx serve para medir a realidade e o valor das ideias, Nove diz que ela confunde a mente e é perigosa.

Para explicar melhor a sua posição, Nove apresenta dois exemplos de utopias. O primeiro é o ideal de uma sociedade sem crime, que é para ele um objetivo valioso e nobre, e que nós devemos de fato esforçar-nos para eliminar o crime. Ele reconhece que esse objetivo é impossível de ser alcançado, mas que precisamos tentar; e que, na medida em que o crime persiste, ninguém defenderia a ideia de que podemos viver sem polícia ou outras pessoas e profissões que nos ajudam na segurança. O segundo tipo de utopia que ele apresenta, fazendo referência a Agnes Heller, é a noção de sociedade sem conflito, onde todas as pessoas buscam os mesmos objetivos e cada indivíduo expressa as necessidades de todas as pessoas. Assim como a utopia da sociedade sem crime, ele diz que a utopia de Marx é também impossível, só que agora acrescenta: "e até indesejável". Desejar uma sociedade sem crime é bom, mas uma sociedade sem conflito social não é desejável, porque, para ele,

> quem quer que tenha essa crença a respeito do socialismo está fadado a se iludir e se iludir *perigosamente*. A crença de que o crime pode ser

---

[11] BIENKOWSKI, W. *Theory and Reality*. London: Allison & Busby, 1981. p. 177.
[12] NOVE, Alec. *The Economics of Feasible Socialism Revisited*. 2. ed., Londres: Routledge, 1991. p. 239.

erradicado leva à ação designada para erradicar o crime, e tal ação, embora improvável que seja completamente bem-sucedida, tem efeitos possíveis. A crença de que sob o socialismo haveria unanimidade não é completamente falsa: a única ação que pode provocar é a *erradicação do desacordo*, a *imposição* da "unanimidade".[13]

Por que a utopia de uma sociedade sem crime não é perigosa nem confunde a mente, enquanto a utopia de uma sociedade sem conflitos sociais e econômicos é? A razão disso, para Nove, é que as ações em busca de uma sociedade sem crime, mesmo sendo impossível de ser atingida plenamente, levariam a uma diminuição de crimes, enquanto a crença na utopia de uma sociedade sem conflitos sociais levaria unicamente às ações de erradicação do dissenso e à imposição da unanimidade. À primeira vista, a argumentação dele parece bastante convincente, mas há um problema.

A utopia de uma sociedade sem crime é apresentada e analisada por Nove na forma negativa, "sem crime", enquanto a utopia de Marx é apresentada na forma positiva: "haveria unanimidade". Para que uma política ou um plano de ação possa ser elaborado e executado, o objetivo ou a utopia precisa ser expresso de uma forma positiva para que a partir dele possa ser elaborado um projeto e planos de ação. Por isso, a utopia de uma sociedade sem crime precisa ser traduzida para algo como uma sociedade onde todos obedecem perfeitamente às leis. Para que isso seja alcançado, é preciso haver uma vigilância total e uma "tolerância zero" com todas as infrações e infratores. O que nos levaria para um tipo de Estado totalitário, policial e fascista, transformando as pessoas em prisioneiras ou vítimas dos "crimes" do Estado na busca de uma sociedade sem crime. Como Alec Nove não desenvolve o seu raciocínio sobre a sociedade sem crime na forma de proposição positiva e de planejamento, ele não consegue perceber o lado perverso dessa utopia quando se crê possível e se executa um plano de ação em direção a ela. Na crítica à utopia de sociedade sem Estado ele desenvolve a argumentação na forma de proposição

---

[13] Ibidem, p. 239.

positiva, "haveria unanimidade", e assim percebe a perversão que surge quando se crê que isso é factível e se estabelece plano de ação para o tal: erradicação do dissenso e a imposição da unanimidade.

Portanto, o problema não está no tipo de utopia, mas se se crê realmente ou não na possibilidade de se realizar a sociedade ideal apresentada na utopia. Quando se crê que é possível com ações humanas atingir plenamente a utopia da sociedade perfeita (seja na visão do mercado perfeito, do planejamento perfeito da antiga União Soviética ou da sociedade sem Estado ou, então, da sociedade sem crime e sem violação das leis), o resultado é a perversão dessa utopia em dominações e imposição de sacrifícios. Nesse sentido a crítica de Alec Nove é bastante pertinente. Esse foi um dos problemas dos países socialistas e de muitos partidos de orientação comunista em relação ao tema da democracia: para que aprimorar a democracia e mecanismos de controle do Estado por parte da sociedade civil se a meta é construir uma sociedade sem conflitos de interesses e sem Estado? Se essa meta é vista como factível através das ações do partido e do Estado, a democracia – que pressupõe a convivência de opiniões e interesses divergentes e conflitantes – passa a ser vista como obstáculo e o autoritarismo passa a ser considerado um instrumento da realização da utopia. Badiou não percebeu que o autoritarismo dos regimes comunistas não é resultado somente do caráter corrupto intrínseco ao Estado, mas também da crença de que o autoritarismo era o meio para se atingir a plenitude do comunismo.

A partir da sua crítica, Nove propõe uma reformulação da tese de Bloch. Ao invés da distinção entre utopia fértil e infértil, ele prefere dizer que "há utopias inofensivas e prejudiciais".[14] Na verdade, há utopias férteis e inférteis para analisar a realidade e medir os valores das nossas ideias e da nossa conduta; e quando se crê que é possível realizar linearmente com passos finitos a utopia que é sempre pensada em termos de plenitude, esse pensamento utópico se torna nocivo

---

[14] Ibidem, p. 239.

[*harmful*]. O nocivo não é a utopia em si, mas a crença de que ela é factível pelas nossas ações humanas, a crença de que podemos alcançar plenamente a utopia com nossas ações. É o que Hegel chamou de "má infinitude", tentar atingir o infinito com passos finitos, e Franz Hinkelammert chamou de "ilusão transcendental".[15]

A utopia é fértil e ao mesmo tempo perigosa porque pode levar à ilusão transcendental e suas perversões. Mas ela é necessária? Não seria melhor, como pensa Nove, deixar de lado o tema da utopia para evitar cair esse perigo? É possível criticar a pretensão de inevitabilidade e de caráter (quase natural) do sistema de mercado capitalista – analisada no capítulo III – e superar o atual Império sem uma utopia alternativa?

## 2. A necessidade da utopia e da crítica da razão utópica

Slavoj Zizek, em um artigo sobre o legado de 1968, recorda o que ocorreu quando Marco Cicala, um jornalista italiano, usou recentemente a palavra "capitalismo" em um artigo para o jornal *La Republica*: o seu editor perguntou se o uso de tal palavra era necessário e se não poderia ser substituída por um sinônimo, como "economia". Após esse relato, Zizek pergunta:

> Que melhor prova do triunfo do capitalismo nas últimas três décadas do que o desaparecimento do próprio termo 'capitalismo'? Assim, mais uma vez, a única questão *verdadeira* hoje é: endossamos essa naturalização do capitalismo ou o capitalismo global de hoje contém contradições fortes o bastante para impedir sua reprodução indefinida?[16]

Ao final do artigo, afirma:

> O verdadeiro legado de 1968 está muito bem resumido na fórmula: *Soyons réalistes, demandons l'impossible!* ["Sejamos realistas, exijamos

---

[15] HINKELAMMERT, Franz J. *Crítica de la razón utópica*. Ed. ampliada y revisada. Bilbao: Desclée, 2002.

[16] ZIZEK, S. *The Ambiguous Legacy of '68*. jun./2008, Disponível na internet: http://www.inthesetimes.com/article/3751/the_ambiguous_legacy_of_68/

o impossível!"]. A utopia de hoje é a crença de que o sistema global existente pode se reproduzir indefinidamente. O único jeito de ser realista é imaginar o que, dentro das coordenadas deste sistema, só pode parecer impossível.[17]

Ao dizer que "a utopia de hoje é a crença de que o sistema global existente pode se reproduzir indefinidamente", Zizek afirma que a atual sociedade possui e, poderíamos acrescentar, é movida por uma utopia; e assim se distancia daqueles que, como Lasky,[18] pensam que a repugnância das condições presentes e a sedução de um mundo melhor e distinto fazem parte da essência da utopia. Com isso, ele aborda o tema da utopia de uma forma bem distinta de Alec Nove e conclui que o único modo de ser realista, ir além da ideologia pseudocientífica que naturaliza o capitalismo, "é imaginar o que, dentro das coordenadas deste sistema, só pode parecer impossível".

"Sejamos realistas, exijamos o impossível" é uma afirmação que pode parecer totalmente ingênua e romântica. Como "exigir o impossível" pode ser algo realista? Ser realista não é exatamente reconhecer que o impossível é impossível e que devemos nos manter dentro dos limites das possibilidades da realidade?

Se uma das características de ser realista é viver e agir de acordo com os limites do que é possível, a definição da linha que divide o impossível do possível torna-se uma questão fundamental. E essa discussão não é algo tão simples. Tomemos como um exemplo a pergunta: "É possível o ser humano viver para sempre?". É claro que uma resposta imediata seria "não". Mas alguns poderiam responder que o progresso das ciências médicas e de todo aparato em torno da engenharia genética pode ou vai nos levar a uma situação de postergação perpétua da morte. A criogenia só tem sentido a partir do mito (ou utopia) de que o progresso científico nos levará à condição de vencer ou "driblar" a morte: quando um indivíduo é acometido de uma

---

[17] Ibidem.
[18] LASKY, Melvin. *Utopia and Revolution*. Chicago & London: The University of Chicago Press, 1976.

doença sem cura e tem dinheiro suficiente para isso, pode contratar o serviço para que seja congelado antes que morra e descongelado por ocasião da descoberta da cura. Outros poderiam responder que para Deus nada é impossível e que ele nos ressuscitará para a vida eterna ou que a morte é apenas uma passagem para uma outra vida.

Sendo assim, é importante saber quem ou qual sistema de conhecimento define o que é possível ou impossível e para qual sujeito da ação isso é possível ou não. No caso da afirmação de Zizek, ele diz claramente que ser realista é exigir aquilo que o sistema atual, com sua utopia, define como sendo impossível. Como vimos antes, a utopia – seja marxista, seja capitalista – serve de medida para analisar a realidade, isto é, determina parâmetro a partir do qual se percebe algo como existente, o que é, e define o campo do possível, o poder ser. Como consequência, define também o que está além do campo do existente, o que não existe, e do campo do possível. Isto é, a utopia funda o marco categorial que estabelece a linha divisória entre o possível e o impossível. Quando se naturaliza o sistema social dominante, o que é uma construção social da realidade passa a ser visto como natureza; e aquilo que o sistema social não permite e coloca no âmbito do impossível é visto como naturalmente impossível.

Por isso Zizek afirma que ser realista é antever e exigir aquilo que dentro dos parâmetros do sistema dominante só pode ser visto como impossível. Nessa mesma linha, Boaventura Souza Santos, um dos principais intelectuais ligados ao Fórum Social Mundial, diz que há produção de "não existência" sempre que uma experiência, uma realidade social ou uma dada entidade é desqualificada e tornada invisível, ininteligível ou descartável pela razão dominante. Contra isso ele propõe o que chama de "sociologia das ausências":

> [...] uma pesquisa que visa a demonstrar que o que não existe é, na verdade, ativamente produzido como não existente, isto é, como uma alternativa não credível ao que existe. O seu objeto empírico é considerado impossível à luz das ciências sociais convencionais, pelo que a uma simples formulação representa já uma ruptura com elas. O obje-

tivo da sociologia das ausências é transformar objetos impossíveis em possíveis, objetos ausentes em presentes.[19]

Ir além dos limites impostos pela utopia do sistema atual é transcender à própria noção de transcendência do Império – que vimos no capítulo III – em direção a uma outra noção de transcendência e de utopia. Mas negar os limites de possibilidades impostos pelo Império e antever e construir o que o sistema considera impossível não é afirmar que não há limites para a condição humana, que nada é impossível.

Podemos distinguir, pelo menos, quatro tipos de limites de factibilidade. O primeiro é o limite técnico. Uma pessoa que não sabe nadar não conseguirá atravessar a nado um rio sem nenhum equipamento. Mas essa impossibilidade pode ser superada com a aquisição da técnica de natação ou com algum instrumento, como um bote. Um outro exemplo é a discussão sobre os limites da engenharia genética. Os limites atuais são limites técnicos que poderão ser superados com o progresso da ciência e não podemos definir *a priori* os limites desse avanço científico-tecnológico. Mas isso não quer dizer que não devamos discutir também os limites éticos na ciência. Isto é, não podemos considerar o progresso científico como apenas um problema técnico, sem nenhuma relação com a ética.

Um segundo tipo de limite é o limite sistêmico. Cada sistema impõe aos seus participantes os limites para que o sistema em questão continue a existir e se reproduzir. Por exemplo, em um sistema de escravidão é impossível que todas as pessoas sejam livres. Para que todas as pessoas sejam livres é preciso romper com o sistema e instaurar um outro que reconheça e garanta a liberdade de todos os seus membros. Assim como no Império atual é impossível que seja superada a contradição entre os incluídos nos benefícios do sistema e os excluídos. As reflexões de Zizek e Boaventura que apresentamos

---

[19] SANTOS, Boaventura de Sousa. *O Fórum Social Mundial: manual de uso*. São Paulo: Cortez, 2005. p. 21.

Para além do espírito do Império

anteriormente se dão dentro do campo de discussão sobre os limites sistêmicos.

O terceiro tipo de limite é o da condição humana e da história. Nós, os seres humanos, somos de uma espécie que podemos desejar ou pensar para além do que existe e também para além do que é possível para a nossa própria condição humana e para as condições objetivas da história como tal. Além do exemplo visto anteriormente, da noção de "vida imortal", que, apesar de ser humanamente impossível, é possível de ser pensado, podemos tomar o exemplo da busca da verdade absoluta ou do conhecimento perfeito pela ciência moderna. Ernst Mayr, um dos maiores biólogos evolucionistas do século XX, diz:

> Durante os últimos cinquenta anos, o salto na filosofia da ciência do determinismo estrito e da crença em uma verdade absoluta para uma posição na qual somente uma *aproximação* da verdade (ou suposta verdade) é reconhecida tem sido interpretado por alguns comentaristas como uma evidência de que a ciência não avança. Isso levou o movimento anticiência a argumentar que a ciência é uma perda de tempo porque não leva a nenhuma verdade final sobre o mundo à nossa volta.[20]

Encontramos aqui três posições em relação à possibilidade ou não de a ciência alcançar a verdade absoluta. A primeira crê que o avanço da ciência nos levaria ao conhecimento da verdade absoluta – o correspondente no campo da ciência da ingenuidade utópica de se crer que a sociedade perfeita é possível –; a segunda não crê mais nessa possibilidade e procura somente aproximações, sem nunca atingir a verdade absoluta; e a terceira não quer abdicar do mito da verdade absoluta, por isso não mais valoriza a ciência por essa não ser capaz de nos levar a essa verdade.

Mayr, que assume a segunda posição, diz que o "progresso da ciência" não significa um caminhar em direção à verdade definitiva,

---

[20] MAYR, Ernst. *Isto é biologia: a ciência do mundo vivo*. São Paulo: Cia. das Letras, 2008. p. 116. (orig. inglês: *This is biology: The science of living world*, 1997.)

mas que "novas teorias se estabelecem e que essas teorias explicam as coisas mais e melhor que as anteriores, além de serem menos vulneráveis à refutação".[21] Por isso, ele afirma que o futuro da ciência é se desenvolver e avançar como tem feito nos últimos 250 anos e que "a ciência é de fato uma fronteira infinita".[22] Essa noção de "fronteira infinita" não significa que a ciência é capaz de chegar ao infinito, pois, se assim fosse, a ciência um dia chegaria ao fim. A fronteira da ciência é infinita, caminhará infinitamente – enquanto existir a espécie humana ou uma outra capaz de produzir ciência – exatamente porque é incapaz de atingir a verdade definitiva, que poria um fim ao seu caminhar. A noção de verdade absoluta ou conhecimento perfeito pode ser pensada e serve de objetivo que guia os esforços no campo da ciência e do conhecimento humano, mas é um objetivo que está além da condição humana.

Da mesma forma, um engenheiro que procura construir motores cada vez mais econômicos precisa imaginar ou ter como seu ponto último de referência um "motor perfeito" que não gaste nenhuma energia e tentar se aproximar disso. Mas ele sabe que não é possível alcançar essa "meta", pois isso vai contra as leis da termodinâmica ou das "leis" que regem a natureza.

Se voltarmos ao texto de Badiou sobre a hipótese comunista citado no início do capítulo, podemos ver que os objetivos de eliminar a desigualdade de riqueza e a apropriação privada de grandes riquezas e sua transmissão via herança estão dentro das discussões sobre os limites técnicos e sistêmicos. Uns poderão achar que é possível atingir esses objetivos mesmo sem romper completamente com o sistema capitalista, implantando reformas econômicas e sociais (questões técnicas) no interior do capitalismo, um tipo de socialdemocracia que realmente funcione em favor de toda a sociedade; outros poderão entender que isso não é possível dentro do sistema capitalista e

---

[21] Ibidem, p. 118.
[22] Ibidem, p. 150.

que é preciso substituí-lo por um outro sistema econômico-social. Enquanto o objetivo de eliminar a divisão do trabalho e o Estado e substituí-lo por uma livre associação de produtores está além das possibilidades da história. Mesmo que alguns possam crer que este último objetivo (ou o objetivo do conhecimento perfeito da verdade absoluta no campo da ciência) é historicamente factível, a discussão sobre essa possibilidade ou não é sobre os limites da condição humana e da história.

Um quarto tipo de limite é o da contradição lógica. Não somos, por exemplo, capazes de pensar ou de imaginar um círculo quadrado. Surge, então, um espaço entre os limites da condição humana e da história e o limite da contradição lógica. É neste espaço que se dão as imaginações e conceitos transcendentais, utopia de uma sociedade perfeita, além das condições humanas e da história. Não há contradição lógica na expressão "planejamento perfeito" (do modelo econômico da antiga União Soviética) ou "mercado totalmente livre" ou "sociedade de harmonia e unanimidade perfeita". Só que essas utopias – necessárias nas suas funções de servir como critério ou norma para julgar a realidade existente e estabelecer os parâmetros de ação para modificar o que existe e se aproximar da utopia – são impossíveis de ser alcançadas, porque estão além da condição humana e da história. São como conceitos-limite, que podem ser aproximados, mas não alcançados. Para Franz Hinkelammert, os conceitos-limite transcendem as realidades empíricas e constituem "conceitos transcendentais em referência aos quais a realidade empírica é interpretada. São conceitos imaginários da realidade, portanto não factíveis, mas de nenhuma maneira são conceitos arbitrários. São empirias idealizadas a partir de características gerais da realidade".[23]

No livro *The Fragile Absolute* [O absoluto frágil], Zizek também trata dessa questão enquanto estuda o que chama de "erro marxista fundamental". Marx percebeu corretamente. Diz ele que o

---

[23] HINKELAMMERT, Franz J. *Crítica de la razón utópica*. Ed. ampliada y revisada. Bilbao: Desclée, 2002. p. 135.

capitalismo desencadeia impressionante força dinâmica de "produtividade que se intensifica", mas também que essa dinâmica é guiada por sua contradição interior, o limite definitivo do capitalismo, que é o próprio capital.[24] Para descrever sucintamente essa contradição, a sobrevivência econômica de dado empreendimento em um sistema capitalista depende da capacidade de acumular capital. Em um ambiente competitivo isso exige inovação constante, o que destrói os empreendimentos inflexíveis e recompensa os novos e aperfeiçoados. Entretanto, o meio mais rápido e mais eficiente de aumentar o capital é cortar custos (custo de produção; isto é, mão de obra). Mas isso só pode ser feito antes de a firma falir (a mão de obra só pode ser substituída e/ou explorada até certo ponto), a menos que se estabeleça um monopólio, o que, de qualquer modo, é supostamente ilegal no sistema capitalista. Os dois caminhos, mais inovação e maior eficiência, são aspectos essenciais da sempre crescente produtividade do sistema capitalista, contudo ambos levam inevitavelmente a "crises econômicas socialmente destrutivas".[25] Essa espiral autopropulsiva da produtividade capitalista nunca termina por causa da contradição sistemática do próprio capitalismo.

Segundo Zizek, o erro de Marx foi concluir, com base nesses discernimentos, ser possível uma última liberação do potencial inerente, sem dúvida impressionante, da "espiral sempre crescente da produtividade", produzindo uma nova ordem social superior (o comunismo), e que isso podia ser mantido sem as contradições e as crises sociais resultantes suportadas dentro do sistema capitalista. "Marx esqueceu que – usando os termos comuns de Derridan – esse obstáculo/antagonismo inerente como a 'condição de impossibilidade' da plena disposição das forças produtivas é simultaneamente sua 'condição de possibilidade'."[26] Em outras palavras, Zizek vê uma contradição

---

[24] ZIZEK, Slavoj. *The Fragile Absolute: Or, Why is the Christian Legacy Worth Fighting For?* New York: Verso, 2000. p. 17.
[25] Ibidem.
[26] Ibidem.

na utopia do comunismo: não se pode reter o valor ou objetivo da espiral de produtividade a fim de possibilitar uma situação de abundância que liberte todos os seres humanos das correntes da escassez e da dor da insatisfação das necessidades materiais e simbólicas, sem admitir ou aceitar as contradições econômicas e sociais que tornam possível o aumento constante da produtividade. Tire a contradição e com ele desaparece o potencial produtivo. De acordo com a ênfase de Hinkelammert, Zizek reconhece que a utopia comunista "foi uma utopia inerente ao próprio capitalismo [...] uma fantasia estritamente *ideológica* de manter o impulso para a produtividade [...] e ao mesmo tempo livrar-se dos 'obstáculos' e antagonismos".[27]

Economicamente falando, uma espiral constante de aumento de produtividade exige um sistema de estímulos, inovações e acumulação de riquezas para novos investimentos. Celso Furtado, analisando o processo de acumulação e de inovação industrial no capitalismo e no socialismo, diz que

> a reprodução das desigualdades é, [...] a contraface da eficiência do sistema de estímulos [...] A interdependência entre o sistema de estímulos, que opera no nível dos indivíduos, e o fluxo de inovações, que estimula a acumulação, faz que a civilização industrial tenda implacavelmente a manter a sociedade estratificada em função de padrões de consumo.[28]

E que, por isso, "liquidar as relações sociais próprias do capitalismo não significa, necessariamente, marchar para uma sociedade igualitária, se se mantém a lógica da acumulação específica da civilização industrial".[29]

Antes de voltarmos à tese de Zizek, precisamos ter claro que aqui estamos falando de uma contradição em termos de factibilidade econômica. A noção de comunismo é contraditória se analisada dentro

---

[27] Ibidem, p. 18.
[28] FURTADO, Celso. *Criatividade e dependência na civilização industrial*. Edição Definitiva. São Paulo: Companhia das Letras, 2008. p. 81.
[29] Ibidem, pp. 104-105.

Transcendência humanizadora: condição humana e os "outros"

dos limites do campo das possibilidades econômicas e sociais, dentro dos limites da condição humana e da história. Mas se pensarmos em termos de além dos limites das possibilidades históricas, no espaço que existe entre o limite histórico e o limite da contradição lógica, a utopia de comunismo é possível de ser pensada, não é contraditória, apesar de ser historicamente impossível.

Esse esclarecimento é importante para a continuidade da nossa reflexão sobre o texto de Zizek. Ele, após afirmar "o comunismo como a sociedade transparente na qual o processo de produção está diretamente subordinado ao 'intelecto geral' de planejamento coletivo",[30] diz que

> nossa premissa é que, mesmo se eliminarmos a noção ideológica do comunismo (a sociedade de produtividade completamente descontrolada) como o padrão implícito pelo qual Marx, por assim dizer, avalia a alienação da sociedade existente, a magnitude de sua "crítica de (re)produção sobrevive". A tarefa do pensamento de hoje é, assim, dupla: por um lado, como *repetir* a "crítica da economia política" marxista sem a noção utópica-ideológica do comunismo como seu padrão inerente; por outro lado, como imaginar forçar realmente o horizonte capitalista *sem* cair na armadilha de retornar à noção eminentemente *Pré-Moderna* de uma sociedade equilibrada, com autocontrole (a tentação pré-cartesiana à qual sucumbe a maior parte da ecologia de hoje).[31]

Ele reconhece que a crítica de Marx à alienação existente no capitalismo depende da sua noção de Comunismo como "o padrão implícito" que lhe permite medir o grau de alienação no interior da sociedade capitalista. A noção do Comunismo ou do Reino da Liberdade – também utilizado por Marx – seria um conceito transcendental que permite a Marx perceber, criticar e "medir" a alienação no interior da vida concreta, real. Para Hinkelammert, Marx elaborou o conceito de Reino da Liberdade ou comunismo como "resultado da busca do ponto de Arquimedes, que como ausência pode fazer

---

[30] ZIZEK, S. *The Fragile Absolute*, p. 19.
[31] Ibidem, pp. 19-20.

inteligível a história e as relações mercantis",[32] e que, nesse sentido, "é uma transcendentalidade ao interior da vida real e material", "uma transcendentalidade que explica o que as relações humanas não são", e, "através do que não são, é possível dizer o que são".[33] Assim, Hinkelammert interpreta o conceito de Reino de Liberdade ou Comunismo de Marx não como uma meta alcançável ao final de uma caminhada, mas sim como um horizonte com o qual se estabelece uma relação lógica e epistemológica. Uma visão da vivência plena das possibilidades humanas que, ao revelar o que não existe, revela o que as relações sociais e humanas são no interior do capitalismo e, com isso, impulsiona as lutas por projetos históricos concretos mais humanizantes. Por isso, uma transcendentalidade ao interior da vida real.

Entretanto, como Zizek criticou a noção de comunismo de Marx como um erro fundamental, por ser economicamente contraditório, ele propõe retirar essa "noção utópico-ideológica do comunismo" como "o Padrão implícito" da crítica marxista da economia política, assumindo a premissa de que "a magnitude de sua 'crítica de (re)produção' sobrevive". Por isso, ele propõe como uma tarefa teórica responder "como *repetir* a 'crítica da economia política' marxista sem a noção utópico-ideológica do comunismo como seu padrão inerente".

Não vamos discutir aqui se a crítica marxista da economia política sobrevive ou não sem a noção utópica do comunismo; ou como é possível medir o grau de alienação da sociedade capitalista sem uma noção transcendental de um ser humano não alienado. O que nos interessa no momento é a premissa de Zizek para justificar a retirada da noção de comunismo na crítica da economia política marxista ou de inspiração marxista. Vimos antes que a utopia do comunismo é contraditória se a encaramos como um projeto social a ser construído dentro do campo da economia "real", histórica, no interior das

---

[32] HINKELAMMERT, F. *Las armas ideológicas de la muerte*, 2. ed amp. e rev., San José: DEI, 1981. p. 57.
[33] HINKELAMMERT, F. *Las armas ideológicas...*, p. 62.

possibilidades humanas e históricas. Como Zizek a descarta como contraditória, isso significa que para ele a nova utopia que teria a função de ser "o Padrão implícito" na nova crítica da economia política deve ser isenta de contradições que a impeçam de se tornar historicamente factível. Em resumo, a utopia para Zizek deve ser factível. Isso pode significar que ele propõe a busca de uma metautopia factível, mas que, por não ser ideal/perfeita, não cumpre a função de ser o *standard* para medir e criticar a realidade; ou a busca de um modelo de sociedade ideal e perfeito que seria factível e não conteria as contradições do mundo real. Ele cai no erro de ilusão transcendental. O que nos leva de volta à discussão que realizamos em torno do pensamento de Alec Nove sobre o perigo de se crer que o ideal é factível.

A única forma de sair dessa aporia é reconhecer a necessidade epistemológica da utopia, ao mesmo tempo que se reconhece que ela é transcendental, não factível historicamente. Assim, a utopia seria transcendental no sentido de que nos permite pensar a nossa intervenção na história e também no sentido de que está além dos limites da factibilidade histórica.

Isso nos leva ao tema da relação dialética entre a utopia transcendental – com a sua função de "o Padrão implícito" ou de "uma norma contra a qual podemos medir a realidade e o valor de nossas ideias" (A. Heller) ou "uma ideia com uma função reguladora" (Badiou) – e os projetos históricos que devem ser historicamente factíveis, isto é, dentro dos limites da condição humana e da história.

Homi Bhabha, no seu livro *O local da cultura*, também formula uma pergunta que toca neste ponto: "Deverá o projeto de nossa estética liberacionista ser para sempre parte de uma visão utópica totalizante do Ser e da História que tenta transcender as contradições e ambivalências que constituem a própria estrutura da subjetividade humana e seus sistemas de representação cultural?".[34]

---

[34] BHABHA, Homi K. *O local da cultura*. 3ª reimp. Belo Horizonte: EdUFMG, 2005. p. 43.

Apesar de ele não desenvolver uma reflexão sistemática desse ponto no seu livro, é possível perceber que ele se defronta com o mesmo tipo de problema sobre o qual desenvolvemos a nossa reflexão até aqui. A formulação da pergunta revela um certo incômodo por parte dele ao tomar consciência de que não consegue evitar que o projeto de uma estética liberacionista – como todo projeto de intervenção sobre a realidade – acabe sendo formulado na forma de ou estabeleça uma relação com uma visão utópica que tenta transcender as contradições e ambiguidades da condição humana e dos seus sistemas de representação cultural. Ele não deseja negar essas contradições e ambiguidades, mas, quando propõe um projeto de estética liberacionista, percebe que esse projeto faz parte de uma visão utópica que transcende essas contradições e ambiguidades.

Franz Hinkelammert é um dos autores, se não o principal, que mais têm trabalhado sobre a tensão dialética entre a utopia transcendental e os projetos históricos factíveis. Ele diz que o pensamento ocidental, especialmente a partir dos pensamentos sociais do século XIX, foi marcado por uma espécie de ingenuidade utópica, que cobre como um véu a percepção da realidade social. Há uma grande variedade de teorias sociais que buscam as raízes empíricas dos maiores sonhos humanos para "descobrir" posteriormente alguma forma de realizá-los. No século XX ocorreu uma certa crise desta ingenuidade utópica, porém ela não levou à sua superação, mas sim ao surgimento de uma utopia agressiva na forma de antiutopia, o neoliberalismo, que propõe a utopia de um mundo sem utopia; isto é, a utopia de um mundo sem visões utópicas alternativas à utopia do mercado total. Ao lado dessa antiutopia do Império, temos, como vimos acima, uma variedade de posições em torno desse tema nos setores que buscam a superação do Império.

Hinkelammert propõe, no seu livro *Crítica de la razón utópica*,[35] fazer "uma crítica do pensamento utópico ao nível de uma crítica da

---

[35] A primeira edição do livro foi lançado em 1984, em Costa Rica, onde ele vive, com o título *Crítica a la razón utópica*. Um edição revisada e ampliada foi lançada em 2002, na Espanha, com o título *Crítica de la razón utópica*.

razão utópica como tal. Trata-se de uma análise que, em última instância, é metodológica e que busca revelar os marcos categoriais dos pensamentos sociais atuais".[36] Nessa crítica ele pretendeu seguir os elementos centrais da crítica kantiana, pois está convencido de que "uma crítica da razão utópica, em última instância, consiste em uma transformação dos conteúdos utópicos dos pensamentos modernos em conceitos e reflexões transcendentais".[37]

A partir de suas análises das diversas correntes de pensamento social moderno (epistemologia de Popper e Weber, os pensamentos conservador, anarquista, neoliberal e soviético), ele mostra que na Modernidade a razão mesma adotou um caráter utópico. Mas, o que é importante, ele não considera que esse caráter utópico da razão moderna seja resultado de uma confusão e que devamos salvar a razão da sua relação com a utopia. Ele demonstra como o caráter utópico do pensamento social moderno é

> uma dimensão no seu interior, da qual temos de tomar consciência. Por conseguinte, a crítica da razão utópica não se propõe à tarefa de abolir a utopia. Isso seria a utopia mais perigosa e mais destruidora de todas. O pensar em utopias faz parte da *conditio humana* mesma [...]. As utopias são imaginações, que se relacionam com um "mais além" da *conditio humana*, mas sem elas não podemos saber nada da *conditio humana*.[38]

A descoberta dos limites da condição humana não é algo que se faz *a priori*, mas *a posteriori*, após as frustrações diante dos limites intransponíveis. É porque podemos pensar e desejar para além das nossas condições que defrontamos, no mundo empírico, com os limites da nossa condição humana. Isso vale para o indivíduo, como também para projetos e utopias sociais. O reconhecimento de que não podemos pensar e viver sem um horizonte utópico que nos dê

---

[36] HINKELAMMERT, Franz J. *Crítica de la razón utópica*. Ed. ampliada y revisada. Bilbao: Desclée, 2002. p. 14.
[37] Ibidem, p. 15.
[38] Ibidem, p. 388.

sentido para caminhar e medida e norma para interpretar e julgar a realidade, e também o reconhecimento de que a nossa utopia, por mais desejável que seja, não é factível em sua plenitude, são condições fundamentais para que a nossa razão não se perca em confusão e não nos deixemos levar por perversões e sacrifícios que são impostos e exigidos em nome da plena realização da utopia.

## 3. Utopia e a imaginação transcendental

Após reflexões sobre utopia e transcendência alternativa ao Império em torno da tradição marxista, queremos agora discutir alguns pontos da utopia que está sendo gestada no interior do principal movimento internacional de oposição ao atual modelo de globalização: o Fórum Social Mundial (FSM). A escolha desse movimento se dá por dois motivos. Primeiro, a reflexão sobre utopia alternativa à do Império deve ter como ponto de partida os movimentos sociais e políticos reais e não algum conceito ou teoria desvinculada das lutas sociais. O segundo é que o Fórum Social Mundial, além de ser uma articulação internacional de "oposição" de maior visibilidade e impacto social hoje, tem no seu interior intelectuais que têm produzido importantes reflexões sobre a utopia a partir das experiências e debates no interior do próprio Fórum.

É claro que um movimento tão plural e diverso como esse não possui uma posição "oficial" sobre o assunto nem uma unanimidade de pensamento sobre a utopia. Mas para podermos avançar na nossa reflexão vamos discutir algumas questões a partir das teses de Boaventura Souza Santos.

Santos, assumindo a tese de Franz Hinkelammert de que a utopia do neoliberalismo é uma forma de utopia conservadora que se identifica com a realidade atual e propõe a radicalização ou o pleno cumprimento do presente, diz que

> o FSM pressupõe o ressurgimento de uma utopia crítica, quer dizer, de uma crítica radical da realidade vigente, e a aspiração a uma sociedade

melhor. Quando surge, apresenta-se como alternativa ao predomínio da utopia conservadora do neoliberalismo – isto é, da crença utópica segundo a qual o mercado não regulado é a fonte do bem-estar socioeconômico e a bitola pela qual devem ser aferidas (ou melhor: descartadas) as demais alternativas.[39]

Com essa distinção entre utopia conservadora e a crítica, Santos reconhece que a utopia não é algo exclusivo dos que se opõem ao sistema social dominante, mas que pertence à prática teórica e social.

Ademais, para Santos a adjetivação de "conservadora" não cabe somente às utopias capitalistas, mas também a muitas das utopias críticas da Modernidade ocidental que redundaram em utopias conservadoras. Com isso ele está se referindo especialmente aos regimes comunistas[40] que, em nome de uma utopia crítica, ao identificarem o regime com o único caminho para a utopia, se tornaram conservadoras. Por isso, afirma:

> Primeira utopia crítica do século XXI, o FSM visa a romper com a tradição das utopias críticas da Modernidade ocidental; muitas das quais redundaram em utopias conservadoras. O caráter aberto da dimensão utópica do FSM é sua tentativa de fugir a esta perversão. Para o FSM, a exigência de alternativas é uma exigência plural. A afirmação de alternativas anda de par com a afirmação de que há alternativas às alternativas.[41]

A perversão que transforma utopia crítica em conservadora teria sido causada pela imposição de um único caminho ou uma única forma institucional de se caminhar em direção à utopia. Por isso a insistência do FSM e de Santos de valorizar o caráter aberto da dimensão utópica, a pluralidade e a possibilidade de sempre haver alternativas às alternativas. Em um livro dedicado especialmente ao FSM, Santos

---

[39] SANTOS, Boaventura de Sousa. *A gramática do tempo*: para uma nova cultura política. São Paulo: Cortez, 2006, p. 417.

[40] Para uma crítica mais sistemática de como o pensamentos soviético transformou a utopia crítica marxista em uma utopia conservadora, ou sacrificial, vide HINKELAMMERT, F. *Crítica de la razón utópica*, Ed. rev. e amp., cap. V.

[41] SANTOS, Boaventura de Sousa. *A gramática do tempo*, pp. 417-418.

afirma que "o FSM é uma utopia radicalmente democrática que celebra a diversidade, a pluralidade e a horizontalidade. Celebra um outro mundo possível, ele mesmo plural nas suas possibilidades".[42]

Temos aqui algumas características da utopia do FSM: radicalmente democrática, valorização da diversidade, pluralidade e a horizontalidade. Mas parece-nos que a grande novidade aparece mais explicitamente na afirmação de que a utopia do FSM "celebra um outro mundo possível, ele mesmo plural nas suas possibilidades"; isto é, uma utopia que admite múltiplas possibilidades de mediação.

Essa novidade, que é bastante valorizada e defendida também por outros setores da sociedade que apostam em um novo tipo de utopia crítica e de uma sociedade alternativa, traz consigo diversos desafios e tarefas. Queremos abordar aqui apenas dois. O primeiro é o desafio do diálogo intercultural que permita o funcionamento de uma sociedade fundada na valorização da diversidade e pluralidade cultural (incluindo aqui a diversidade religiosa). O diálogo intercultural significa diálogo entre universos de sentido diferentes e, em grande medida, incomensuráveis. Um exemplo disso seria o diálogo entre cristãos – com sua crença em um Deus Trino e na encarnação de Deus na pessoa de Jesus Cristo –, mulçumanos – com sua crença de que só há um Deus –, budistas – que não creem na existência de Deus – e membros de religiões politeístas.

Dentro de uma cultura dada, os diálogos e argumentações são possíveis sem grandes problemas porque as partes envolvidas compartem das mesmas premissas de argumentação, que lhes parecem evidentes. Esses lugares retóricos comuns de uma cultura são chamados de *topoi*. O problema surge quando membros de diferentes culturas intentam compreender a cultura do outro a partir dos seus *topoi*, ou, então, quando usam os seus *topoi* como premissas de argumentação para membros de outras culturas, que interpretam a fala

---

[42] SANTOS, Boaventura de Sousa. *O Fórum Social Mundial: manual de uso*. São Paulo: Cortez, 2005. p. 89.

do outro e argumentam a partir dos *topoi* diferentes. Partindo do pressuposto de que é possível compreender uma determinada cultura a partir dos *topoi* de outra cultura, Santos propõe uma *hermenêutica diatópica*.

> A hermenêutica diatópica baseia-se na ideia de que os *topoi* de uma dada cultura, por mais fortes que sejam, são tão incompletos quanto a própria cultura a que pertencem. Tal incompletude não é visível a partir do interior desta cultura, uma vez que a aspiração à totalidade induz a que se tome a parte pelo todo. O objetivo da hermenêutica diatópica não é, porém, atingir a completude – um objetivo *inatingível* – mas, pelo contrário, ampliar ao máximo a consciência de incompletude mútua através de um diálogo que se desenrola, por assim dizer, com um pé na cultura e outro, noutra. Nisto reside o seu caráter *dia*-tópico.[43]

Vale a pena destacar aqui dois pontos. O primeiro é o reconhecimento explícito de que a hermenêutica diatópica, um dos instrumentos da criação de uma sociedade radicalmente democrática, não é capaz de levar nenhuma cultura à completude, porque esse horizonte que norteia o diálogo intercultural não é alcançável, é utopia. Por essa razão, o objetivo factível da proposta da hermenêutica diatópica não é a busca da completude, mas, paradoxalmente, ampliar ao máximo a consciência da incompletude.

Esse objetivo de ampliar ao máximo possível, e não de forma perfeita ou total, a consciência da incompletude vai contra a tendência de toda cultura de aspirar à totalidade. As utopias conservadoras são exatamente aquelas que prometem realizar plenamente a aspiração das culturas à totalidade. Nesse sentido esse objetivo da hermenêutica diatópica é coerente com a noção de utopia crítica.

Além disso, uma outra característica dessa novidade é que o eixo articulador da relação empiria e utopia não é um modelo institucional ou uma relação social objetivada pelos sistemas institucionais. Esse é o segundo ponto. A utopia do mercado total é uma projeção a partir das relações mercantis, assim como a utopia do planejamento

---

[43] SANTOS, Boaventura de Sousa. *A gramática da tempo*, p. 448. O itálico é nosso.

perfeito da vida econômica e social da antiga União Soviética era uma projeção transcendental a partir do controle e planificação do partido e do Estado sobre a economia e sociedade. Nessa nova utopia crítica, o eixo articulador e a experiência a partir do qual se projeta a utopia é a relação de diálogo entre os diferentes, uma relação entre sujeitos humanos que se reconhecem como humanos para além dos seus papéis sociais ou das suas identidades formadas a partir e de dentro da sua cultura.[44]

Nessa mesma direção, Walter Mignolo nos propõe uma bela imagem de utopia: "O amor é o corretivo necessário à violência dos sistemas de controle e opressão. Bilinguajar o amor é o horizonte utópico final para a libertação de seres humanos envolvidos em estruturas de dominação e subordinação além de seu controle".[45] Bilinguajamento se refere a pensar "entre linguagens" e, portanto, também de culturas. É "precisamente um estilo de vida entre línguas, um processo dialógico, ético, estético e político de transformação social".[46]

Ao se referir ao processo dialógico, Mignolo faz referência explícita ao "pensamento dialógico" proposto por Paulo Freire.[47] Para Freire, o diálogo é o encontro de seres humanos que se reconhecem como seres incompletos, mediatizado pelo mundo, para compreender e transformar o mundo. Por isso o diálogo não se esgota na relação eu-tu. "A conquista, implícita no diálogo, é a do mundo pelos sujeitos dialógicos, não a de um pelo outro. Conquista do mundo para a libertação dos homens."[48] E para que o diálogo seja possível, Freire insiste que é necessário um profundo amor ao mundo e aos seres humanos, a humildade e uma imensa fé nos seres humanos, fé no seu poder de fazer e de refazer, de criar e recriar, fé na sua vocação

---

[44] Sobre essa relação de sujeito-sujeito para além dos papéis sociais, vide por ex., SUNG, Jung Mo. *Sujeto y sociedades complejas*. San José (Costa Rica): DEI, 2005. cap. 3.

[45] MIGNOLO, Walter D. *Histórias locais / Projetos globais: colonialidade, saberes subalternos e pensamento liminar*. Belo Horizonte: UFMG, 2003. p. 371.

[46] Ibidem, p. 359.

[47] Ibidem, pp. 265-266.

[48] FREIRE, Paulo. *Pedagogia do oprimido*. 7. ed. Rio de Janeiro: Paz e Terra, 1979. p. 93.

Transcendência humanizadora: condição humana e os "outros"

de Ser Mais. Para ele, "ao fundar-se no amor, na humildade, na fé nos homens, o diálogo se faz uma relação horizontal, em que a *confiança* de um polo no outro é consequência óbvia".[49]

Mignolo diz que esse pensamento dialógico de Paulo Freire permite explorar o pensamento liminar – um pensamento que procura superar a distinção entre aquele que conhece e o sujeito/objeto que é conhecido e descrever os dois lados da fronteira a partir da exterioridade (no sentido de Levinas) – em outro nível.

> Seu pensamento dialógico é mais do que um conceito analítico: também significa ação e libertação. Libertação de quê?, pode-se perguntar. Da opressão social e econômica, mas também e sobretudo da colonização intelectual: não a emancipação universal "deles", como no projeto Iluminista, mas seu complemento, "libertação" da colonialidade, o lado sombrio da Modernidade [...]. Freire fala sobre o pensar *com* em vez de pensar *por* ou o pensar *sobre* as pessoas.[50]

Essa forma de pensar a utopia vai na linha do que Franz Hinkelammert chamou de "imaginação transcendental". Ele faz uma diferença entre os conceitos transcendentais, "que partem de objetivações das relações sociais entre os sujeitos e os levam ao limite de conceitos de perfeição institucional", e a imaginação transcendental, que "parte do reconhecimento entre sujeitos efetivamente experimentados, transcendentalizando-os também em uma situação de perfeição. Frente à rigidez das instituições perfeitas aparece a fluidez da grande festa".[51]

Os conceitos transcendentais são, portanto, conservadores por meio de sua inevitável preservação das instituições existentes e da subordinação do bem-estar humano àquelas instituições "perfeitas", enquanto a imaginação transcendental é crítica por meio da colocação da subjetividade humana no centro do que é possível, o que, por sua vez, relativiza as instituições.

---

[49] Ibidem, p. 96.
[50] MIGNOLO, Walter D. *Histórias locais / Projetos globais*, p. 360.
[51] HINKELAMMERT, F. *Crítica de la razón utópica*, p. 343.

175

Ao falarmos da imaginação transcendental ou da utopia crítica alternativa, precisamos retomar aqui uma questão que tem perpassado todo o capítulo: o perigo ou a tentação da ilusão transcendental, que transforma utopias críticas em utopias conservadoras e sacrificiais. Quando se propõe o caminho do diálogo, do respeito para com o outro e da democracia na sua radicalidade, precisamos de uma noção transcendental de "diálogo, respeito mútuo e democracia perfeitos" para podermos tentar nos aproximar dela. Só que também essa utopia transcende a nossa condição humana e, portanto, as possibilidades históricas. Aqui volta de novo, e continuará retornando sempre, o problema da relação entre o horizonte utópico transcendental e os projetos históricos concretos.

Leonardo Boff, em um texto publicado na Agenda Latino-Americana,[52] diz que, para superarmos o impasse que o atual modelo de globalização trouxe ao sistema de vida no nosso planeta, precisamos recuperar o projeto do socialismo. Ele diz: "Não no sentido de uma utopia socialista, no sentido de alguma coisa limitada a um futuro imprevisível. Ao contrário, é o ressurgimento de um projeto que já é percebido na história".[53] E descreve esse projeto como uma sociedade onde a noção de "nós", em vez do "eu" individualista, está no centro da vida social, e a economia está ao serviço de projeto social e ecológico para o sustento de toda vida. Por isso, "a economia deve estar sujeita ao político e o político deve estar sujeito à ética de solidariedade e à participação do maior número de pessoas possível".[54]

Se a economia deve estar subordinada à política e esta à ética solidária, isto significa que a economia, mesmo na nova sociedade, não

---

[52] Agenda Latino-Americana é uma agenda distribuída em toda América Latina em português e espanhol, com edição digital na internet em vários idiomas, incluindo inglês, francês e italiano, que contém textos de teólogos/as e cientistas sociais que se opõem ao atual modelo de globalização capitalista. Os coordenadores responsáveis pela Agenda são Dom Pedro Casaldáliga e José Maria Vigil. O tema da Agenda de 2009 é "Toward new socialism: utopia continues". Disponível na internet: http//latinoamericana.org/

[53] BOFF, Leonardo. *Ecology and* Socialism. In: LatinAmerica Agenda, 2009, p. 42. Disponível na internet: http//latinoamericana.org/

[54] Ibidem, pp. 42-43.

Transcendência humanizadora: condição humana e os "outros"

será automaticamente articulada com as políticas do Estado, ou de qualquer outra instituição que possa substituí-lo, e com a ética solidária. O que supõe alguma forma de controle e direcionamento da economia e mesmo da política. Isto é, pressupõe mecanismos institucionais de restrição, controle e direção. Por isso, L. Boff acrescenta que, "entendendo isso, o socialismo representa a concretização radical da democracia". Só que, ao caracterizar o que ele entende por essa realização radical da democracia, diz: "É uma democracia sem fim, conforme expressou o pensador português Boaventura Souza Santos: uma democracia participativa, não só representativa ou delegatória; uma democracia viva na família, na comunidade, nas organizações sociais e na formação do Estado".[55]

Não vamos discutir aqui se a noção que L. Boff utiliza de "uma democracia sem fim", que marcaria desde a vida da família até o Estado, é a mesma de Santos, mas sim o tema da factibilidade e da transcendência. É "uma democracia sem fim" (sem limite) factível no interior da história? É possível realizar em todos os aspectos da vida humana (desde a família até as relações mundiais) essa democracia para colocar em prática uma ideia que Boff diz ser ancestral e está por trás do ideal democrático: "[...] o que é do interesse de todos deve ser debatido e decidido por todos. Assim, democracia é a participação ativa de todos em todas as áreas da vida".[56]

Essa ideia de democracia pressupõe que todas as pessoas tenham conhecimento de todas as coisas que são de seu interesse. Mas como vivemos em um mundo globalizado e, como o pensamento ecológico tem sempre nos lembrado, tudo está interconectado, isso significa que todos deveriam ter conhecimento sobre todos os assuntos e participar da decisão de tudo o que ocorre no mundo. O que, obviamente, é impossível. Essa aparente mistura do que é projeto histórico, que pode ser realizado agora na história, e o que são valores ideais

---

[55] Ibidem, p. 43.
[56] Ibidem, p. 43.

que estão por detrás e norteiam a construção do projeto cria ou pode criar uma confusão teórica. E, o que é mais importante, uma grande dificuldade que pode causar sérios equívocos na formulação das estratégias de ação. O que nos leva à questão de como traduzir ou operacionalizar esse ideal transcendental no que ele chama de ideal democrático, especialmente dentro das possibilidades das democracias reais.

Para avançarmos na nossa reflexão, pensamos que é importante distinguir dois tipos de ideais utópicos que apareceram na nossa reflexão sobre a utopia do FSM que vimos acima e que também estão presentes no pensamento de Boff: hermenêutica diatópica, que pressupõe diálogo e respeito mútuo, e democracia "perfeita".

Os ideais de diálogo e respeito mútuo "perfeitos" como horizontes transcendentais para construir e viver em uma sociedade baseada na diversidade e pluralidade são ideais que pertencem ao campo da imaginação transcendental. Diálogo e respeito perfeitos são projeções de relações sociais entre sujeitos humanos que se reconhecem como tais, para além dos seus papéis sociais ou identidades culturais. Esse tipo de utopia traz consigo um "mecanismo de defesa" – que também nunca é perfeito – contra as tentações de autoritarismo, imposição de unanimidade ou de sacrificalismo. Quando se pensa em uma sociedade de mercado total, o caminho é o da imposição, em nome dessa utopia, das relações mercantis para todos os aspectos e campos da vida social e negar todas as formas de intervenção ou controle por parte do Estado ou da sociedade. O que ocorre também, com devidas adaptações, nas utopias de planejamento total. Mas, quando o objetivo utópico é o de diálogo e respeito, não se pode impor de modo autoritário o diálogo e respeito, pois isso se mostra claramente contraditório com a própria proposta da utopia. Por isso, é importante distinguirmos utopias de sociedade que nascem a partir de conceitos transcendentais das que nascem de imaginações transcendentais.

Ivone Gebara, no seu texto "Repensando o socialismo a partir de novas práticas", também publicado na Agenda Latino-Americana de

2009, ao invés de discutir a nova definição do socialismo ou um novo modelo ideal de social, quer "expressar intuições a partir da vida de alguns grupos atuantes na América Latina [...]. O ponto de partida e o critério que norteia estas intuições é a vida das pessoas, a simples vida cotidiana com suas necessidades e exigências mais ou menos satisfeitas".[57] Ela assume explicitamente uma linha de argumentação que Hinkelammert chama de imaginação transcendental.

Ela parte de uma questão crucial: no meio de desilusões com teorias revolucionárias ou com promessas dos seus governos, no meio das crises dos partidos e dos sindicatos e da crescente alienação das Igrejas, o que leva os diferentes grupos a continuarem a lutar? A resposta que ela encontra, nos seus contatos com esses grupos, é:

> O princípio é a dor insuportável da fome, da falta de terra, da agressão, da invisibilidade, da violência com muitas caras. O princípio é também esta espécie de instinto de sobrevivência, instinto de dignidade humana, de colaboração mútua, de amar a vida porque é simplesmente nossa vida.[58]

A sua imaginação transcendental é a de um mundo onde a fome é satisfeita com boa comida e a dignidade humana de todas as pessoas é plenamente reconhecida e vivida, em mútua colaboração, e a vida é amada.

Aqui vale a pena destacar que a imaginação transcendental expressa por Gebara articula, na mesma linha de setores significativos da Teologia da Libertação, a noção de *práxis* – cuja estrutura é determinada pela ação intersubjetiva – e de *poiesis* – cuja ação busca um produto. Gebara parte da vida concreta dos pobres e por isso não se esquece da fome, do corpo que pede comida, como também da dignidade negada. Por isso o corpo, com suas exigências e desejos, está no centro da sua imaginação transcendental. O mal não é a fome,

---

[57] GEBARA, Ivone. Repensando o socialismo a partir de novas práticas. In: Agenda Latino-Americana, 2009. Disponível na internet: http//latinoamericana.org/
[58] Ibidem.

mas a impossibilidade de satisfazer a fome com uma boa comida. A boa comida (*poiesis*) e amigos (*práxis*) para comer juntos são duas coisas fundamentais para uma vida boa. Uma imagem que nos lembra o "banquete celestial" ou o Reino de Deus anunciados por Jesus. Como diz Vitor Westhelle, "*Práxis* ou *poiesis* são distorcidas quando isoladas uma da outra. A *Poiesis* sem *práxis* é cega e escravizante – carece de solidariedade, amor; a *práxis* sem *poiesis* é ativismo vazio – carece de originalidade, promessa e esperança".[59]

Na discussão sobre uma forma alternativa ao capitalismo de organizar a sociedade, Gebara não aceita as atuais definições preestabelecidas do socialismo que temos, porque elas perpetuam hierarquias, maioria das vezes inúteis e burocráticas. Por isso, ela busca uma nova noção de socialismo – ou qualquer que venha a ser o nome de um novo modelo de sociedade – que rompa com as noções demasiadamente institucionalizadas que sufocam pessoas e grupos. Por isso, usando a sua imaginação transcendental como critério de interpretação da realidade, ela diz:

> Se socialismo significar a possibilidade concreta de autogestão, de discussão, de descentralização, de diminuição de burocracias, então é este o socialismo que está lentamente nascendo no meio de nós. Se socialismo for a luta cotidiana contra a perversidade do atual sistema econômico gerenciado por elites mundiais, então podemos dizer que algo continua brotando no meio de nós. Se socialismo for a afirmação da dignidade humana feminina e masculina na sua diversidade, então há algo acontecendo no meio de nós, há muito tempo e em muitos lugares.[60]

Ela vê nesses fatos sinais da realização, mesmo que parcial e provisória, da sua utopia. Isso porque ela interpreta a realidade a partir dessa imaginação e assim os enxerga e valoriza. Os que pensam a partir de uma utopia centrada em alguma instituição – seja mercado,

---

[59] WESTHELLE, Vitor. *The scandalous God:* the use and abuse of the cross. Minneapolis: Fortress, 2006. p. 130.

[60] GEBARA, Ivone. Repensando o socialismo a partir de novas práticas. In: Agenda Latino-Americana, 2009. Disponível na internet: http//latinoamericana.org/.

# Transcendência humanizadora: condição humana e os "outros"

seja Estado – não podem ver essas relações no que elas são e, por isso, não podem perceber o valor desses fatos e relações. Nas palavras de Boaventura Souza Santos, isso tem a ver com a sociologia das ausências e das emergências:

> Enquanto a finalidade da sociologia das ausências é identificar e valorizar as experiências sociais disponíveis no mundo, embora declaradas não existentes pela racionalidade e pelo saber hegemônicos, a sociologia das emergências visa a identificar e ampliar os sinais de possíveis experiências futuras, sinais inscritos em tendências e latências que são ativamente ignoradas por essa racionalidade e por esse saber.[61]

A bela imaginação transcendental de Gebara não a leva ao caminho ilusório de negar todas as mediações institucionais e construir um mundo sem relações de poder ou sem Estado. A sua crítica à forma como os Estados têm privilegiado a elite em detrimento dos mais pobres a leva a propor a construção coletiva de um Estado que "deveria ser o executor do bem comum, o facilitador para que os diferentes grupos tenham o que necessitam para viver".[62]

Uma imaginação transcendental que não perde a noção da realidade e da condição humana leva necessariamente à discussão das mediações institucionais necessárias para a construção de um mundo mais humano e justo. A necessidade das instituições nasce da própria contingência humana. Na medida em que somos mortais, seres livres – não determinados totalmente pela genética e instintos –, e não temos o conhecimento perfeito da realidade e das consequências das nossas ações, a ordem social não pode ser espontânea. Precisamos da institucionalização das relações sociais para que a convivência e também as mudanças sociais sejam possíveis. Podemos e devemos discutir que tipo de instituições ou de relações do ser humano com as instituições, mas a institucionalização é inevitável.

---

[61] SANTOS, Boaventura de Sousa. *O Fórum Social Mundial*, p. 30.
[62] GEBARA, Ivone. Repensando o socialismo a partir de novas práticas. In: Agenda Latino-Americana, 2009. Disponível na internet: http//latinoamericana.org/.

Por isso, a utopia do FSM fala do diálogo, da diversidade, da pluralidade e também da democracia. O diálogo e o respeito mútuo se referem ao campo das relações intersubjetivas, mas é preciso também pensar nas novas estruturas institucionais da nova sociedade e da fase da transição ou da mudança, que sejam radicalmente democráticas. O desafio está em conceber idealmente o que seja o radicalmente democrático para, a partir desse conceito transcendental, elaborar ações estratégicas no campo da política e da cultura. Boaventura Souza Santos diz que

> a novidade desta utopia no pensamento de esquerda da Modernidade capitalista ocidental [...] não pode deixar de ser problemática quando se traduz em planejamento estratégico e em ação política. Estes estão marcados pela trajetória histórica da esquerda política ao longo do século XX. A tradução da utopia em política não é, neste caso, apenas a tradução do longo prazo em médio e curto prazo. É também a tradução do novo no velho. As tensões e divisões que tal acarreta não são, por isso, menos reais.[63]

Nós acrescentaríamos que, além desses dois desafios, há uma outra questão fundamental: a tensão dialética entre a utopia e o projeto e estratégias políticas. Como vimos, as utopias sociais são pensadas como sociedades perfeitas, e as imaginações transcendentais projetam relações sociais espontâneas; enquanto os projetos políticos são imperfeitos, relativos, provisórios, e, o mais importante aqui, institucionais. Isto é, projeto político é, por sua natureza, contraditório com a imaginação transcendental de relações livres e espontâneas. Entre utopia crítica e projeto político alternativo existe uma contradição dialética. As duas não podem se confundir ou se misturar, mas também não podem ser identificadas ou totalmente separadas. A contradição entre ambas não é do tipo de negação metafísica em que se deve optar por uma e negar a outra, mas é uma contradição dialética onde a utopia se contrapõe ao projeto, assim como o projeto também se contrapõe à utopia. Contudo, uma não pode existir sem

---

[63] SANTOS, Boaventura de Sousa. *O Fórum Mundial Social*, p. 89.

Transcendência humanizadora: condição humana e os "outros"

a outra se quiser ser um pensamento crítico e um projeto realmente alternativo.

Podemos encontrar essa característica de um pensamento crítico em uma afirmação de Boaventura Souza Santos sobre o pensamento alternativo de alternativas:

> O primeiro princípio é que não basta pensar em alternativas, já que o pensamento moderno de alternativas tem-se mostrado extremamente vulnerável à inanição, quer porque as alternativas são irrealistas e caem no descrédito por utópicas, quer porque as alternativas são realistas e são, por essa razão, facilmente cooptadas por aqueles cujos interesses seriam negativamente afetados por elas. Precisamos, pois, de um pensamento alternativo de alternativas.[64]

Ele critica dois tipos de alternativas que se localizam cada um em uma ponta da tensão dialética que apontamos acima. Um tipo de alternativa é o que se limita a imaginar ou pensar a utopia, sem elaborar projetos para a sua realização. Santos diz que isso leva a dois problemas. O primeiro é a falta de ação, porque, aspirando algo que impossível, ou crendo que é possível realizar o que é impossível, não é capaz de pensar estrategicamente e agir concretamente. Esses grupos se reduzem a fazer críticas radicais que não são capazes de gerar ações realmente transformadoras. O segundo problema é o de cair no descrédito, pois são alternativas irrealistas e "caem no descrédito por utópico" – Santos usa aqui o termo utópico no sentido comum da nossa sociedade. É uma característica da utopia ser "irrealista", no sentido de irrealizável dentro da realidade histórica. Portanto, o problema não é ser "utópico", irrealista, mas limitar-se a ser somente isso.

O segundo tipo de alternativa que Santos critica é aquela que é demasiadamente realista, sem uma tensão com uma utopia alternativa. Como não é possível elaborar uma ação estratégica sem uma utopia como o seu pano de fundo para nortear e servir de critério

---

[64] SANTOS, Boaventura de Sousa. *A gramática do tempo*, p. 338.

para interpretar e medir o valor, uma proposta alternativa sem uma utopia alternativa significa que essa proposta está sendo gestada dentro dos marcos categoriais da utopia do sistema dominante. Por isso a constatação de Santos de que alternativas realistas são facilmente cooptadas pelo sistema dominante.

A saída para esse impasse é manter uma tensão dialética entre a utopia alternativa e projetos e ações estratégicas alternativas. Só assim a utopia não levará à ingenuidade e à paralisia; e os projetos factíveis não serão cooptados. A utopia precisa sempre criticar os projetos e as ações estratégicas para que não se convertam em sistemas conservadores, autoritários e hierárquicos, assim como o polo dos projetos e ações precisa criticar o polo utópico para que não se transforme em uma proposta ingênua e irreal.

O conceito transcendental que emerge dessa constatação é a de uma "tensão dialética perfeita" entre o polo da utopia e do projeto/instituição. Assim, o que se busca agora não é mais a harmonia da totalidade da sociedade, que nega, no fundo, a diversidade e pluralidade de culturas incomensuráveis, mas sim a manutenção da tensão em uma situação "ótima" – o melhor dentro das possibilidades humanas e históricas – que propicie e gere criatividade e espírito de luta para sempre ir superando situações de marginalização e opressão que surgirão.

A partir desse princípio é preciso buscar a formulação e a construção de um modelo de Estado alternativo. Boaventura Souza Santos, por exemplo, propõe a noção de um Estado experimental, que

> deve não só garantir a igualdade de oportunidade aos diferentes projetos de institucionalidade democrática, mas deve também [...] garantir padrões mínimos de inclusão, que tornem possível a cidadania ativa necessária a monitorar, acompanhar e avaliar o desempenho dos projetos alternativos. Estes padrões mínimos de inclusão são indispensáveis para transformar a instabilidade institucional em campo de deliberação democrática.[65]

---

[65] SANTOS, Boaventura de Sousa. *A gramática do tempo*, p. 375.

Transcendência humanizadora: condição humana e os "outros"

É importante frisar aqui que na tensão dialética entre a utopia e o projeto político-social, que nunca será perfeita, o polo dominante deve ser a utopia formulada a partir da imaginação transcendental. Só assim podemos "controlar" a tendência das instituições de, em nome dos seus conceitos transcendentais e da ilusão transcendental, se absolutizarem e buscarem a perpetuação de si próprio, com a reprodução de hierarquias e burocracias que atende somente ou prioritariamente as suas elites.

## 4. Imaginação transcendental e a opção pelos pobres

No percurso deste capítulo, vimos como a utopia é transcendental no duplo sentido de que é uma condição de possibilidade para pensarmos e atuarmos no mundo e de que a sua realização plena está além das nossas possibilidades humanas. Vimos também que, especialmente no campo social, tendemos a cair na ilusão transcendental de crermos que é possível, com nossas ações finitas, atingir a plenitude da utopia. Isto é, temos dificuldade em aceitar os limites da condição humana e da história que não nos permitem realizar os nossos melhores desejos e sonhos.

Assim, para que as nossas utopias críticas não acabem se transformando em utopias conservadoras e sacrificiais, precisamos reconhecer teórica e existencialmente a insuperável tensão dialética entre utopia e projetos factíveis, que nasce da nossa condição e dos nossos limites.

Esse reconhecimento dos limites da condição humana e da história é fundamental para que não caiamos nas tentações do espírito do Império. Como vimos no capítulo III, o coração do espírito do Império é uma teologia sacrificial que exige e justifica sofrimentos humanos em nome da realização dos desejos e objetivos impossíveis por meio de submissão a uma instituição falsamente transcendentalizada. A melhor forma de resistir a essa lógica-teologia sacrificial que

Para além do espírito do Império

inverte o sofrimento humano em sacrifícios benéficos é reconhecer que o que está além da condição humana é impossível no interior da história. Que não há nenhuma instituição humana capaz de realizar plenamente o que é impossível humana e historicamente. Mais ainda, que também não há nenhum deus ou divindades – que no fundo todos são imaginações ou conceitos transcendentais humanos – que possa realizar no interior da história o que transcende os limites da história. E que por isso nenhum sacrifício é justificado em nome da sua realização. Reconhecer limites é algo saudável, tanto no campo pessoal quanto no social.

Quando tratamos dos tipos de limite de factibilidade, falamos da existência, pelo menos teórica, de um espaço intermédio entre o que é humanamente possível e o limite da contradição lógica, o espaço em que podemos pensar em conceitos e imaginações transcendentais. Esse espaço é o espaço do pensamento mítico, da dimensão mítica da razão e também da teologia.

Mas, para evitar mal-entendidos, queremos reafirmar aqui que esse "campo" onde se "localizam" imaginação e conceito transcendentais não é um espaço geográfico que se localiza fora do mundo ou após a história. A imaginação transcendental de uma sociedade livre de opressão e alienação transcende a história, mas ao mesmo está no interior da história como critério de interpretação e julgamento, como um horizonte que permite ver e valorizar as realidades que a razão dominante não consegue e nem permite ver. Mais ainda, está no interior da nossa realidade humana e social como uma força que motiva as pessoas a lutarem por uma sociedade mais humana. Além disso, está também presente, como "sinal antecipatório", como realidade provisória ou, como diz Gebara, algo que "está brotando em nós", nas lutas e relações humanas e sociais onde as pessoas se respeitam mutuamente e vivem uma vida digna.

A ideia de *antecipação* vai além da de resistência. Pois na resistência, apesar de ser fundamental em situações opressivas, por si só não consegue apontar para o novo. Na resistência, os tópicos do embate são os ditados pelo Império. Viver a antecipação é uma capacidade de ir além da lógica do Império, experienciar antecipadamente o futuro que pode nos surpreender, por isso é capaz de construir e colocar as suas próprias questões e tópicos em confronto com os impostos pelo Império.

Contudo, para a construção de uma noção de utopia e transcendência que nos guie na construção de uma sociedade mais humana não basta a consciência de limite. Pessoas com boa formação teórica e senso de realidade reconhecem os limites da condição humana e a impossibilidade, por exemplo, de conhecimento perfeito e o caráter intrinsecamente relativo e contraditório de todas as instituições. O megainvestidor/especulador George Soros, por exemplo, defende a tese de que, apesar das deficiências, o capitalismo é melhor do que qualquer alternativa. E na sua luta para evitar a autodestruição do capitalismo, ameaçado pelo que ele também chama de fundamentalismo de mercado, propõe o conceito de sociedade aberta. "A sociedade aberta se baseia no reconhecimento de que a nossa compreensão é imperfeita e de que nossas ações geram consequências impremeditadas", que "todas as nossas instituições são suscetíveis de falhas" e que, por isso, "precisamos criar instituições dotadas de mecanismos intrínsecos de correção de erros. Esses mecanismos incluem os mercados e a democracia. Mas nenhum deles funcionará se não estivermos conscientes da nossa falibilidade e dispostos a reconhecer nossos erros".[66] Ideias essas que não o deixam cair na ilusão transcendental.

O reconhecimento dos limites da condição humana e da contradição dialética entre utopia e projetos institucionais é um passo necessário, mas não suficiente para o nosso propósito. Utopia crítica e humanizadora precisa nascer da imaginação transcendental a partir dos sofrimentos, lutas e vida das pessoas pobres, marginalizadas e/ou oprimidas. É isso que garante a real transcendência em relação ao sistema dominante e sua utopia. Soros reconhece os limites do

---

[66] SOROS, George, *A crise do capitalismo*. Rio de Janeiro: Campus, 1999. p. 32.

conhecimento e das instituições e, em nome do falibilismo, diz que "ninguém se encontra na posse da verdade definitiva",[67] mas mesmo assim afirma que o capitalismo é melhor do que qualquer alternativa possível, fazendo uma afirmação definitiva. Essa sua incapacidade de olhar a relatividade radical do capitalismo vem do fato de que ele olha o mundo a partir do capitalismo, que como toda cultura aspira à totalidade. E como vimos antes, ao tratarmos da hermenêutica diatópica proposta por Boaventura Souza Santos, a incompletude de uma cultura ou de um sistema social não é visível a partir do interior desta cultura, só é visível desde o exterior do sistema. E a exterioridade aqui não significa somente um lugar geográfico, mas sim o lugar da subalternidade e marginalização. Ou, como diz Mignolo, "o problema não é descrever na 'realidade' os dois lados da fronteira. O problema é fazê-lo a partir da exterioridade (no sentido de Levinas)".[68] Nas citações feitas dos textos de Ivone Gebara, esse lugar de onde se critica o sistema dominante e imagina o novo está claro.

Reconhecer os limites não a partir de uma posição teórica aparentemente neutra, mas a partir do sofrimento dos mais pobres e oprimidos, dos excluídos do sistema de dominação, é uma questão central na elaboração de imaginação transcendental e utopia crítica e humanizadora. Porque, enquanto o Império procura silenciar os clamores dos pobres e oprimidos, os sacrificados em nome da sua pretensão de atingir a totalidade e a plenitude, são exatamente esses clamores que rompem com a unanimidade imposta, interpelam a consciência dos integrados no sistema e abrem brechas para o novo.

A solidariedade, que nasce da compaixão diante das pessoas concretas que sofrem com a pobreza e/ou com a violação da sua dignidade humana, nos leva a assumir com essas pessoas – dialogando *com* elas – a luta pela sua libertação. Nessa luta emerge a imaginação transcendental de uma sociedade onde todos os corpos saciam

---

[67] Ibidem, p. 38.
[68] MIGNOLO, Walter D. *Histórias locais / Projetos globais: colonialidade, saberes subalternos e pensamento liminar.* Belo Horizonte: UFMG, 2003. p. 42.

a fome e outros direitos e convivem em amizade, respeitando as diversidades e pluralidade. Essa imaginação serve para a interpretação da realidade e da luta e para dar fundamento para a fé que nos move na luta. Mas a realidade empírica nos mostra que há limites da condição humana, limites das condições objetivas da história, assim como limites técnicos e os impostos pelo sistema em que vivemos. Enquanto caminhamos, lutamos e vivemos, conseguimos ver que, apesar desses limites – alguns superados, outros insuperáveis –, já estamos vivendo de algum modo a nossa utopia. Ela está à nossa frente e, como horizonte que nos dá sentido, também caminha na medida em que nós avançamos; mas os seus valores e sua realidade já estão sendo vividos aqui e agora, como uma transcendência ao interior da vida real e concreta.

Na linguagem da tradição bíblico-cristã, podemos dizer que o Reino de Deus – a nossa imaginação transcendental em linguagem religiosa – está no meio de nós (cf. Lc 17,21), ao mesmo tempo que está à nossa "frente" como o horizonte utópico no qual apostamos a nossa vida (fé), e como objeto de esperança. Se o Reinado de Deus ocorre no meio de nós porque nós nos tornamos mais humanos no amor, na solidariedade, no diálogo e no respeito mútuos, podemos dizer que Deus está no meio de nós. Como diz a Primeira Carta de João (4,12): "Ninguém jamais viu a Deus. Se nos amarmos uns aos outros, Deus permanece em nós e seu amor em nós é plenamente realizado".

O horizonte utópico do Reino de Deus em plenitude como objeto de esperança nos leva de volta ao espaço que existe entre o que é humanamente possível e o que pode ser pensado. Aqui entra em cena a esperança de que Deus, que ressuscitou Jesus – segundo a tradição cristã –, possa levar à plenitude aquilo que vivemos como antecipação, vislumbre [*glimpse*] no interior da história. Nada mais do que esperança e fé, pois certeza negaria o caráter transcendental do que estamos tratando. A reflexão teológica ganha relevância aqui, não só para afirmar a possibilidade de Deus transformar esta terra e este mundo em uma terra sem morte e de "banquete" para todos e todas, mas também para revelar a presença dos processos de humanização, do Reinado de Deus, no mundo, presença essa que as teorias e teologias imperiais não conseguem nem permitem ver.

Na tarefa de desvelar e criticar o espírito do Império e o seu sacrificialismo – tarefa essa que, como vimos, só é possível realizar na medida em que se contrapõe uma utopia crítica e humanizadora, elaborada a partir de uma imaginação transcendental que nasce em diálogo e solidariedade com os sofrimentos e lutas dos pobres e de todas as vítimas do Império –, a recuperação do que é essencial à tradição cristã se torna relevante. Hugo Assmann, um dos primeiros e principais teólogos da libertação, resume assim:

> A boa-nova essencial da mensagem cristã, exatamente porque tenta introduzir um amor fraternal totalmente inclusive na história, consiste nesta afirmação central: as vítimas são inocentes e nenhuma desculpa ou pretexto torna sua vitimização justificável. Nenhuma projeção de culpabilidade ou condenação das vítimas é aceitável como justificação para elas serem "sacrificadas".[69]

E que "a inocência da vítima, como elemento central da fé cristã, exige-nos um vínculo de solidariedade com todas as vítimas ao nosso redor. Esse é o sentido essencial da famosa 'opção preferencial pelos pobres'".[70]

---

[69] ASSMANN, Hugo, "The strange imputation of violence to Liberation Theology". (Conference on Religion and Violence, New York, oct. 12-15/1989), *Terrorism and Political Violence*, vol. 3, n. 4 (Winter 1991), London, Frank Cass, pp. 84-85.

[70] Ibidem, p. 86.

Capítulo V

# Rumo a uma subjetividade alternativa no meio do Império

## 1. Introdução

No capítulo II, afirmamos que os Impérios formam não só estruturas políticas e econômicas, mas também religiões e realidades pessoais, culturais e intelectuais. Com base nesse discernimento, precisamos lidar com um fator muitas vezes esquecido nos debates contemporâneos sobre a produção de resistência e alternativas ao Império: o papel do desejo, e com ele o lugar do sujeito. Os que procuram resistir ao Império tendem a criar estratégias políticas ou éticas que avançam sem muita percepção do poder do inconsciente onde nossos desejos estão enraizados. Nos círculos cristãos, nos EUA em especial, a resistência contra o Império não raro é vista

Para além do espírito do Império

como rejeição consciente que requer compromisso pessoal, firmeza de propósito e força de vontade. Pensadores mais sutis ressaltam que não basta firmeza de propósito e que precisamos formar hábitos que resultem de tradições específicas. Entretanto, está esquecido o discernimento de Paulo na Carta aos Romanos das tensões e lutas do ego: "[...] não faço o que quero, mas o que detesto" (7,15). A noção do desejo nos lembra que, como Sigmund Freud costumava ressaltar, não somos senhor em nossa própria casa. O ego não está no controle e não podemos confiar sempre nem mesmo em uma vontade forte. Até a formação de hábitos não é necessariamente forte o bastante para resistir ao redemoinho do desejo que as tentações do Império põem em movimento.

Sob as condições do Império, a subjetividade é, como vimos, controlada em muitos níveis. As condições econômicas e políticas do Império deixam pouco espaço para a formação de uma subjetividade independente, mas as pressões aprofundam-se muito mais à medida que a subjetividade é ativamente colonizada em nível cultural, emocional e até espiritual. Nesse contexto os que estão no topo incentivam alegremente os outros a tomar decisões – a serem sujeitos ativos, em outras palavras – sem ter de se preocupar demais com que isso se torne realidade. Exatamente o contrário: incentivar os outros a se tornarem sujeitos ativos nesse contexto reforça o mito que os poderosos adquiriram poder tornando-se eles mesmos sujeitos ativos e resulta em culpar todos os outros que fracassam.

Entretanto, a boa nova é que, apesar de todos os seus esforços, o Império nunca é capaz de controlar e cooptar total e incondicionalmente. Uma primeira impressão de que a subjetividade não pode ser cooptada completamente surge de uma observação da ambivalência do *statu quo*. O poder e a influência do Império podem ser sólidos e abrangentes, mas nunca são absolutos, nunca são sem ambivalência.[1] Até a subjetividade, que à primeira vista foi suprimida pelo Império,

---

[1] Essa noção de ambivalência foi desenvolvida por Bhabha, Horni. *The Location of Culture*. London, Routledge, 1994. p. 86. É mais desenvolvida no contexto do discurso teológico em Rieger,

# Rumo a uma subjetividade alternativa no meio do Império

continua surgindo, e às vezes surge em lugares inesperados. É um dado significativo da história que até escravos – pessoas que é de se presumir não terem em absoluto nenhuma subjetividade – eram capazes de reafirmar sua subjetividade, revoltar-se e desafiar o Império. As tradições judeo-cristãs foram fundadas numa dessas revoltas de escravos no êxodo e em muitas outras narrativas de resistência por pessoas que eram consideradas sem subjetividade no mundo antigo.

Assim, subjetividade e desejo tornam-se situações de resistência ao Império. Como Hardt e Negri declaram programaticamente: "O realismo revolucionário produz e reproduz a evolução e a proliferação do desejo".[2] O desejo é uma realidade complexa; não é apenas o desejo de coisas ou pessoas, mas, como Lacan ressaltou, é fundamentalmente o "desejo do desejo do outro". Isso nos leva para além do moralismo e do ativismo simplório. Também nos leva para além do impasse da política de identidade tradicional que se baseia em aspectos aparentemente "naturais", como raça, gênero ou etnicidade.[3] Além disso, há nesses discernimentos um componente religioso expresso por Jung Mo Sung: "Falar de mudança no desejo é abordar o campo da espiritualidade [...] São questões teológicas fundamentais. Cabe à teologia dar sua contribuição a este debate que acontece em diversos níveis ao redor do mundo".[4]

É óbvio que o Império preocupa-se com o que, de sua perspectiva, pode parecer subjetividade residual, isto é, subjetividade que ainda não foi eliminada. Como resultado, o Império aumenta constantemente a dose de seu controle sobre a subjetividade. Não falamos apenas do surgimento de outro tipo de subjetividade que nos apresenta

---

Joerg, *Christ and Empire*; From Paul to Postcolonial Times. Minneapolis, Fortress Press, 2007. p. 11.

[2] Hardt, Michael, Negri, Antonio. *Multitude*; War and Democracy in the Age of Empire. New York, The Penguin Press, 2004. p. 356.

[3] Veja Rieger, Joerg. Theology and the Power of the Margins in a Postmodern World. In Rieger, Joerg, org. *Opting for the Margins*; Postmodernity and Liberation in Christian Theology. American Academy of Religion, Reflection and Theory in the Study of Religion series. Oxford, Oxford University Press, 2003.

[4] Sung, Jung Mo. *The Subject and Complex Societies*. p. 39. Tradução inédita por Peter L. Jones.

alternativas reais. Nem mesmo os esforços mais sutis para extinguir a subjetividade das pessoas – até mesmo os esforços Pós-Modernos de "achatar" o ego – conseguem eliminá-la, como veremos.

## 2. Outra breve história de subjetividade

Quer a subjetividade e o desejo humanos tenham sido subjugados pela força e pela repressão direta, quer por esforços mais sutis, o Império nunca conseguiu exercer controle total. A história do Cristianismo primitivo exemplifica o que quero dizer. O apóstolo Paulo fala de suas lutas em termos do que podemos chamar de formação de sujeito em Rm 7. O fato de ele usar a imagem de uma luta é de relevância especial. Por que deveria haver uma luta se nem ao menos havia uma linha clara entre dois mundos e se Paulo tinha suas ordens divinas de marchar e sabia o que fazer? Por alguma razão, a subjetividade de Paulo e, por conseguinte, sua atuação, estão sob ataque: "Não faço o bem que quero, mas faço o mal que não quero" (Rm 7,19). Esse ataque não é apenas acontecimento antigo, mas se refere a uma luta contínua com o mal que "se me apresenta" (Rm 7,21). Contudo, Paulo não desiste e, assim, a luta pela subjetividade continua. Na experiência paulina, quando os que suportam os ataques mais fortes do mal são fortalecidos pelo divino (tradicionalmente chamado "eleição"), acontece alguma coisa que destrói formas dominantes de subjetividade, mas não as deixa sem alternativa: "Deus escolheu o que no mundo não tem nome nem prestígio, aquilo que é nada, para assim mostrar a nulidade dos que são alguma coisa" (1Cor 1,28). Isso indica uma fonte alternativa de atuação que indica uma subjetividade alternativa, formada em luta contra o *statu quo*.

A vida e a obra de Bartolomeu de Las Casas durante a conquista espanhola servem de outro exemplo. Embora Las Casas não conseguisse escapar completamente de uma inclinação colonialista – na verdade um colonialismo que era muito menos severo que o da violência da conquista espanhola, à qual ele resistia –, ele ainda

Rumo a uma subjetividade alternativa no meio do Império

representava uma forma alternativa de subjetividade. Essa subjetividade alternativa encontra-se na inversão dos papéis dos missionários espanhóis dominantes, no ponto onde Las Casas relaciona à obra de Cristo o sofrimento e a luta dos ameríndios. Em vez de identificar a subjetividade e a atuação de Cristo somente com os missionários e desse modo fechar os olhos à subjetividade dos encarregados – gesto comum naquele tempo e agora –, Las Casas desenvolve o sentimento crescente de uma subjetividade alternativa que, embora rudimentar, resiste à subjetividade do Império.[5] Geralmente, Las Casas considera essa subjetividade/atuação dos ameríndios em termos de sofrimento, mas é o caráter subversivo desse sofrimento que nos interessa.

Mesmo na época do surgimento da mentalidade colonialista oitocentista, sombras de diferentes subjetividades continuavam a existir. De alguma forma ainda estamos atrás de alguns dos mais profundos discernimentos de Friedrich Schleiermacher desenvolvidos nessa época. Sua rejeição de castigo e recompensa em educação é apenas um exemplo. Enquanto as sensibilidades Pós-Modernas têm sentido para alguns dos problemas perenes com coerção e castigo – até hoje registro favorito do Império –, há também um problema com a recompensa, como é comumente usada pelo sistema para cooptar pessoas, em especial em uma sociedade de consumo onde fazer compras tornou-se uma forma de "recompensar-se". Nesse contexto Schleiermacher aponta para o "espírito de Cristo" como motivação alternativa que não pode ser cooptada tão facilmente e que impede as pessoas de se transformarem em máquinas.[6] A subjetividade alternativa resultante merece um exame mais minucioso – não por ser necessariamente pura e intocada, como presume Schleiermacher, mas por ser a portadora de um fator de resistência que nunca será totalmente controlada pelo *statu quo*.

---

[5] Rieger, Joerg, *Christ and Empire*, pp. 180-187.
[6] Rieger, Joerg, *Christ and Empire*, p. 223.

Mesmo em um mundo Pós-Moderno existe alguma esperança. Embora as ênfases Pós-Modernas na diversidade e na diferença sejam facilmente cooptadas no capitalismo tardio, como vimos no capítulo II, mesmo assim elas indicam a direção certa. Nesse contexto a diferença entre um "Pós-Modernismo lúdico" e um "Pós-Modernismo de resistência"[7] ainda é válida. Os reconhecimentos de diferença e diversidade existem apenas em função de entretenimento e diversão – pela diversidade de culturas diferentes, por exemplo, por suas expressões artísticas e também sua cozinha? Há outros meios de lidar com a diferença e a diversidade que apresentam desafios reais para normas aceitas de subjetividade. Ideais românticos comuns de unidade na diferença são destruídos, por exemplo, quando as diferenças já não são inofensivas "para os dois lados". A diferença entre os extremamente abastados e os abjetamente pobres, por exemplo, que se tornou assunto teológico fundamental na obra dos teólogos da libertação, não se integra a modelos Pós-Modernos de unidade na diferença. Esses tipos de diferença precisam ser desconstruídos e – atrevemo-nos a dizer? – abolidos. As subjetividades alternativas que precisam ser levadas em conta aqui apresentam claramente desafios às tentativas do Império Pós-Moderno de estabelecer unidade na diferença em um contexto de diferenciais extremos de poder.

Aqui, a subjetividade é finalmente reconstruída de maneiras diferentes. Não há necessidade de forçar um modelo universal ou outra ideia totalitária. Justamente o contrário: quando as formas controladoras de subjetividade são desconstruídas, surgem novas possibilidades. O lema é: "De cada um, segundo suas capacidades, a cada um, segundo suas necessidades" – frase comumente atribuída a Karl

---

[7] Cf. Ebert, Teresa L. The "Difference" of Postmodern Feminism. College English 53,8, Dec. 1991. p. 887, define o pós-modernismo lúdico como "um teatro para a representação livre [...] de imagens, significadores desincorporados e diferença". O termo "pós-modernismo de resistência" foi inventado por Foster, Hal, *The Anti-Aesthetic*; Essays on Postmodern Culture. Port Townsend, Wash., Bay Press, 1983, xi-xii. Foster diferencia um pós-modernismo que critica o modernismo apenas a fim de retornar às "verdades da tradição (em arte, família religião...)" de um pós-modernismo que se opõe não só ao modernismo, mas também a um pós-modernismo autocongratulatório.

Rumo a uma subjetividade alternativa no meio do Império

Marx,[8] mas também enraizada na tradição cristã primitiva: "Entre eles ninguém passava necessidade, pois aqueles que possuíam terras ou casas as vendiam, traziam o dinheiro e o depositavam aos pés dos apóstolos. Depois, era distribuído conforme a necessidade de cada um" (At 4,34-35. Ver também: At 2,44-45).

Nós nos vemos em uma situação onde a subjetividade dos poderosos é distorcida – eles não são realmente senhores na própria casa, como acreditam – e onde a subjetividade dos marginalizados sofreu ataques a ponto de obliteração. Entretanto, nessa situação surgem alternativas de lugares inesperados – "do lado inferior", como diriam os clássicos teólogos latino-americanos da libertação. Subjetividades alternativas que forçam além dos sonhos irreais de autonomia e poder desregulado surgem sob pressão forjadas como subproduto dos poderes repressivos do *statu quo*. No que se segue, examinaremos minuciosamente como isso acontece, mas a noção de *jouissance* de Jacques Lacan – gozo, prazer, alegria – indica-nos a direção certa: há uma misteriosa atuação que não está disponível para aqueles cuja subjetividade é a subjetividade do *statu quo*. Jung Mo Sung percebeu uma dinâmica semelhante, que expressa assim:

> O ser subjugado não se manifesta no mundano, quando desempenhamos nossos papéis sociais como cidadãos, cônjuges, professores ou consumidores. O ser subjugado manifesta-se na resistência a formas concretas de dominação, quando o individual resiste a ser reduzido a um mero papel social ou conjunto de papéis. Isso vale tanto para os que ocupam alta posição dentro da instituição quanto para os que estão em nível inferior. E para a resistência ocorrer a pessoa precisa negar as racionalizações legitimadoras produzidas pelas instituições.[9]

Ser um sujeito – subjetividade e atuação – tem, de certa maneira, origem na resistência contra os poderes que buscam nos privar de nossa subjetividade.

---

[8] Marx, Karl. *Critique of the Gotha Program*. part 1, 1985. Na web: http:// www.Marxists.org/ archive/marx/ works/1875/ gotha/ch01.htm

[9] Sung, *The Subject and Complex Societies*, p. 62.

## 3. Subjetividades alternativas e Império hoje: quatro respostas

### 3.1. Superar o sujeito automático e a religião do mercado livre

Assim como as formas convencionais de materialismo não foram suficientes para explicar o sujeito automático (veja o capítulo II), afastar-se de preocupações materiais para a esfera do espiritual ou um entendimento estrito do religioso não é suficiente para produzir resultados alternativos; os relacionamentos entre essas várias realidades são simplesmente complexos demais, principalmente em um tempo quando as forças do mercado criam subjetividade que então age para reforçar as condições materiais criadas pelo mercado. Restam algumas alternativas sob as condições de globalização, quando o mercado alcança cada vez mais longe nos recessos do espacial, do político e também do ego?

É imprescindível entender como os mecanismos econômicos agem na formação da subjetividade. Contudo, como estamos lidando com macroestruturas, à primeira vista parece não haver nada a fazer para mudar as coisas. Não há ninguém que não seja afetado por essas estruturas. Entretanto, um dos discernimentos fundamentais no caminho para uma alternativa é que as pessoas são afetadas de maneira diferente. As que estão à margem têm menos participação no sistema. Para ser mais específico, os que estão à margem da economia global, os que em sua maior parte são excluídos dela – o grande número dos desempregados ou mesmo os empregados casualmente, para quem a economia tem pouca utilidade até como consumidores –, não têm participação no sistema, exceto, talvez, quando recolhem as migalhas que caem de sua mesa. Esse grupo de excluídos é muito grande na economia global como um todo e aumenta até mesmo nos países ricos. Entretanto, há outro grupo grande de pessoas que são marginalizadas, mas que carregam nos ombros o peso da economia – os trabalhadores que produzem, que servem e que são essenciais para o movimento geral da economia. Sua subjetividade é muito mais afetada pelo sistema, como vimos no capítulo II, mas como também não colhem a maioria dos benefícios do sistema, ainda há limites até os quais o sistema os controla. Quando começam a perceber suas limitadas participações no sistema, esses trabalhadores começam a se expandir para além dele.

Como os mecanismos do mercado produzem um superávit econômico e no processo determinam a subjetividade de todos os que atuam nesse mercado (e até dos que são excluídos e que se definem em termos de sua falta de participação: os "des"-empregados, os "in"-digentes, os "in"-dolentes), é produzido outro tipo de superávit que não entra nos cálculos econômicos porque opera em um plano diferente. A noção de gozo do superávit – discutida na relação de homens e mulheres – aponta nessa direção: Em um contexto patriarcal, observa Lacan, as mulheres existem "apenas como excluídas pela natureza das coisas que é a natureza das palavras".[10] Quer dizer, ao contrário do "homem" e outros significadores de privilégio, a "mulher" não é parte comum da ordem dominante das coisas, o que Lacan analisou em termos da linguagem dominante ou o que ele chamou de "a ordem simbólica". As mulheres só existem reprimidas da ordem simbólica dominante, deslocadas por significadores mais poderosos. A vantagem limitada dessa posição das mulheres é estarem envolvidas, mas não restritas a funções da ordem simbólica como os homens. As mulheres participam no que Lacan chama de certo "gozo do superávit" que até certo ponto escapa à autoridade e ao controle dos poderes formadores da ordem simbólica e concede um nível de independência e um nível de atuação não disponíveis ao *statu quo*.[11] À sua maneira, Marx observou essa dinâmica, apesar de

---

[10] Lacan, Jacques. Seminar 20, *Encore*. 1972-1973. In: *Feminine Sexuality*; Jacques Lacan and the école freudienne. Juliet Mitchell e Jacqueline Rose, orgs. New York, London, W. W. Norton, 1985. p. 144.

[11] Lacan, ibidem, pp. 143-144. Zizek, Slavoj. *The Sublime Object of Ideology*. London, Verso, 1989. p. 52, leva avante a noção de "gozo do superávit".

não nos darmos conta de que ele falava a respeito disso nesses termos. Ele prestou atenção ao que acontece nas fábricas do capitalismo, onde o sujeito automático é formado a tal ponto que ninguém escapa dele, mas onde, em meio à pressão que os trabalhadores têm de suportar, surge um novo espírito – um novo tipo de subjetividade – que traz consigo a atuação do sistema, que faz uso das oportunidades para organizar relacionadas com o tipo diverso de comunidade que trabalha em conjunto no chão de fábrica e que não pode ser contida para sempre pelo sistema. Esse novo tipo de subjetividade revelou-se e durante a longa história dos movimentos das classes trabalhadoras houve progresso (dia de trabalho de oito horas, seguro-saúde, planos de aposentadoria etc.). Essa lógica estranha, segundo a qual "os últimos serão os primeiros, e os primeiros serão os últimos" (Mt 20,16), é também uma das – talvez a mais negligenciada – ideias essenciais do Cristianismo.

Embora esses ganhos tenham sido notáveis, as classes dirigentes nunca pararam de opor resistência, até o ponto em que os trabalhadores que conquistaram o direito de votar em eleições políticas são privados da liberdade de organizar sindicatos em países como os Estados Unidos.[12] Observa-se dinâmica semelhante por todo o globo, resultando em fábricas fechadas e transferidas para lugares onde os trabalhadores são menos organizados e recebem pagamento menor – processo que hoje afeta até o trabalho industrial de baixa remuneração de organizações como as "maquiagens" do México, quando seus trabalhadores começam a obter um pouco mais de influência e *status*. Esse empenho para dar um aperto nos trabalhadores revela os esforços contínuos para manter o povo na situação do "sujeito automático", mas, visto de outro ângulo, dá testemunho do surgimento constante de subjetividade e atuação alternativas que o sistema não consegue subjugar completamente. A religião faz, certamente, parte

---

[12] O projeto de lei sobre a Livre Escolha do Empregado perante o Congresso (H.R. 800, S 1041), perante o 110º Congresso dos EUA, tem a finalidade de retificar isso (veja o texto em http:/thomas.loc.gov/ cgi-bin/ query/z?c110: H.R. 800:).

desses processos. Nos EUA, o Cristianismo é, em especial, não raro considerado força que revitaliza os trabalhadores aos domingos, para que, na segunda-feira, voltem ao trabalho revigorados e motivados. Um dos paradigmas pastorais básicos neste contexto é "satisfazer as necessidades" das congregações, dando às pessoas o que precisam para continuar atuando no sistema. Os que seguem a clássica definição marxista de religião como "ópio do povo" muitas vezes esquecem essa função normalizadora da religião. Nesse contexto uma busca do que Joerg Rieger chamou de "superávit teológico" aponta em direção diferente, já que identifica imagens alternativas de religião e do divino que é cultuado.[13]

A fim de captar essa subjetividade e atuação alternativas, é necessário uma percepção das estruturas de classe. É tarefa difícil em lugares como os EUA onde há pouco reconhecimento do fator de classe e onde, em sua maioria, as pessoas presumem que estão na classe média. Como Theodore W. Allen expôs, para os EUA existem estruturas e instituições específicas que impedem as pessoas de reconhecer a classe como fator importante. Allen explica como as classes governantes usam a raça dessa maneira. Os estudos históricos de Allen mostram que o conceito de brancura é difundido desde o século XVII, a fim de encobrir as identidades de classe, de modo que os trabalhadores brancos são levados a supor que têm mais em comum com os brancos da classe mais alta que com os negros da classe trabalhadora e os trabalhadores de outras minorias raciais. A supremacia branca foi criada no Sul dos Estados Unidos, bem antes da Guerra de Secessão, a fim de encobrir as enormes diferenças de classe entre os brancos e, assim, evitar que os brancos pobres desafiassem o sistema. O que separava os brancos dos negros era simplesmente "a presunção de liberdade",[14] visto que os brancos pobres eram levados a considerarem-se pessoas livres, por menos liberdades reais que desfrutassem. Essa é uma razão importante para o sistema não

---

[13] Veja Rieger, *Christ and Empire*.
[14] Allen, Theodore W. *The Invention of the White Race*. London, Verso, 1994. p. 248.

tolerar negros livres.[15] Como resultado dessa situação, a possibilidade de trabalhadores brancos adquirirem uma subjetividade alternativa é duplamente contestada quando o sistema encobre ativamente sua identidade de classe e procura envolvê-los em uma identidade ilusória com as classes mais altas.

Nessa situação o primeiro passo para assegurar uma subjetividade alternativa é o desenvolvimento da consciência de quem se beneficia e quem não se beneficia com o sistema. Embora sob as condições do capitalismo todas as subjetividades estejam sujeitas às regras do mercado e ao fluxo de dinheiro, como argumentamos no capítulo II, nem todos se beneficiam igualmente do sistema. À medida que as relações entre as pessoas assemelham-se cada vez mais a relações entre coisas comercializadas no mercado, os trabalhadores ficam em situação cada vez pior porque tudo que têm é sua capacidade de trabalho. Por outro lado, as classes governantes que possuem os meios de produção têm toda a razão de presumir que o sistema trabalha a seu favor, a ponto de se identificarem completamente com o sistema. O primeiro passo para assegurar uma subjetividade alternativa nessa situação é a percepção inicial de que nem todos se beneficiam igualmente e que tal sistema não proporciona um verdadeiro lar para todos. A religião apoia ou sabota de várias maneiras essa formação de sujeito alternativo. Há no Cristianismo a sensação de não fazer parte que encontra expressões no reconhecimento por Jesus de que ele "não tem onde reclinar a cabeça" (Lc 9,58) e em um entendimento cristão primitivo de que "não temos aqui cidade permanente, mas estamos à procura da que está para vir" (Hb 13,14). Há um chamado à obediência no Cristianismo ("Segue-me!" – Mc 2,14) que tem o potencial de indicar novas direções, mas que não raro é usado para manter na linha os que estão em uma posição da qual se criam subjetividades alternativas e que, assim, poderiam desafiar o *statu quo*, até mesmo lembretes às esposas para que obedeçam aos maridos, aos

---

[15] Allen expõe a longa história dessa abordagem, a começar do século VII. *The Invention of the White Race*, pp. 239-253.

Rumo a uma subjetividade alternativa no meio do Império

escravos para que obedeçam aos senhores e a membros da Igreja para que sigam os dirigentes.[16]

A falta de consciência de classe e a falta de uma percepção mais geral de não se beneficiar com o *status quo* levam a uma perda de subjetividade e atuação que não deve ser subestimada. Essa falta leva as pessoas da classe trabalhadora a, por exemplo, desistir do último restinho de atuação que consiste em votar por seus interesses em eleições democráticas. Talvez os EUA sejam o principal exemplo de um país onde, devido à ausência muito difundida de consciência de classe, a classe trabalhadora frequentemente vota pelos interesses da classe governante, pronta a abrir mão de seguro-saúde e previdência social, e a apertar o cinto, na crença de que as exigências do sistema requerem isso. Contudo, essa atuação e a subjetividade relacionada nunca são completamente perdidas, o que é demonstrado pelo fato de o sistema permanecer sempre em guarda, pronto a sufocar a consciência de classe quando e onde ela surgir. A acusação comum contra os que apontam diferenciais de classe é que instigam a luta de classes – dessa forma disfarçando o fato de que a luta de classes não tem de ser instigada por ninguém, mas é fato constante da vida, pelo que as classes governantes se apropriam do esforço da classe trabalhadora. Em termos positivos, a consciência do próprio lugar no sistema e a repressão que a acompanha evocam uma subjetividade e atuação que de algum modo são perigosas para o *statu quo*: as pessoas poderiam, então, votar por seus interesses ou começar a se levantar em protesto. Como resultado, o "sujeito automático" é contestado.

A subjetividade é assim reivindicada quando os sujeitos político e econômico são novamente reunidos. Uma análise mais minuciosa da subjetividade econômica – o fato de sob as condições do capitalismo o sujeito automático deixar muito pouco espaço para a subjetividade, mas haver um local de resistência dos que não se beneficiam do sistema – tem implicações importantes para a subjetividade política e,

---

[16] Veja Hebreus 13,17, quase imediatamente depois da passagem anterior.

em última análise, também para a subjetividade religiosa. A recusa de participar do *statu quo* político origina-se da percepção de que o *statu quo* econômico não atua no melhor interesse de grande parte da humanidade; a recusa de participar do *statu quo* religioso – a "religião do mercado" – tem raízes semelhantes. Nesse caso a situação especial dos EUA é, mais uma vez, significativa: enquanto na Europa os trabalhadores há muito deixaram as Igrejas porque elas apoiavam as classes dirigentes e seus interesses econômicos e políticos, nos EUA os trabalhadores ainda são, de modo geral, membros das Igrejas. Isso é ainda mais surpreendente porque essas Igrejas não estão necessariamente tratando de seus interesses e porque não os ajudam a promover uma subjetividade alternativa. No Texas, por exemplo, muitos membros de sindicatos são também membros de Igrejas, mas essas Igrejas não dão praticamente nenhum apoio a causas sindicais. Se abordam questões econômicas ou políticas, elas ficam do lado dos empregadores. Nas Igrejas frequentadas por empregadores e trabalhadores, os empregadores são os que fazem seus interesses serem ouvidos, mas ainda não ocorreu aos trabalhadores que eles poderiam fazer o mesmo. Embora os empregadores com certeza façam contribuições individuais financeiras maiores para a Igreja, as contribuições financeiras coletivas dos trabalhadores também não são insignificantes. A religião seria muito diferente se as pessoas da classe trabalhadora fossem ao encalço de seus interesses, e o mesmo é verdade quanto à política. Na verdade, tal movimento não teria de significar a assimilação da religião ao interesse pessoal de mais um grupo, mas corresponde à solidariedade do divino com as margens que está profundamente inserida nas tradições judeo-cristãs. Observe também que esse não seria de modo algum movimento partidário em favor dos trabalhadores, mas movimento que, em última análise, seria libertador até para os empregadores, pois eles também estão presos nas armadilhas do sujeito automático e da religião do mercado. Nosso argumento, aqui, não é sobre uma transformação futura utópica, pois algumas dessas coisas já estão acontecendo. A teologia da libertação tem identificado dinâmicas semelhantes há décadas e coalizões atuais de religião e trabalho testemunham aqui e agora a formação de subjetividades alternativas a partir de baixo.[17]

A chave é superar a divisão burguesa moderna entre sujeito econômico e sujeito político, como argumenta o teólogo Ulrich Duchrow. O problema é que, em sua maioria, as constituições e leis nacionais não permitem a democracia em questões de economia. Em um sistema neoliberal, os sujeitos da economia controlam os sujeitos da política.[18] Não é nenhum acaso, pois a estabilidade do *statu quo* – baseada no funcionamento apropriado do sujeito automático – depende disso. Ao mesmo tempo, podemos afirmar que uma alternativa poderá, na verdade, existir, se as coisas forem vistas "a partir de baixo". Nas palavras de Duchrow: "Uma nova ordem só pode se originar de baixo, por meio da participação direta de toda a diversidade de seres humanos e grupos em solidariedade".[19] Subjetividades alternativas estão surgindo por todo o mundo, em diversos ambientes e contextos; à medida que surgem subjetividades de baixo o papel da classe média também é visto sob uma nova luz. Essa classe, que está

---

[17] Nos EUA, queremos salientar o trabalho de Jobs with Justice (JwJ – Empregos com Justiça) e Interfaith Worker Justice (IWJ – Justiça Interconfessional do Trabalhador). Outros exemplos incluem a tradição dos Padres Trabalhadores na França, que remonta a meados do século XX e inspirou inicialmente vários teólogos latino-americanos.

[18] Duchrow, Ulrich et alii. *Solidarisch Mensch werden*; Psychische und soziale Destruktion im Neoliberalismus – Wege zu ihrer Überwindung. Hamburg, VSA Verlag, Publik Forum, 2006. p. 394: "Sob as atuais condições capitalistas, os que dependem de salários têm pouca oportunidade de formar forças de negociação suficientemente fortes com o capital globalmente volúvel. Eles são colocados uns contra os outros". Ainda assim, coletivamente essas pessoas fazem diferença, como produtores e consumidores: "Aqui está em jogo nada mais e nada menos que terminar a divisão burguesa entre o sujeito da economia (proprietário da propriedade livre, burguês) e os cidadãos políticos (*citoyen/citoyenne*)". Ibidem, p. 395.

[19] Duchrow, Ulrich et alii. *Solidarisch Mensch werden*, p. 397: "Uma nova ordem só pode se originar de baixo, por meio da participação direta de toda a diversidade de pessoas e grupos que iniciaram a solidariedade". A estratégia que Duchrow propõe é primeiro fazer o sistema capitalista definhar por meio da desmitificação de sua ideologia e da clara recusa (greves, boicotes de bancos e bens de consumo baratos) e resistência. O segundo passo inclui criar alternativas locais-regionais ao capitalismo (baseadas na troca em vez de no dinheiro; sistema bancário cooperativo; energias alternativas, produção local de alimentos), recuperação de recursos em todas as áreas (trabalho dignificado, agricultura, bens públicos como água, impostos justos – rendimentos cada vez menores de capital, rede social, comércio justo, energias renováveis) e criação de uma macronarrativa alternativa de esperança. Ibidem, pp. 398-417.

literalmente no meio entre as duas subjetividades conflitantes, está quase sempre tão fortemente ligada ao sistema que é incapaz de dar qualquer contribuição a uma subjetividade alternativa. É essa classe que muitas vezes relaciona-se mais estreitamente com a religião do mercado, pois é mais dependente das experiências religiosas que as classes governantes, devido à sua situação econômica mais fraca. Além disso, o fetichismo das mercadorias que marca o relacionamento sob as condições do capitalismo está, talvez, mais firmemente enraizado aqui.[20] Mas há algumas opções. Uma opção talvez seja a situação na Argentina no início do novo milênio, onde a classe média foi às ruas em protesto contra o colapso da economia do país – descobrindo o interesse comum da classe média e da classe trabalhadora, como os que, em última análise, não colhem os benefícios do sistema. No meio da recessão de 2000 e 2009, também a classe média dos EUA foi forçada a enfrentar esses problemas, pois sua situação econômica enfraqueceu rapidamente em meio às crises de moradia e à sensação de que já não se pode esperar que sua prosperidade econômica se erga mesmo com a taxa de crescimento e inflação médios, enquanto o rendimento da classe governante não para de crescer, às vezes aos trancos e barrancos.

## 3.2. Superar o desejo mimético e a religião sacrifical

"O que é o arrombamento de um banco comparado à fundação de um banco? O que é o assassinato de um homem comparado à contratação de um homem?", Bertold Brecht costumava perguntar.[21] Essas perguntas são quase sempre entendidas de forma moral, como a comparação de vários tipos de crimes. Entretanto, o mais importante é que essas perguntas nos lembram o poder do que é considerado normal e que, por esse motivo, é aceito sem discussão. Refletir

---

[20] Como observamos no capítulo II. O valor é, assim, "uma relação entre pessoas, expressa como relação entre coisas".

[21] Brecht, Bertold. *Die Dreigroschenoper*. In: Brecht, Bertold. *Gesammelte Werke in 20 Bänden*. Frankfurt am Main, Suhrkamp, 1967. v. 2. "Was ist ei Einbruch in eine Bank gegen die Gründung einer Bank? Was ist die Ermordung eines Mannes gegen die Anstellung eines Mannes".

Rumo a uma subjetividade alternativa no meio do Império

no desejo mimético é útil neste contexto, porque nos faz lembrar do poder do que é considerado normal e, assim, merece ser imitado. Comparação semelhante pode ser feita entre assassinatos individuais e matança na guerra – enquanto todos estão cientes do caráter problemático dos primeiros, o segundo costuma ser tolerado, embora tenha consequências de longo alcance, até mesmo grande perda de vidas em todos os lados e o ato mimético de abnegação dos soldados. Para nós, então, a pergunta é: que alternativas existem para os desejos miméticos do *statu quo* e sua religião sacrifical?

Mais uma vez, a percepção de diferenciais de classe pode ser um começo. Se as pessoas percebessem quem realmente se beneficia com a fundação de um banco, com a contratação de um homem e com a matança na guerra, as coisas seriam diferentes. Primeiro, romper-se-iam os elos do desejo mimético entre as classes que se beneficiam e as que não se beneficiam. Segundo, novas formas de solidariedade surgiriam entre os que dependem dos bancos em vez de lucrar com eles, entre os que são contratados e entre os soldados de infantaria que agora são designados para matarem-se uns aos outros. Romper os elos do desejo mimético, em especial nos EUA, teria um impacto global, pois nova unidade global entre os trabalhadores poderia ser o resultado que dificilmente é encontrado agora, mesmo entre os trabalhadores sindicalizados nos EUA, e o fluxo constante de soldados seria interrompido. O próprio René Girard começou ultimamente a perceber a importância de prestar atenção à realidade das profundas tensões da situação global e à realidade dos pobres, inspirada por interações com a teologia da libertação. Nessa luz precisamos revisitar a percepção inicial de Girard, de que a necessidade de pôr fim à violência com sacrifício existia só nos tempos antigos.[22]

---

[22] Girard, René. *Violence and the Sacred*. Patrick Gregory, trad. Baltimore, The Johns Hopkins Press, 1979. p. 14: "Indubitavelmente, a violência existe em nossa sociedade, mas não a ponto de a própria sociedade ser ameaçada de extinção". A interação mais tardia de Girard com a teologia da libertação é importante a esse respeito porque enfatiza as profundas tensões da situação global. Assman, Hugo. Das Opferwesen in der Wirtschaft. In: *Götzenbilder und Opfer*: René Girard im Gespräch mit der Befreiungstheologie. Assman, org. Beiträge zur mimetischen Theorie series. Horst Goldstein, trad. Thaur, Verlagshaus Thaur; Münster, LIT Verlag, 1996. p.

Apesar da arraigada realidade do desejo mimético comum, parece haver a possibilidade de "converter-se longe do" tipo de desejo mimético que cria (e é criado por) "rivalidade mimética". Girard fala disso sob o título "A boa nova do desejo mimético" e menciona a possibilidade de "graça".[23] Claramente, a noção de conversão e a noção de graça são conceitos religiosos que dão contribuição significativa para as questões em pauta, pois falar de conversão e de graça subentende a possibilidade de alternativas. Um exemplo para tal alternativa – não abordado por Girard – é o constante temor que surjam desejos miméticos alternativos que se tornem sério rival do desejo mimético comum. Como assessor de Segurança Nacional para o presidente Nixon, Henry Kissinger, por exemplo, percebeu esse problema já na década de 1960. Em um *memorandum* de 1970 para Nixon, ele escreveu:

> O exemplo de um bem-sucedido governo marxista eleito no Chile teria com certeza impacto em – e até valor precedente para – outras partes do mundo [...] por sua vez, a extensão imitativa de fenômenos semelhantes alhures afetaria significativamente o equilíbrio do mundo e nossa posição nele.[24]

Kissinger parece ter entendido o enorme poder da imitação, mas gostaríamos de saber as razões mais profundas de sua preocupação com essa forma específica de desejo mimético. Aqui parece haver uma realidade mais profunda que merece ser examinada porque, apesar de toda a brutal repressão do desejo mimético alternativo por Kissinger e políticos subsequentes dos EUA, e apesar de todas as agressivas campanhas de propaganda do capitalismo, esta "extensão

---

277, afirma que da perspectiva latino-americana as consequências para a vida real da lógica de sacrifício são bastante óbvias. O próprio Girard agora reconhece a importância de uma conexão com a realidade dos pobres. Girard in ibidem, pp. 285-286.

[23] Girard, René. The Good News of Mimetic Desire. Wiliiams, James G., org. *The Girard Reader*. New York, The Crossroad Publishing Company, 1996, p. 63. Em *Götzenbilder und Opfer* Girard diz explicitamente que a análise do desejo mimético está a serviço da conversão, "*Umkehr*".

[24] Citado em Klein, Naomi. *The Shock Doctrine*; The Rise of Disaster Capitalism. New York, Metropolitan Books, 2007. Na web em: http// www.gwu.edu/ ~nsarchiv/ NSAEBB110 /index.htm, acessado em 18 de dezembro de 2007.

imitativa" da política social está agora mais uma vez tendo sucesso na América Latina. Essa observação eleva o valor do argumento a seguir, baseado na dinâmica religiosa do desejo mimético.

O desejo mimético alternativo formula-se em termos de seus modelos religiosos. O desejo mimético de apropriação, analisado no capítulo II, é amenizado pelo desejo mimético de representação, o desejo de ser como os outros.[25] No relato de Girard há um desejo mimético alternativo de modo de vida – por exemplo, imitando uma figura como Jesus. Nesse caso, não lidamos apenas com um desejo mimético rival, mas com um desejo mimético que é qualitativamente diferente. Há dois tipos de desejos miméticos com consequências muito diferentes: "Ele pode ser assassino, é competitivo; mas é também a base do heroísmo e da devoção aos outros, e tudo". Essa segunda forma de desejo mimético inclui "a abertura de si mesmo para os outros".[26] O desejo mimético que promove uma relação positiva com o outro – a relação constituída pela solidariedade dos marginalizados com que tanto se preocupava Kissinger – difere do desejo mimético comum porque tem dinâmica própria e essa dinâmica está corretamente representada no *statu quo*.

Nessa situação a religião cristã tem o potencial para contribuir para uma mudança de lados, do apoio do sacrifício à resistência contra ele. Girard menciona "a tendência bíblica a 'ficar do lado das vítimas'".[27] Na verdade, a Bíblia fica do lado dos que eram falsamente acusados e quase sempre os retrata como inocentes bodes expiatórios – por exemplo, José, Jó e o servo sofredor no livro do Segundo Isaías. Girard percebe que essa tomada de lados contribuiu para pôr um fim ao sacrifício. Contudo, afirma, é só no Novo Testamento que a rejeição por parte de Deus do sacrifício fica clara: "O Cristo dos Evangelhos morre contra o sacrifício e, por intermédio de sua

---

[25] Sung, Jung Mo. *Desire, Market and Religion*. Reclaiming Liberation Theology series. Marcella Althaus-Reid & Ivan Petrella, orgs. London, SCM Press, 2007. p. 49, referência geral a Girard.

[26] Girard, The Good News of Mimetic Desire, p. 64.

[27] Girard, René. Mimesis and Violence. In: *The Girard Reader*, p. 17.

morte, revela a natureza e a origem do sacrifício, tornando-o impraticável, pelo menos com o decorrer do tempo, e acabando com a cultura sacrifical".[28] Infelizmente, hoje o Cristianismo não raro obscurece esse importante progresso. Poderíamos até argumentar que a questão virou de ponta-cabeça e o Cristianismo passou a se entender como a religião do sacrifício por excelência. Indo além da elucidação de Girard, devemos notar que em nenhuma época essa reversão foi mais óbvia que hoje, quando lidamos com um sistema de mercado que está disposto a sacrificar a vida de milhões a fim de assegurar crescimento e sucesso e que é frequentemente apoiado pelo Cristianismo dominante. Girard está ciente do problema geral: "A interpretação sacrifical errônea para cristãos e igualmente para não cristãos obscurece a significância não sacrifical das Escrituras judeo-cristãs".[29] Felizmente, essa dinâmica não conseguiu suprimir por completo a herança não sacrifical:

> Assim, nossa sociedade resultou de uma complexa interação entre o judeo-cristão e o sacrifical. Ao agir sobre o último como força de ruptura – como vinho novo em odres velhos –, o primeiro é responsável por nossa percepção sempre crescente de vitimização e pela decadência da mitologia em nosso mundo.[30]

Aqui é exigido nada menos que uma conversão, pois a subjetividade passa de uma base antiquíssima no sacrifício para algo novo.

Jung Mo Sung indica a magnitude da conversão que está em jogo aqui, quando considera revolução epistemológica a declaração de Jesus que Deus quer "misericórdia [...] não sacrifícios" (Mt 9,13).[31] A conversão e a revolução epistemológica acontecem quando é prefigurada uma relação diferente da pessoa e do outro – mudança de rivalidade para cuidado. Quando recursos limitados são negociados com desejos potencialmente infinitos, surge uma distinção mais clara

---

[28] Ibidem, p. 18.
[29] Veja, por exemplo, a obra de Jung Mo Sung e Franz Hinkelammert.
[30] Girard, René. Mimesis and Violence, pp. 18-19.
[31] Sung, *Desire, Market and Religion*, p. 50.

Rumo a uma subjetividade alternativa no meio do Império

entre desejos e necessidades reais. E quando essas necessidades reais tornam-se parte da equação, a imagem amplia-se novamente para incluir não só as necessidades da pessoa, mas também as necessidades do outro.[32] No Evangelho de Mateus, as necessidades do próximo são fundamentais para a salvação, quando o Filho do Homem diz:

> [...] "Vinde, benditos de meu Pai! Recebei em herança o Reino que meu Pai vos preparou desde a criação do mundo! Pois eu estava com fome, e me destes de comer; estava com sede, e me destes de beber; eu era forasteiro, e me recebestes em casa; estava nu e me vestistes; doente, e cuidastes de mim; na prisão, e fostes visitar-me" (Mt 25,34-36).

E para a reação de surpresa quando tudo isso foi feito, é dada a famosa resposta: "[...] 'Em verdade, vos digo: todas as vezes que fizestes isso a um destes mais pequenos, que são meus irmãos, foi a mim que o fizestes!'" (Mt 25,34-40).

Não se explica essa subjetividade alternativa que surge aqui com uma simples referência à capacidade humana em geral. Alguma coisa mais está em ação – o tipo de coisa que neste livro chamamos de transcendência. A religião cristã, quando está em contato com uma experiência transcendente de graça, atua como o que tem o potencial para resistir ao desejo mimético negativo e que constantemente impulsiona a transformação do desejo. Nas palavras de Girard: "Onde quer que você tenha aquele [...] desejo positivo pelo outro, há algum tipo de graça divina presente. É o que o Cristianismo nos revela inquestionavelmente. Se negamos isso passamos para alguma forma de humanismo otimista".[33] O que é mais importante a respeito da religião no relato de Girard aqui é que isso não é "receita de como viver" ou forma de organização, entidade sociológica.[34] Girard concebe a transformação do desejo como mais que apenas prescrição ética ou a formação de uma nova instituição. É a "abertura em direção ao

---

[32] Veja ibidem, p. 33.
[33] Girard, The Good News of Mimetic Desire, p. 65; Girard também usa a noção cristã de graça em Assman, *Götzenbilder und Opfer*, p. 291.
[34] Ibidem, p. 271.

Para além do espírito do Império

Reino de Deus", que ele considera a meta suprema.[35] Aqui, surge clara alternativa à religião sacrifical que está enraizada na experiência de transcendência e graça que nos vem do outro e que, portanto, não controlamos.

Mas mesmo onde essa nova dinâmica positiva de desejo mimético ainda não está plenamente estabelecida há uma dialética que é responsável por efeitos positivos até de desejos miméticos negativos. Girard observa que no mundo da classe governante – a burguesia – o desejo mimético é crucial e a competição e a rivalidade determinam a vida. É, já se vê, a rotina em que tantos de nós estamos atolados hoje, e para a qual as classes governantes procuram puxar o maior número possível de pessoas. Apesar disso, outrora essa competição burguesa era, por si só, força progressiva, quando destruiu uma hierarquia feudal mais antiga e, assim, deu origem a novas possibilidades políticas e econômicas para seu tempo.[36] Talvez possamos identificar aqui alguma dialética que indique o futuro para além do domínio da burguesia, enquanto o desejo mimético continua a se desenvolver à margem.

Há mais uma coisa que precisa ser levada em conta a esse respeito. No capítulo II, observamos que o bode expiatório é o único que atua na resolução do desejo mimético. Isso significa que há uma espécie de atuação específica dos que são marginalizados e, em última análise, sacrificados pelo sistema. Las Casas viu alguma coisa dessa atuação nos ameríndios do século XVI, que ele considerava serem o Cristo açoitado das Índias. Entretanto, parece-nos que isso ainda não é avançar o suficiente, pois a ênfase no papel do bode expiatório normalmente limita-se a noções de sofrimento que enfatizam o componente passivo em vez da atuação e da subjetividade alternativas.[37] Pior ainda, essa atitude retorna, com demasiada facilidade, ao círculo vicioso do sacrifício, onde a atuação do bode expiatório é

---

[35] Ibidem, p. 306.
[36] Ibidem, p. 283.
[37] Veja a análise de Las Casas em Rieger, *Christ and Empire*, capítulo 4.

em benefício do sistema. Isso não podemos apoiar. Quando o bode expiatório obtém atuação e, assim, subjetividade, surge alguma coisa além do sofrimento passivo: os marginalizados e os sacrificados obtêm atuação onde menos esperamos: em meio ao sofrimento, que, desse modo, já não é mais questão meramente passiva. Aqui o sofrimento assume uma qualidade ativa de resistência e superação em relação ao sistema – que é o centro do sofrimento do próprio Cristo, cuja morte violenta em uma das muitas cruzes do Império Romano não foi o fim, mas o começo de algo novo que veio a ser poderoso o bastante para transformar o mundo. É o tipo de atuação que tem o potencial para subverter o sistema e produzir alternativas. Também encontramos exemplos nas experiências dos dias atuais: por exemplo, o soldado que escapou por pouco da morte sacrifical e volta para contar a história e, desse modo, expõe os mecanismos da morte, é voz poderosa e representa um desafio real ao sistema. Os pobres que se recusam a desistir apesar do fato de o sistema não parar de transformá-los em bodes expiatórios e que enganam o sistema ao fazer uso de recursos alternativos a fim de sobreviver, dão, como ninguém, um exemplo ao *statu quo*. Em outras palavras, a capacidade de superar o sofrimento e a opressão transforma-se em resistência mesmo quando não reconhecemos prontamente a subjetividade e a atuação que surgem aqui. Como resultado, quando a subjetividade e a atuação alternativas se manifestam, nossa noção de subjetividade e atuação se transformam. Trataremos disso a seguir.

## 3.3. Superar o tratamento de choque e a religião de onipotência

Embora a noção de onipotência pareça estar irremediavelmente ligada a imagens do divino, precisamos notar que essa não é necessariamente a imagem que o Deus de Jesus Cristo tem de si mesmo. Em contraste com as imagens do teísmo clássico, o Deus bíblico do Antigo e do Novo Testamento não é uma divindade onipotente, impassível, imutável e intocável. O poder do Deus judeo-cristão expressa-se

Para além do espírito do Império

de maneiras que não se harmonizam com a noção de onipotência, culminando na morte e no sofrimento que Jesus suporta na cruz. Quando esse Deus ouve o clamor do povo (Ex 3,7), não há impassibilidade – pré-requisito para noções clássicas de onipotência, porque só quem não é afetado por ninguém mais é verdadeiramente todo-poderoso. Quando esse Deus reconsidera as coisas e negocia com os seres humanos (Gn 18,22-33), não existe imutabilidade – outro pré-requisito para a onipotência. Quando Deus decide agir de baixo para cima e não de cima para baixo (quer ficando do lado de um povo insignificante como Israel, atuando por intermédio de profetas, não de reis (1Sm 8,10-18), quer agindo por intermédio de um Messias, tal como Jesus, que rejeita o poder de cima para baixo (Mt 4,8-10), nada resta das noções clássicas de onipotência. Além disso, até mesmo partes da tradição cristã que têm sido lidas à luz das doutrinas do teísmo clássico podem ser lidas de maneiras alternativas, como, por exemplo, o Credo niceno. A declaração da divindade de Jesus nesse Credo pode ser interpretada como familiarização de Jesus em termos dos preceitos do teísmo clássico, mas se o Credo niceno for lido ao contrário – em termos da vida e do ministério de Jesus reorganizando noções como onipotência, impassibilidade e imutabilidade – afirmar a divindade de Jesus subentende, em última análise, a desconstrução do emprego de atributos teístas clássicos para Deus e a reconstrução radical do divino.[38]

Como mostram os esforços humanos para imitar a onipotência divina, a onipotência não pode ser mantida indefinidamente. Essas imagens de onipotência desconstroem, destroem as pessoas e seus projetos, mas não conseguem reconstruir nada de maneira duradoura. Como os choques de cima para baixo em que são construídos, acabam por se esgotar. Talvez o melhor exemplo de esforços humanos para imitar a onipotência divina sejam as campanhas de bombardeio dos EUA, as guerras do Afeganistão e do Iraque, iniciadas

---

[38] Veja Rieger, *Christ and Empire*, capítulo 2.

Rumo a uma subjetividade alternativa no meio do Império

pela administração de George W. Bush: atirar bombas de aviões é sinal consumado de poder de cima para baixo, e os aviões maiores e mais adiantados, como os bombardeiros B-52, têm de enfrentar um risco relativamente pequeno de sofrer danos no processo (os B-2, a última geração de bombardeiros invisíveis, nunca foram abatidos); aqui, a onipotência é acompanhada de impassibilidade, imutabilidade e intocabilidade. Contudo, a onipotência e o choque operam melhor a curto prazo ou em uma estrutura de tempo razoavelmente limitada. Isso é verdade para o poder militar como um todo, que, como Maquiavel já sabia, é duro, mas frágil. A melhor maneira de resistir a esse tipo de poder é, inicialmente, saber o que acontece e por quê.

Ewen Cameron, o pai da doutrina de choque analisada no capítulo II, não foi bem-sucedido nos esforços para reprogramar as pessoas. Como Naomi Klein mencionou: "Por mais completamente que ele fizesse os pacientes regredirem, eles nunca absorveram nem aceitaram as mensagens repetidas interminavelmente em suas fitas. Embora fosse um gênio na destruição de pessoas, ele não conseguia refazê-las". Seu programa de "impulso psíquico" não funcionou. Klein estende essa observação aos seguidores da Escola de Economia de Chicago que defendem a aplicação da doutrina de choque à economia: "Os capitalistas do desastre compartilham essa mesma incapacidade de distinguir entre destruição e criação, entre ferir e curar".[39]

Estratégia semelhante foi seguida nos primeiros dias depois da invasão do Iraque pelos EUA, mas ali o projeto também fracassou por várias razões. Pensava-se que começar uma vida nova destruindo a infraestrutura do país, não só as indústrias, as escolas, as redes de comunicação, mas também os valiosos artefatos históricos, possibilitaria o início de um mundo novo de indústria privatizada, escolas, comunicação, e a disponibilidade de um suprimento ilimitado de bens de consumo baratos. Nos primeiros dias depois que a

---

[39] Klein, *The Shock Doctrine*, p. 47.

Para além do espírito do Império

destruição foi concluída e a vitória declarada, muitos empresários voaram para o Iraque, na expectativa de que grandes redes de *fast food*, como McDonald's, e grandes lojas, como o Walmart, logo abrissem para negócios. O que poderíamos chamar de "impulso econômico" – o ensaio econômico de simples mensagens econômicas que se parecem com as mensagens gravadas por Ewen Cameron e tocadas para seus pacientes durante horas intermináveis – também não funcionou. Talvez os pacientes simplesmente não soubessem o que significava "ser uma boa mãe e esposa e as pessoas gostarem de sua companhia" (mensagem de Cameron) ou que "privatização, mercados livres, cortar impostos e governo é a solução para todos os problemas" (mensagem do capitalismo neoliberal), mas a questão mais profunda é saber se personalidades e sociedades complexas podem ser controladas com esses esforços.[40] Experimentos fracassados – tão diversos como a reconstrução do Iraque e a restauração de Nova Orleans atingida pelo furacão: nos dois casos foi aplicada a doutrina de choque, conforme descrevemos no capítulo II – dão testemunho do problema.

Os esforços fracassados para reconstruir o Iraque exemplificam o que está em jogo. Ao contrário do Plano Marshall, que ajudou a reconstruir a Alemanha e o Japão depois da Segunda Guerra Mundial, a reconstrução do Iraque não objetivava alcançar a autossuficiência da economia iraquiana por meio da criação de empregos locais e do desenvolvimento de uma base fiscal que financiaria uma rede social. Esperava-se que a reconstrução do Iraque fosse realizada por importantes empreiteiras dos EUA, como Halliburton, Blackwater, Bechtel e Parsons, que subcontratariam outras empreiteiras estrangeiras, que então contratariam operários estrangeiros em vez de operários iraquianos. Essas empresas importavam até materiais de construção básicos, que poderiam facilmente ter sido produzidos

---

[40] Esta questão aplica-se também aos três princípios econômicos básicos da Escola de Chicago: privatização, desregulamentação e cortes nos serviços públicos. Veja Klein, ibidem, p. 444. Veja o relato de Klein sobre as mensagens de Cameron em ibidem, p. 32; Cameron tocava essas mensagens até vinte horas por dia durante semanas.

Rumo a uma subjetividade alternativa no meio do Império

pelas fábricas iraquianas fechadas. Klein observa que "mesmo o trabalho de construir a 'democracia local' foi privatizado", plano que terminou em fracasso e com a dispensa da empresa, que foi contratada com esse propósito sob um contrato estimado em US$ 466 milhões.[41] Mais uma vez Klein: "Livres em grande parte de todos os regulamentos, protegidas de perseguição criminal e por contratos que garantiam que seus custos seriam cobertos, mais um lucro, muitas corporações fizeram uma coisa inteiramente previsível: fraudaram desvairadamente".[42]

É evidente que foram precisamente esses projetos – que na maior parte não foram concluídos satisfatoriamente – que contribuíram para a resistência ascendente no Iraque contra a ocupação dos EUA e para o surgimento de subjetividade e atuação alternativas. Iraquianos desempregados, que perderam o emprego para a mão de obra barata importada de outros países pelos empreiteiros dos EUA, tendiam a simpatizar com a resistência contra os EUA, e alguns até se juntaram a ela. Mesmo homens de negócios foram tomar parte na resistência, pois ressentiam-se contra as importações irrestritas e a posse estrangeira de ativos iraquianos, e assim começaram a financiar atividades de resistência. Além disso, a privatização deixou sem trabalho funcionários públicos, como soldados, médicos, enfermeiros, professores e engenheiros – grupos de pessoas que poderiam ter ajudado a moderar tensões, inclusive as religiosas.[43] No Iraque, o vazio criado pela eliminação da doutrina de choque da vida cotidiana foi rapidamente preenchido, não pelo mundo de sonhos do capitalismo de mercado livre, mas pelas mesquitas e as milícias locais. A doutrina de choque criou um local de procriação para o radicalismo e as subjetividades alternativas. Klein conclui que o fundamentalismo religioso é "a única fonte de poder em um estado que se tornou

---

[41] Ibidem, p. 348; ibidem, pp. 247-350.
[42] Ibidem, p. 356.
[43] Ibidem, pp. 351-354.

217

Para além do espírito do Império

oco".⁴⁴ Mas talvez haja mais nesse assunto e submeter-se ao fundamentalismo e ao extremismo religiosos confunde mais do que esclarece as coisas, principalmente em um contexto onde o Islã já é visto sob uma luz negativa.

A fim de ampliar nossos horizontes, considere essa situação em termos de suas "consequências involuntárias", que Chalmers Johnson, seguindo o jargão da CIA, chama de "sopro de volta". Já o manual Kubark de "Interrogatório de contraespionagem" menciona o problema: "É mais difícil lidar por outros métodos com interrogados que suportaram dor. O efeito não é reprimir o sujeito, mas restaurar-lhe a confiança e a maturidade".⁴⁵ Em outras palavras, a destruição da subjetividade pode fazer o tiro sair pela culatra e fortalecer formas de subjetividade alternativa, que não devem ser menosprezadas depressa demais como puro "radicalismo". Nas famosas palavras de Nietzsche, o que não nos mata faz-nos mais fortes. A psicologia social aponta para um discernimento semelhante: o psicólogo social W. Keith Campbell observa que a experiência de um choque profundo detém os mecanismos normais pelos quais a psique se protege, desse modo criando a possibilidade de transformação.⁴⁶

Ao que tudo indica, foi precisamente uma coisa assim que aconteceu no Iraque, pois imediatamente depois da invasão dos EUA o povo iraquiano fez grandes esforços para construir a democracia. Em vez de se tornarem passivos, vários grupos organizaram eleições espontâneas em cidades e províncias. Os comandantes dos EUA não estavam preparados para essa reação e L. Paul Bremer III, o enviado extraordinário dos EUA ao Iraque, depressa desistiu da ideia de convocar uma assembleia que representasse todos os setores da sociedade iraquiana. Em vez disso, Bremer selecionou a dedo ele mesmo

---

⁴⁴ Ibidem, p. 359.
⁴⁵ Referência em ibidem, p. 323.
⁴⁶ Referência em: McGowan, Wenn das Leben auseinanderfallt. *Psychologie Heute*, outubro de 2007. pp. 20-27. Veja também o resumo na web: http://herminemandi. wordpress.com// 2007/09/20/ was-uns-nicht-umbringt- macht-uns-starker//

Rumo a uma subjetividade alternativa no meio do Império

os líderes políticos. O resultado foram demonstrações pacíficas maciças contra essa prática, com o povo entoando: "Sim para eleições, não para seleções", manifestando formas alternativas de subjetividade e atuação que não foram previstas pelas forças dos EUA. Foi em resposta a esse surgimento de subjetividade alternativa que o abuso de prisioneiros piorou, o que normalmente se vê apenas em meio às pressões de guerra, mas não durante tempos de reconstrução.[47] Contudo, mesmo quando a repressão a essas subjetividades alternativas aumentou assustadoramente, a resistência cresceu ainda mais. A tortura começou a ter o efeito oposto. Como declarou um prisioneiro que foi solto da prisão de Abu Ghraib: "Abu Ghraib é lugar de procriação de insurgentes".[48] Sobreviver a abusos e torturas sistemáticos deixa as pessoas prontas para resistir, principalmente os que foram presos por "engano". A resistência ao choque intensifica-se quando no passado se experimentou choques e se resistiu a eles.

Experiências semelhantes foram feitas em outros lugares, principalmente na América Latina, onde a terapia de choque foi executada primeiro em larga escala, começando na década de 1970 com a repressão sistemática por ditaduras militares. A virada da América Latina para a esquerda nos últimos anos demonstra notável poder de recuperação de choques semelhantes, visto, por exemplo, na capacidade de resistir a esforços para derrubar líderes de Estado devidamente eleitos e para arruinar processos eleitorais democráticos. Cada vez mais países começam a criar uma subjetividade e atuação coletivas próprias sob nova liderança, como a Venezuela (Hugo Chávez), a Bolívia (Evo Morales), o Equador (Rafael Correa), o Brasil (Luiz Inácio Lula da Silva), a Nicarágua (Daniel Ortega), o Chile (Michelle Bachelet), o Paraguai (Fernando Lugo Méndez), a Argentina (Cristina Fernández de Kirchner) e El Salvador (Mauricio Funes). Todos esses países desafiam até certo ponto a economia neoliberal introduzida pelos que aplicaram os choques na América Latina, o que levou

---

[47] Klein, *The Shock Doctrine*, pp. 361-68.
[48] Ibidem, p. 370.

à nova repressão das massas e ao aumento da disparidade entre ricos e pobres. A surpreendente descoberta é que o caráter repressivo das economias neoliberais e dos choques relacionados para os pobres e a classe média (como na crise econômica argentina de 1999 a 2002) leva não apenas à frustração, mas também a nova atuação. Talvez um dos sinais mais claros dessa atuação em desenvolvimento seja que vários desses países preparam-se para sair do Fundo Monetário Internacional (FMI), e alguns já saíram. Eles se opõem principalmente aos dogmas neoliberais do FMI de privatização, liberdade empresarial e redução do gasto social, que foram introduzidos com a doutrina de choque e sua aplicação, mas que pioraram a situação da maioria das pessoas. Em 2007, a América Latina formou apenas 1% da carteira de empréstimos do FMI, 80% a menos que em 2005.[49] Outros países a seguem, como a Rússia e a Tailândia.

Esses movimentos preparam o terreno para transformações mais amplas da subjetividade. A subjetividade recém-descoberta que faz parte dessa resistência já não está sendo construída com base na criatividade de apenas alguns indivíduos carismáticos. O apoio mútuo é essencial porque as novas formas de resistência não podem ser sustentadas por indivíduos isolados – eles poderiam ser coagidos com demasiada facilidade a voltar ao sistema. Atingidos por uma catástrofe natural que foi usada como ponto de lançamento para a doutrina de choque, líderes comunitários de Nova Orleans foram à Tailândia a fim de estudar como o povo se organizou e como começou a reconstruir depois do *tsunami*, tendo de rechaçar esforços para se apoderar de sua terra de frente para o oceano. Quando voltaram para casa, esses residentes de Nova Orleans começaram a se responsabilizar pelas coisas e iniciaram seus próprios projetos de reconstrução.[50] Em suma, esse novo tipo de subjetividade baseia-se em um tipo diferente de intersubjetividade que surge entre os que o sistema tentou atrair de várias maneiras. Essa intersubjetividade surge em todos os

---

[49] Ibidem, p. 457.
[50] Ibidem, pp. 465-466.

níveis, desde o pessoal até o político e o econômico. Um exemplo em nível de grande escala é a proposta da Bolívia para um acordo alternativo de livre-comércio (ALBA) baseado na ideia de que "cada país fornece o que está em melhor posição para produzir, em troca do que mais precisa, independente dos preços do mercado global".[51] Mais uma vez, o lema dessa intersubjetividade emergente é: "De cada um, segundo suas capacidades, a cada um, segundo suas necessidades". A subjetividade alternativa e a intersubjetividade surgem enquanto redes progressivas organizam o poder do povo para cima, produzindo meios de vida alternativos que desafiam o *statu quo*.

Na tradição cristã, essa intersubjetividade emergente é vista na ressurreição de Cristo. Não se rendendo à execução desse Messias alternativo pelos poderes constituídos aparentemente onipotentes, o divino toma o lado daqueles contra os quais o tratamento de choque era dirigido e, assim, possibilita nova esperança. Embora a crucificação fosse real – Cristo não estava simplesmente em um estado de vida latente, mas morto e enterrado – a ressurreição frustra os esforços do Império Romano e dos sumos sacerdotes judaicos para aniquilar Jesus Cristo para sempre. O poder em ação nessa ressurreição não é a onipotência de cima para baixo, mas a resistência de baixo para cima que começa quando algumas mulheres não se rendem ao tratamento de choque da crucificação, mas agrupam-se ao lado da sepultura de Jesus, e quando espalham a notícia do Cristo ressuscitado e reúnem o grupo disperso e desalentado dos discípulos na presença dele, às margens do Império na Galileia (veja, por exemplo, o relato no Evangelho de Lucas, capítulo 24. Lucas não menciona a Galileia, mas os outros Evangelhos sim).

Há mais alguma coisa que não é apagada completamente pelos choques onipotentes impostos pelo *statu quo*. Klein lembra que a memória, em suas formas individual e coletiva, "vem a ser o maior

---

[51] Emir Sader, sociólogo brasileiro, citado em ibidem, p. 456.

absorvente de choques de todos".[52] A pergunta interessante, já se vê, é que tipo de memória seria a que em nossa atual situação de Império nos ajuda a absorver os choques. A memória de imagens religiosas pode não ajudar necessariamente nesse caso, principalmente se tais imagens reforçam a noção de onipotência do Império. Memórias do divino como onipotente, por exemplo, com demasiada facilidade reforçam imagens da onipotência dos poderosos: dessa perspectiva, os que comandam a força militar superior, os maiores poderes econômicos e a massa absoluta da economia global devem, em última análise, estar certos. Há, entretanto, outro tipo de memória, que alguns chamam de "memória perigosa".[53] Na tradição cristã, essa é a memória de que os símbolos básicos do Cristianismo não se entrosam com os símbolos do Império. Uma dessas memórias perigosas afirma, por exemplo, que a confissão cristã do senhorio de Jesus é um desafio ao Império Romano, que reivindicava o direito exclusivo ao título de senhor.[54] Tais memórias, já se vê, não são as memórias da corrente predominante, mas permaneceram vivas, principalmente ocultas e à margem, contudo lampejam em momentos de grande perigo (Walter Benjamin) e contribuem para a criação de alguma coisa nova.[55] Klein fala da formação de uma nova narrativa: "Logo que temos uma nova narrativa que oferece uma perspectiva dos eventos chocantes, somos reorientados e o mundo volta a fazer sentido".[56] Entretanto, precisamos continuar a investigar de onde surge essa nova narrativa – narrativa que não é, em última análise, completamente nova, porque

---

[52] Ibidem, p. 463.

[53] Veja Metz, Johann Baptist. *Glaube in Geschichte und Gesellschaft*. Mainz, Grünewald, 1977. pp. 176-180, seguindo Walter Benjamin. Parte da noção de memória perigosa é que ela aponta para esperanças irrealizadas. Ibidem, p. 176.

[54] Rieger, *Christ and Empire*, capítulo 2.

[55] "Articular o passado historicamente não significa reconhecê-lo 'da maneira como ele era realmente' (Ranke). Significa apoderar-se de uma lembrança quando ela lampeja em um momento de perigo". Benjamin, Walter. Theses on the Philosophy of History. In *Illuminatios*: Essays and Reflections. Hannah Arendt, org. e introd. Harry Zohn, trad. New York, Schocken Books, 1969. p. 255.

[56] Klein, *The Shock Doctrine*, p. 458.

enraíza-se em memórias perigosas – e como ela contribui para a organização da intersubjetividade.

No centro de uma subjetividade que resiste aos choques de cima para baixo do Império está uma perspectiva que aprecia movimentos de baixo para cima. As pessoas que são esmagadas por choques de cima para baixo são as que não estão cientes das alternativas de baixo para cima, aquelas para as quais existe apenas um caminho, o caminho da onipotência de cima para baixo. Se esse caminho único volta-se contra elas, não resta nada e suas memórias de outros tempos de grandeza e onipotência de nada ajudarão. Afastando-se da estratégia do Império de choque de cima para baixo, a religião toma outro aspecto, pois recaptura suas memórias de movimentos de baixo para cima. Esses movimentos de baixo para cima, pode-se argumentar, colocam a religião mais perto de suas origens e movimentos fundadores, pois muitos dos fundadores e movimentos fundadores das principais religiões do mundo originam-se de baixo.

Com isso em mente, podemos dar meia-volta e nos reapropriar de uma ideia promovida por Milton Friedman, da Escola de Economia de Chicago, que diz que "só uma crise – real ou percebida – produz verdadeira mudança". Embora essa noção esteja no centro da doutrina de choque do Império, talvez haja uma lição aqui para a subjetividade e a atuação que se desenvolvem também na resistência contra o Império: muitos de nós nos beneficiaríamos ao dar mais atenção às verdadeiras crises de nosso tempo. Sem uma clara percepção da tremenda crise em que nos encontramos – que alcança desde a desigualdade sempre maior de riqueza aos efeitos de bola de neve do aquecimento global – verdadeira mudança talvez não seja possível.

Agora examinaremos mais de perto o que acontece à subjetividade em meio a essa crise.

## 3.4. Superar o realismo e a religião do statu quo

A vantagem da posição do real (veja o capítulo II) é que os marginalizados não são completamente orientados pelos poderes constituídos – ao contrário dos que fazem parte do sistema. Lacan fala de uma espécie de gozo excedente[57] que escapa à autoridade e controle do *statu quo*. Como Slavoj Zizek explica: "[...] não é um superávit que simplesmente se liga a algum gozo fundamental, 'normal', porque *o gozo como tal surge somente nesse superávit*".[58] Em outras palavras, a subjetividade dos marginalizados não é só atuação do *statu quo* e não se explica em termos do realismo do *statu quo*: os "realistas" no poder não conseguem nem mesmo imaginar que a subjetividade real existe de fato fora de seu controle, embora continuem nervosos a respeito das margens. Além disso, o chamado realismo do *statu quo* esquece que a formação da subjetividade é complexa e produzida à custa dos outros. Até as advertências comuns e bem-intencionadas da religião predominante, para não sermos tão "egoístas" e "gananciosos", apoiam o sistema, porque pressupõem a realidade da subjetividade individualista. Entretanto, a subjetividade que esse realismo reconhece – o individualismo resistente do "homem que se fez por si" – não existe; é um mito que encobre o fato de os poderosos e os abastados terem adquirido a riqueza e o poder à custa dos outros e de sua subjetividade e atuação serem apoiadas e coreografadas pelo sistema. Até as subjetividades de excêntricos riquíssimos como Donald Trump ou Paris Hilton fazem parte do sistema, já que tais subjetividades surgem em relação ao grande número de outros, cujas histórias nunca são contadas, como os trabalhadores que cortam a relva nas propriedades de Trump ou Hilton, que inevitavelmente contribuem para o aumento de suas fortunas, que financiam sua subjetividade. As subjetividades de Trump e Hilton fazem parte do sistema, mesmo quando saem da linha, já que se acredita que os ricos e abastados

---

[57] Lacan, Seminar 20, *Encore*, p. 144; o termo exato usado na tradução para o inglês é "supplementary *jouissance*".

[58] Zizek, *The Sublime Object of Ideology*, p. 52; ênfase no original.

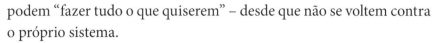

podem "fazer tudo o que quiserem" – desde que não se voltem contra o próprio sistema.

Nessa situação é necessário um novo olhar no lado inferior. Aqui são úteis as ideias de estudos subordinados, campo de estudo que se preocupa principalmente não com estudos convencionais do subalterno que almeja representação, mas com o entendimento de sua subjetividade, atuação e energia.[59] John Beverley está certo: "[...] se estudos culturais representassem adequadamente a dinâmica do 'povo', não haveria necessidade de estudos subalternos".[60] O que é essa nova subjetividade que se apresenta aqui?

A resistência ao Império confronta-nos com uma inversão inesperada entre sujeito e objeto, segundo a qual os que julgavam sua subjetividade segura vão perdê-la e os que eram considerados meros objetos vão ganhá-la, paralela a uma velha revelação de Jesus: "Pois quem quiser salvar sua vida a perderá; e quem perder sua vida por causa de mim a encontrará. De fato, que adianta a alguém ganhar o mundo inteiro, se perde a própria vida? [...]" (Mt 16,25-26). Resistência tem a ver com inversão na subjetividade, onde os que eram considerados não sujeitos ou não pessoas (na linguagem da teologia da libertação) tornam-se os verdadeiros sujeitos, enquanto a subjetividade dominante é exposta como fraude. Ao que parece, "ganhar o mundo todo" não é o caminho da verdadeira subjetividade. Alhures assim descrevi os mecanismos na raiz dessa subjetividade alternativa, mencionando como a subjetividade alternativa expõe a falsa subjetividade dominante:

> Essa mudança na relação de sujeito e objeto, na qual o objeto reprimido reflete a verdade de sua repressão de volta para o sujeito repressor (que é agora assombrado pela verdade de suas ações e por sua incapacidade

---

[59] Chaturvedi, Vinayak. *Mapping Subaltern Studies and the Postcolonial*. London, Verso, 2000. p. xiii, resume essas preocupações em termos da questão de atuação, posição do sujeito, hegemonia e resistência ao determinismo.

[60] Beverley, John. *Subalternity and Representation*; Arguments in Cultural Theory. Durham, N.C, Duke University Press, 1999. p. 113.

de lidar com o objeto que ele julgava estar sob total controle), é o que está na base da resistência.[61]

Em outras palavras, o que era considerado "objeto reprimido" torna-se o novo sujeito, enquanto o "sujeito repressor" é exposto como incapaz de manter o controle. Essa nova subjetividade só é obtida onde a falsa subjetividade do *statu quo* é desafiada.

A subjetividade alternativa origina-se das pressões de ser "sujeitado" e "objetivado", fluindo precisamente no ponto onde essas pressões não podem exercer controle absoluto e moldar tudo a sua imagem: onipotência – a capacidade de controlar absolutamente tudo – é uma ilusão que o Império quer manter, mas que não existe. Franz Hinkelammert expõe as coisas de forma ligeiramente diferente:

> O sujeito não é uma substância – uma coisa que existe e subsiste por si só ou em relações dentro de sistemas ou "redes" – mas uma "falta que clama", potência ou conjunto de potências que tornam possível para o ser humano opor-se e resistir à tentativa de redução pelo sistema social dominante.[62]

A subjetividade dominante, que procura projetar uma onipotência impossível, deixa de perceber essa falta que está no coração do sujeito e assim cai presa da redução pelo sistema social dominante. Por outro lado, a subjetividade alternativa é posta dolorosa e continuamente a par de seus limites, mas – precisamente por essa razão – é capaz de (e forçada a) explorar meios alternativos de ser que não estão disponíveis aos que são devedores do *statu quo*. Alhures, Hinkelammert assim o disse: "Tornar-se um sujeito é reagir positivamente a essa ausência [...] sem eliminá-la como ausência".[63] Da perspectiva de estudos subalternos questões semelhantes são promovidas: "Ir ao subalterno a fim de aprender a ser radicalmente 'fragmentário'

---

[61] Rieger, Liberating God-Talk. In: Keller, Catherine et alii. *Postcolonial Theologies*; Divinity and Empire. St. Louis, Mo., Chalice Press, 2004. p. 217.

[62] Hinkelammert, parafraseado por Jung Mo Sung, The Subject and Complex Societies, p. 81.

[63] Hinkelammert, Franz. *El grito del sujeto*; Del teatro-mundo del evangelio de Juan al perro-mundo de la evangelización. San José, Editorial DEI, 1998. p. 6.

Rumo a uma subjetividade alternativa no meio do Império

e 'episódico' é afastar-se da monomania da imaginação que opera dentro do gesto que o sujeito consciente, crítico e sempre disposto já sabe o que é bom para todos, na frente de qualquer investigação".[64] A franqueza, fragmentação e falta que fazem parte da subjetividade alternativa não são, portanto, marcadores negativos, mas fundamentais para sua capacidade de resistir ao *statu quo* e desenvolver alternativas reais.

Na verdade, aqui lidamos com um tipo diferente de subjetividade e atuação. Não falamos nem da ação de cima para baixo do sujeito poderoso, aparentemente autônomo, que é função do *statu quo*, nem das ações aerodinâmicas de instituições específicas do *statu quo*, sejam elas religiosas, econômicas ou políticas. As verdadeiras subjetividade e atuação formam-se em situações de pressão, primeiro como falta e fragmentação, mas depois como contrapressões que reagem às repressões da vida. Talvez essa seja a verdade por trás de ditos misteriosos de Jesus, como o seguinte: "Felizes sereis quando os homens vos odiarem, expulsarem, insultarem e amaldiçoarem o vosso nome por causa do Filho do Homem. Alegrai-vos, nesse dia, e exultai, porque será grande a vossa recompensa no céu, pois era assim que os seus antepassados tratavam os profetas" (Lc 6,22-23).

Nessa situação são abertas novas fontes de energia que não estão disponíveis aos que atuam dentro dos confins do *statu quo* ("Ai de vós quando todos falarem bem de vós, pois era assim que seus antepassados tratavam os falsos profetas" [Lc 6,26]). Essa subjetividade alternativa adquire forma em diferentes tipos de atuação que muitas vezes não são vistos em seu potencial. A atuação alternativa não só inclui a construção ativa de alternativas, mas também manifesta-se em protesto, insubordinação, retraimento, migração, revolta e os tipos de práticas culturais que se relacionam com esses movimentos.[65]

---

[64] Chakrabarty, Dipesh. Radical Histories and Question of Enlightenment Rationalism. In: Chaturvedi, Vinayak. *Mapping Subaltern Studies and the Postcolonial*. London, Verso, 2000. p. 275.
[65] Rieger, Liberating God-Talk, pp. 217-218.

Existem outros paralelos na tradição cristã. Como sugerido no capítulo II, a subjetividade e a atuação que surgem aqui podem ser repensadas em termos de como alguns elementos da tradição cristã imaginam a subjetividade e a atuação de Jesus, que dispensa a oferta de Satanás para dominar o mundo (Mt 4,8-10). Mas Jesus rejeitou a oferta de Satanás porque presumiu que esse tipo específico de domínio do mundo (ou qualquer outro tipo de "poder sobre" o mundo) mais tarde lhe seria dado por Deus de qualquer maneira; essa oferta não representava uma grande tentação. Como a vida e o ministério de Jesus mostram, ele acaba por assumir um tipo diferente de subjetividade e atuação que se define não pelo governo de cima para baixo, mas pela solidariedade com os excluídos. É isso que, no fim, leva à sua execução em uma dos milhares de cruzes do Império que eram reservadas para rebeldes políticos, isto é, para os que adotavam qualquer tipo de subjetividade e atuação que estivesse em tensão com a subjetividade promovida pelo Império. O apóstolo Paulo, autor dos escritos neotestamentários mais antigos, expressa essa subjetividade alternativa da seguinte maneira:

> Mas o que para o mundo é loucura, Deus o escolheu para envergonhar os sábios, e o que para o mundo é fraqueza, Deus o escolheu para envergonhar o que é forte. Deus escolheu o que no mundo não tem nome nem prestígio, aquilo que é nada, para assim mostrar a nulidade dos que são alguma coisa (1Cor 1,27-28).

Há aqui, claramente, tensão entre duas subjetividades que não podem se reconciliar; o que a declaração paulina descreve como escolha divina (o termo teológico tradicional é "eleição") é, em última análise, julgamento sobre qual subjetividade vai perdurar a longo prazo. Assim, a subjetividade alternativa não é apenas uma alternativa inócua que fica ao lado da subjetividade dominante e a complementa: mais exatamente, a subjetividade alternativa desafia a subjetividade dominante e, no fim, derrota-a.

Entretanto, essa subjetividade alternativa não deve ser romantizada, como a tradição dos oprimidos deveria deixar claro. Os oprimidos sabem que sua subjetividade é produzida por todo tipo de forças, até mesmo as forças do *statu quo*; e embora essa subjetividade alternativa se imponha contra e além do "sujeito automático", também não é autônoma. Mas o oprimido não tem condições para desistir do que restou de sua subjetividade, porque sua sobrevivência depende dela. Nesse contexto nem o individualismo nem o comunitarismo são opções atraentes. O individualismo é o falso sentimento de subjetividade dos poderosos que nunca são sujeitos individuais, embora possam pensar que sim. Mas o comunitarismo, muitas vezes declarado como sendo a solução para o individualismo, é também um problema, pois reflete o falso senso de subjetividade do individualismo. O comunitarismo não mostra percepção de como a identidade de grupo e a subjetividade coletiva também não são autônomas e que também elas são produzidas nas tensões da vida e à custa dos outros. O resultado é o que pode ser chamado de "individualismo coletivo", onde o grupo surge como indivíduo coletivo razoavelmente homogêneo, manifesto, por exemplo, nas comunidades dos privilegiados e em suas comunidades fechadas. O *éthos* da Pós-Modernidade, no qual essas batalhas de individualismo contra comunitarismo são não raro travadas, não ajuda muito na resolução desse dilema, pois ele questiona a subjetividade precisamente em uma época em que os marginalizados adquirem alguma subjetividade. Não falar a respeito da subjetividade em geral, mas a respeito da subjetividade que surge nas margens, põe-nos em um caminho diferente. Laura Donaldson, pensadora cheroqui, lembra-nos proveitosamente que precisamos prestar atenção ao que realmente acontece no meio do povo,[66] pois isso nos dá um entendimento mais claro da retenção pelos oprimidos de algum tipo de subjetividade e atuação mesmo sob as condições do Império Pós-Moderno ou pós-colonial.[67] Gayatri Chakravorty

---

[66] Donaldson, Laura. The Breasts of Columbus; A Political Anatomy of Postcolonialism and Feminist Religious Discourse. In: Laura Donaldson and Kwok Pui-lan, orgs. *Postcolonialism, Feminism, and Religious Discourse*. New York, Routledge, 2002.

[67] Rieger, *Christ and Empire*, capítulo 7, introduz o termo "Império pós-colonial", que à primeira vista parece ser um paradoxo.

Spivak, que a princípio se perguntou se o subalterno poderia falar, também revisou seu argumento anterior nessa direção (ver capítulo II). Essa é a realidade que experimentamos à margem de nossos contextos, não só no Brasil e na Argentina, mas também nos Estados Unidos, e isso é o que continua a nos lembrar um tipo de transcendência que não se vê das perspectivas do *statu quo*.

Nesse contexto falamos a respeito de outro tipo de superávit. O que é produzido pelo capitalismo imperial não é simplesmente o superávit dos poderosos, mas outro tipo de superávit que se exprime nas tradições dos oprimidos. A noção lacaniana de "gozo do superávit" refere-se a um recurso disponível apenas para os reprimidos, no lado inferior, e não para os que fazem parte do *statu quo* ("Alegrai--vos [...] e exultai, [...]" – Lc 6,23). Hardt e Negri assim o exprimem:

> A produção do comum sempre envolve um superávit que não é expropriado pelo capital nem captado na arregimentação do corpo político global. No nível filosófico mais abstrato, esse superávit é a base sobre a qual o antagonismo transforma-se em revolta. Em outras palavras, a privação cria raiva, indignação e antagonismo, mas a revolta só surge na base da riqueza, isto é, um superávit de inteligência, experiência, conhecimento e desejo.[68]

Em outras palavras, os oprimidos e marginalizados não são apenas os excluídos, fragmentados e confrontados com uma falta, mas têm seu tipo de riqueza ("Felizes vós, [...]" – Lc 6,20). Aqui há níveis de discernimento e energia que são desconhecidos do *statu quo*. Como o sistema não reconhece essa riqueza, abrem-se certos nichos ou espaços seguros. Baseadas nessa produção alternativa de subjetividade relacionada com outro superávit, algumas de nossas noções preconcebidas de resistência mudam: e se o trabalho de resistência não fosse feito primordialmente no tempo livre das pessoas (por

---

[68] Hardt & Negri. *Multitude*, p. 212.

Rumo a uma subjetividade alternativa no meio do Império

meio de grande número de reuniões adicionais à noite, por exemplo), mas sim nas redes em que passamos nossa vida cotidiana?[69]

A esta altura, o superávit religioso descortina-se mais claramente. Deus não se limita a ser a garantia suprema do *statu quo* – o produto do superávit do sistema e o sujeito automático –, embora esse seja, na verdade, o deus do Império e, assim, a imagem predominante de deus em todas as épocas. Deus é também concebido em termos do oposto do *statu quo* e essa é a história contada em muitas das tradições judeo-cristãs, em especial as em que Jesus atrai muita gente e que o inspiram a avançar contra o *statu quo* político-religioso (ver, por exemplo, Mc 3,1-6, quando Jesus cura um homem com a mão atrofiada, o que é contra a lei oficial do sábado judaico, resultando que os líderes religiosos e os agentes do poder político conspiram para matá-lo no início de seu ministério). Há aspectos do divino que não são controlados pelo Império e que continuam a entrar em ebulição, apesar dos melhores esforços do sistema para subjugá-los (em *Christ and Empire*, Rieger fala de um "superávit teológico", ou um "superávit cristológico"). Se, em última análise, a subjetividade das pessoas não pode ser controlada, por que deveríamos supor que há uma realidade divina que pode ser completamente controlada? Essa é uma das ideias fundamentais deste livro que se desenvolve em cada capítulo.

A diferença, já se vê, é que esse tipo alternativo de superávit é produzido no lado inferior. Está ligado a atos específicos de repressão em um sistema repressivo. Organizadores de sindicatos têm um dito: "O chefe é nosso melhor organizador". A repressão de cima para baixo gera não apenas pressão, mas também contrapressão e um superávit do qual se origina a resistência. O próprio Império, sem ter consciência disso, cria, assim, a condição para uma coisa nova. Entretanto, a nova subjetividade surge precisamente nos lugares onde o

---

[69] Veja também o argumento em Hardt & Negri. *Multitude*, p. 350. Entretanto, Hardt e Negri parecem com demasiada facilidade não levar em conta o valor de reuniões organizacionais adicionais.

Império menos espera. Quando esses lugares são reconhecidos como lugares genuínos para a criação de subjetividades alternativas (usamos o plural deliberadamente, pois os atos de repressão são variados, embora os sistemas de repressão estejam ligados), são descobertas novas energias e novos recursos. Hardt e Negri assim o expressam: "Alguns recursos permanecem escassos hoje, mas muitos, de fato, principalmente os elementos mais novos da economia, não operam em uma lógica de escassez".[70] Como Thomas Jefferson já percebera, as ideias são realçadas quando são comunicadas – discernimento fundamental que é especialmente relevante na era da informação. Aqui surge todo um novo entendimento da riqueza do lado inferior e suas subjetividades alternativas. Embora as ideias dominantes também se beneficiem dessas dinâmicas, os modelos de cima para baixo tradicionais de dominação e influência são desafiados no mínimo implicitamente, pois o mundo floresce sem eles. Até as descobertas da ciência contemporânea, como a neurociência e seus modelos do cérebro, proporcionam imagens úteis de situações onde os governantes são cada vez mais parasitas e o poder soberano, cada vez menos necessário.[71]

Nesse contexto podemos examinar novamente a formação de relacionamentos entre as várias subjetividades emergentes. Embora até certo ponto os atos específicos de repressão divirjam, há um sistema maior adequado de repressão que alimenta esses atos repressivos. Esse sistema maior produz certas semelhanças familiares que justificam a solidariedade potencial entre os diversos grupos reprimidos. Como resultado, cria-se aqui um sujeito coletivo que não é "aditivo", no sentido que cada experiência de repressão seria apresentada como sem relação com a outra. Esse tipo de adição é o problema de um tipo de política de identidade essencialista, onde lutas de identidades diferentes (como negros, mulheres, minorias étnicas) são somadas e comparadas, mas não realmente identificadas em termos das raízes

---

[70] Hardt & Negri. *Multitude*, p. 212.
[71] Ibidem, pp. 338s.

Rumo a uma subjetividade alternativa no meio do Império

comuns de repressão. Quando vamos além da adição e descobrimos relacionamentos entre várias formas de repressão, surge nova subjetividade coletiva, que se caracteriza por solidariedade ilimitada, onde nenhum grupo e nenhum líder predomina. Beverley resume: embora as pessoas permaneçam heterogêneas – não há nenhuma necessidade de homogeneizá-las – elas são unificadas em relações antagonistas com os poderes estabelecidos.[72] Tais abordagens são vistas no mundo da religião, por exemplo, onde religiões diferentes trabalham juntas em grupos interconfessionais, não a fim de produzir homogeneidade religiosa, mas a fim de aplicar suas várias tradições religiosas em lutas contra a dominação de cima para baixo e para o bem comum, para que todos possam viver.

Uma das diferenças fundamentais entre a subjetividade dominante e a subjetividade subalterna é a maneira como a união é entendida. A união dos que estão no poder exige homogeneidade, embora possa levar em conta algumas diferenças. O realismo do *statu quo* exige que certas questões fundamentais não sejam questionadas, como o compromisso com o "mercado livre" que garante a liberdade dos membros mais poderosos da sociedade, ou um entendimento de democracia que exclui o mundo da economia. Por outro lado, a união do povo não é homogênea, mas envolve diversos agentes sociais com identidades e histórias diferentes.[73] Isso aponta para o real, que também não é homogêneo. O real nunca é a "coisa em si", mas o que é produzido pelas repressões do sistema e, portanto, pode expô-lo e resistir a ele. Participar do real une, porque resiste à cooptação e mantém a percepção da repressão comum que se suporta. Ao contrário da realidade, que é a maneira como o mundo é percebido da perspectiva do *statu quo*, o real é a dor comum da repressão que cria novas formas de solidariedade e subjetividades e atuações

---

[72] Beverley, John. *Subalternity and Representation*, p. 105.
[73] Veja também ibidem, p. 90.

alternativas.[74] Mas há também um aspecto positivo que não deve ser menosprezado, pois o real produz algo novo que não é do sistema ("no mundo, mas não do mundo", parafraseando Jo 17,6-19) e, assim, faz diferença.[75] A subjetividade e a atuação alternativas produzem alternativas positivas que criam o que o realismo e a religião do *statu quo* nunca julgaram possível. Contudo, não devemos nos esquecer de que essas alternativas mantêm uma abertura que não se encontra no sistema dominante e, assim, em última análise, não podem nunca ser definidas.

Finalmente, aqui surgem novas formas de intersubjetividade que lançam os fundamentos para uma nova humanidade. Nas palavras de Jung Mo Sung:

> Quando é manifesta e experiente como um sujeito que resiste a relações opressivas, a pessoa reconhece-se como sujeito e, ao mesmo tempo, reconhece a subjetividade de outras pessoas para além de quaisquer e todos os papéis sociais. É do que falávamos antes como a experiência de gratuidade na relação face a face.[76]

O novo relacionamento construído pelos que personificam a subjetividade alternativa leva em conta um encontro face a face que não é possível em um sistema onde a subjetividade depende de diferenciais de poder, isto é, onde o sujeito só é entendido como o que sujeita outros e os traz sob controle – entendimento muitas vezes perpetuado em noções de "liderança", promovidas não só no mundo dos negócios, mas também na política e na Igreja. Aqui há um momento

---

[74] Este argumento está mais desenvolvido em Rieger, Developing a Common Interest Theology from the Underside. In: Rieger, Joerg, org. *Liberating the Future*; God, Mammon, and Theology. Minneapolis, Fortress Press, 1998.

[75] Beverley, *Subalternity and Representation*, p. 103; os estudos subalternos são desconstrutivos e também construtivos.

[76] Sung, Jung Mo. *The Subject and Complex Societies*. p. 63. Note que em inglês o termo subjetividade é geralmente entendido com um significado mais passivo, no sentido de "estar sujeito". Contudo, há também um significado mais ativo, no sentido da qualidade de ser um sujeito ou "situação de sujeito". Os dois significados estão presentes no português e no espanhol. Peter L. Jones, tradutor de Jung Mo Sung para o inglês, enfatiza esse segundo significado usando a palavra "*subjectity*" (subjetidade).

transcendente porque essas novas formas de intersubjetividade não podem ser "feitas" ou controladas e elas expandem para além de qualquer sistema. É uma "experiência verdadeiramente espiritual de graça e justificação pela fé" que "justifica a existência não só da pessoa oprimida, mas também da pessoa que sente a indignação".[77] Esse tipo de justificação – concretização da justiça divina que se opõe à noção que o Império tem de justiça, como o Cristianismo descobriu no início do Império Romano[78] – ainda pode ser o melhor antídoto ao sujeito automático do capitalismo.

## Conclusão: subjetividade e resistência

Talvez uma das coisas mais importantes no desenvolvimento da subjetividade alternativa seja a criação de "anticorpos". O Império procura eliminar a subjetividade independente tanto quanto possível e as subjetividades alternativas estão sob ataque, a ponto de haver uma tentativa de eliminação de seus portadores com tortura, desaparecimentos e execuções. A América Latina dos diversos regimes militares nas décadas de 1970 e 1980 é um exemplo, embora nem mesmo a mais brutal repressão pudesse exterminar completamente as subjetividades alternativas. Como resultado dessa destruição, precisamos assegurar que no futuro sempre seja mais difícil para as estruturas do Império exterminar as subjetividades alternativas.

O desejo alternativo está no centro da subjetividade alternativa. Contudo, o desejo não muda facilmente, e moralizar ou pregar sermões – as reações comuns daqueles cujo mundo está confinado ao sistema – não vai funcionar. Nesse contexto é importante cavar mais fundo e perceber que o desejo, como a subjetividade, forma-se nos relacionamentos e por meio de repressões. Quando isso ficar claro, conseguiremos ver a maré de desejos alternativos que já está subindo em um sistema que se torna cada vez mais repressivo contra cada

---

[77] Ibidem, p. 49.
[78] Rieger, *Christ and Empire*, capítulo 1.

vez mais pessoas. Esse desejo alternativo é, assim, verdadeiramente, um fenômeno coletivo e tem o potencial de criar uma nova natureza humana.[79] Contudo, esse desejo alternativo também precisa ser organizado. Sem organização ele desaparece. Talvez essa seja a sabedoria personalizada em movimentos religiosos e outros quando se formam no lado inferior da história.

Não existe nenhum caminho intermediário na situação polarizada de Império: "Ninguém pode servir a dois senhores: ou vai odiar o primeiro e amar o outro, ou aderir ao primeiro e desprezar o outro. Não podeis servir a Deus e ao Dinheiro!", declara o Jesus mateano (Mt 6,24). Os que ficam no meio geralmente são puxados para a defesa dos poderes constituídos a fim de criar uma sensação de estabilidade (na maioria das vezes ilusória). Mas os que estão no meio também podem optar por se afastar de um sistema que não lhes permite formar subjetividades alternativas e juntar-se às relações emergentes de intersubjetividade de baixo.[80]*

---

[79] Hardt & Negri. *Multitude*, pp. 348, 356.
[80] Muitos exemplos poderiam ser dados para isso. Um exemplo é a breve declaração de John Wesley que "A religião não deve ir do maior para o menor, ou o poder pareceria ser dos homens". Wesley, John. Jackson, Thomas, org. *Works*. 3. ed. London, Wesleyan Methodist Book Room, 1872. v. III. p. 178.
* Texto traduzido por Barbara Theoto Lambert.

## Capítulo VI
# Rumo a uma ética política não imperial

Tendo estudado os vícios e consequências do Império, surge a pergunta sobre as possibilidades de uma política superadora das tendências e consequências da concentração imperial. E mais, faz-se necessário indagar sobre as possibilidades de uma prática política não imperial que comece a desenvolver já no âmbito do Império, para produzir suas alternativas, para gerar as condições de sua modificação, e para formar o *éthos* antropológico que permita superar a subjetividade gerada no espaço imperial. Não postulamos a possibilidade de um modelo fechado, uma vanguarda esclarecida que indique o caminho justo, nem sequer de uma "utopia" que funcione como alternativa total; também não cremos em um espontaneísmo das massas, ou que uma direta irrupção da multidão possa dar forma a novos sistemas que modifiquem totalmente os modos de gestão social. O popular pode eclodir em um momento indicando uma presença que sacode o sistema, mostrando de modo palmar suas

Para além do espírito do Império

contradições e limites, mas isso deve ser encaminhado logo através de alternativas que, embora mudem os esquemas de poder, deverão ser reformuladas a partir de novos diálogos, de novos equilíbrios, e das próprias realidades sociais e ecológicas com as quais deve contar. O que aqui aparece como caminho é ir criando opções que, a partir de novas formas culturais, mas também de reformulações econômicas, de uma combinação da macro com a micropolítica, possam gerar a esperança de relações humanas que permitam a vida dos seres humanos em sua condição de tais, isto é, que superem o estado biológico da vida para poder desenvolver equitativamente formas de vida próprias. Com palavras colocadas pelo Fórum Social Mundial – "um mundo diferente é possível" –, ou, sinalizando sua vocação para reconhecer alternativas para as alternativas, usando a expressão do lema zapatista – "um mundo onde caibam todos os mundos".

É um desafio para todos, mas especialmente para os teólogos cristãos, se nos sentimos herdeiros e reivindicamos, como fazemos, que as comunidades formadas a partir de Jesus de Nazaré se levantaram (entre outras dimensões que não ignoramos) como propostas anti-hegemônicas diante da constituição do Império Romano. A própria constituição do Cristianismo primitivo é, como deixam ver seus rastros, plural em suas inserções sociais, orientações teológicas, modos de conceber o mundo e a relação das comunidades de fé entre si e com o mundo imperial.[1] Esta diversidade teve seus limites, é certo, em algumas afirmações centrais que foram gerando pouco a pouco uma ortodoxia que, reformulada em outros setores sociais distintos daqueles nos quais originalmente cresceram, terminou por ser apropriada pelo próprio Império. Mas nesse processo de três séculos se dá uma riqueza de experiências (depois veladas pelo "Cristianismo oficial", embora em alguns casos subsistentes cripticamente), que vão

---

[1] Alguns estudos sobre a pluralidade de origens cristãs podem ser vistos em Köster, Helmut e Robinson, James M.: *Entwicklungslinien durch die Welt des Frühen Christentums* (Tubingen, J. C. B. Mohr, 1971). Também Brown R.: *Las iglesias que los apóstoles nos dejaron*. (Bilbao, Desclée de Brouwer, 1986). A Revista de Interpretação Bíblica Latino-Americana (*RIBLA*) dedicou dois números a este tema (22, 1996 e 29, 1998).

desde comunidades onde o popular gerou mitos e relatos alternativos até as imposições das elites que se foram apoderando do legado simbólico do movimento de Jesus.

## 1. Afirmar a opção "laocrática"

A ideia de um mundo plural implica, portanto, superar a pretensão de poder concentrado e unívoco que chamamos Império. Nesse sentido jogamos com a tensão e o antagonismo (tanto na teologia cristã, que não aprofundaremos aqui, como na prática política projetada a partir de uma visão inspirada na perspectiva do messianismo de Jesus, que é o objeto deste capítulo) entre a visão imperial e o que resolvemos chamar "laocracia". Esse conceito, que introduzimos sem muita explicação no primeiro capítulo, nos ajudará a propor uma visão antagônica à imperial, baseada na vigência da *res publica*, ao mesmo tempo reconhecendo as possibilidades e limites do democrático e republicano como alternativa à ética imperial.

De fato, em qualquer sociedade hoje historicamente existente, inclusive naquelas que passam por ser as mais consistentes em suas políticas de equidade e justiça social, sempre há um "resto não alcançado" que, seja pelas condições do sistema social, seja por suas próprias situações, não é partícipe (ou o é em uma muito desigual medida, a partir de uma posição subalterna ou de um cativeiro opressivo) dos benefícios da vida coletiva e dos recursos necessários para sustentá-la, ao menos em uma proporção que os dignifique. A existência desse "resto", dessa subsistência de exclusão, marca os limites de qualquer tentativa humana de "construir o Reino de Deus aqui na terra". É certo que alguns sistemas conseguem moderar significativamente essas consequências até reduzi-las a expressões minoritárias em sua sociedade. Mas no sistema imperial tal exclusão afeta majoritariamente, embora de modo desigual, e de forma diferente, diferentes pessoas e setores da sociedade, em algumas das facetas da vida: a atividade econômica, a participação política, a vigência dos direitos coletivos ou pessoais, a vivência da identidade e criatividade cultural. Essas diversas opressões fazem que aqueles que as padecem busquem formas de expressar seus reclamos, às vezes a partir de reivindicações setoriais, às vezes unificando suas demandas. Quando todas essas exclusões coincidem em um mesmo setor social ou em um mesmo povo, e suas possibilidades de reação ou expressão são reduzidas ao mínimo, nós nos encontramos no umbral do humano: são os "desperdícios humanos" que geram a globalização,[2] os habitantes dos campos de concentração ou extermínio, os reduzidos a uma existência periférica nas cidades da pobreza, os não documentados sujeitos ao desconhecimento e à expatriação, os habitantes dos cárceres de confinamento etc.

Enquanto o Império concentra riqueza e poder, controla a distribuição e dispõe dos aparelhos legais e da função de hegemonia – na medida em que os setores que se beneficiam e participam do sistema imposto dispõem a política imperial, a biopolítica imperial, e acumulam nas próprias mãos recursos vitais e simbólicos – na mesma medida aumentam esse espaço de marginalidade e os modos e as consequências dessa exclusão. São mais os que ficam fora da possibilidade de ter acesso aos recursos vitais, e são ao mesmo tempo menos os recursos que ficam disponíveis para eles. A dinâmica do Império é possuir tudo, portanto, qualquer coisa ou recurso que deva deixar para outros lhe marca um limite. Por isso deve avançar sobre todo o criado, e, por conseguinte, a exclusão que produz é cada vez maior, porque cada vez deve excluir mais requerentes sobre esse mesmo bem. Se o mercado deve controlar tudo, qualquer busca de produzir ou dispor de bens fora de suas normas deve ser combatida. Com o que concentra o reclamo dos que vão perdendo acesso aos bens que o mercado controla, ao mesmo tempo que pretende expandir-se. Então, ao mesmo tempo que concentra o reclamo, também diminui o

---

[2] Ver, por explemo, os trabalhos de Zygmunt Bauman: *La globalización: consecuencias humanas*. (Buenos Aires, Fondo de Cultura Económica, 1999). *Vidas desperdiciadas. La modernidad y sus parias*. (Buenos Aires, Paidós, 2005).

## Rumo a uma ética política não imperial

lugar de onde esse reclamo pode ser feito, encerra-o em um espaço cada vez menor, mas cada vez mais superpovoado. Porque o Império, para sê-lo, não deve deixar canto sem ser ocupado; a pretensão do Império é ocupar tudo, tanto em sentido extenso (o espaço geográfico e demográfico) como enquanto os subsistemas (educação, saúde, serviços) que ainda escapam total ou parcialmente da sua lógica. Os que se queixam dos sistemas estatais confiscatórios, no entanto, impulsionam algo pior: a apropriação por parte dos privados da totalidade, um "confisco" onde o fisco é substituído pelos interesses privados dos oligopólios imperiais.

Todavia, não consegue reter essa totalidade, porque, necessariamente, o aumento de seu poder e acúmulo produz um aumento da marginalidade, da opressão e exclusão. Os muros que edifica na fronteira mexicano-americana, a cerca em torno de Melilla, ou a vergonhosa barreira para encarcerar os palestinos o exemplifica. Isso gera uma tensão que o sistema imperial, como tal, procura dissimular, porque de alguma maneira lhe marca seu próprio limite, seu espaço de impotência, aquilo que, embora débil e marginal, lhe resiste, não pode ser consensuado, incluindo o transcendente. A transcendência, então, não se marca no "*meta*-físico" e sim no apenas físico, não no "suprassistema", mas no "infrassistema", naquilo que o sistema exclui, aprisiona, condena. No entanto, de alguma maneira, mesmo que negado e desconhecido, embora escondido e repudiado, o limite tensiona o sistema. É, por um lado, o que fica por conquistar ou destruir, mas que, ao mesmo tempo, se nega a ver, a considerar, e deve desconhecer porque lhe marcaria um "limite inferior", uma zona que lhe é impossível de conquistar, pois, para incluí-lo, o sistema teria de abrir-se, modificar-se, negar-se em sua construção e imutabilidade, reconhecer a necessidade de controlar sua própria ambição e pôr limites à sua desmesura. Reconhecer que há espaços que não podem ser resolvidos por sua lógica, por seu mercado. Por isso, para a mentalidade imperial, só a "solução final", negar o que não pode assimilar, excluí-lo de sua consideração, coisificá-lo, ou, finalmente,

Para além do espírito do Império

até mesmo matá-lo ou fazê-lo morrer aparece como um requisito de sua pretensão de onipotência. A prisão de confinamento indefinido que os Estados Unidos da América mantiveram na posse colonial de Guantánamo nos tempos de G. W. Bush é uma amostra pública dessa política de destruição, como o é também a política que segue Israel para o povo palestino. Quando essas práticas são exibidas publicamente e chegam a tocar um núcleo ético que mostra a total desumanidade do sistema, os que habitam o Império, mas não estão totalmente adormecidos por ele, já não podem consentir. Todavia, esses extremos não são senão a hipérbole daquilo que o Império faz. Daí o fato de ser certa a expressão de G. Agamben: "Todos nós vivemos no campo de concentração".[3]

No entanto, o excluído, enquanto excluído, é necessário para a utopia imperial. É necessário, em certo sentido ideológico, pois o sistema imperial, para manter-se, precisa mostrar sua capacidade de exclusão, necessita fazer visível seu poder, a vigência de sua ameaça. Porque, como nega a precariedade que o sustenta, deve exibir sua força destrutiva, e para isso deve matar o que não pode conter: é uma necessidade de morte, que não só provém de sua negação do outro, mas de sua vontade de negar o outro dentro de si mesmo, portanto de excluí-lo e matá-lo para evitar que mostre sua interioridade ao próprio sistema, a fragilidade da virtualidade que o alimenta, a vacuidade da simbólica e os acordos que o sustentam. Matar o excluído para amedrontar o dominado. Porque, se o fundamento do democrático descansa sobre um frágil, flutuante, indefinível conceito de povo, como vimos nas análises de Lefort, igualmente vácuo é o embasamento do imperial, que repousa sobre uma hegemonia que acorda interesses inicialmente dissímeis, mas combinados em um círculo de mútua alimentação que só pode existir pela imposição dos que o formulam, imposição que se apoia sobre a violência, física e simbólica. Esse poder de violência tem, de alguma maneira, de fazer-se visível,

---

[3] Ver: *Homo Sacer...*

## Rumo a uma ética política não imperial

perceptível, para dentro do sistema, para o que é necessário exercê-lo para fora, ou seja, marcar uma fronteira. O excluído, o *laos*, é, por isso, para o sistema imperial, ao mesmo tempo, o que não conta, mas que é necessário. É o limite que não se quer reconhecer, mas que o contém.

Mas esse limite, sobre o qual voltaremos, exerce uma tensão, uma força que é exterior ao sistema, mas que, como dissemos, também existe oculta no interior dele: é sua dialética do imanente e do transcendente. Quando essa força (*kratos*) se mostra com uma magnitude tal que o sistema já não pode desconhecê-la, e o abala, podemos dizer que estamos em um "momento laocrático". Desde já cabe esclarecer que "laocrático" não pode implicar um sistema de governo ou uma forma de estruturar o poder. Isso seria uma incompatibilidade conceitual, já que, se o excluído, o exterior, tem poder ou o estrutura, deixa de ser excluído. O laocrático é esse momento de força em que o negado e excluído se inclui como questionamento, crítica, desafio e oposição ao vigente. Para dizê-lo com termos da parábola de Jesus, é a presença inesperada dos mendigos no banquete (Lc 14,15-24).

Se o Império é o modo do controle, da coesão do poder (dos poderes), o laocrático é o momento da crise do poder, e em suas formas mais extremas, o descontrole, o caos. Aqui é preciso distinguir os movimentos laocráticos dos "putsch" imperiais. Estes últimos provocam um momento de incerteza causado pelo próprio Império, quando, através de golpes militares, financeiros ou políticos, produz um "shock" para desarticular as forças que poderiam controlá-lo e, assim, impor suas próprias dinâmicas.[4] Outra coisa é o momento de convulsão que se gera quando um setor do povo faz ouvir seu reclamo para além das formas articuladas das políticas regradas. Todavia, nem sempre o laocrático irrompe de uma maneira tão visível, explosiva, embora haja ocasiões históricas em que isso ocorre, o que chamamos momentos revolucionários. Mas o laocrático também se dá

---

[4] Ver Klein, Naomi. *La doctrina del Shock*, especialmente os dois primeiros capítulos.

em manifestações que não necessariamente são violentas ou não são totalmente discerníveis em seu momento histórico, mas que de alguma maneira começam a corroer o cimento ideológico e as alianças que sustentam o Império. São justamente essas brechas que permitem o aparecimento da micropolítica como um espaço de resistência ao Império e antecipação de outros equilíbrios de poder. O laocrático também se dá na necessária complementaridade da "microfísica do poder", para usar a expressão de Foucault, com os movimentos de maior envergadura que afetam as grandes estruturas de dominação.

É mais, justamente por ser expressão do fraco, é mais próprio dessa irrupção do inesperado que se manifeste de maneiras marginais. Uma marginalidade crítica, que eventualmente pode transformar-se em um convocador de outras marginalidades e constituir um momento de força. Mesmo que, quando se conforme como força, esteja em seu maior risco: o de assimilar-se aos modos do poder que questiona. Os textos bíblicos, em muitos casos surgidos das experiências de opressão e esperança, costumam exemplificar esta realidade, do potente manifestado no marginal, mas que ao mesmo tempo se desfigura nos modos de uma nova normalidade acumulativa. Assim, Davi é o mais novo dos filhos de Jessé, o que nem sequer é convocado ante a visita do profeta Samuel (1Sm 16), o mais impensado dos guerreiros que enfrentarão Golias (1Sm 17), e a seguir o marginalizado do palácio e condenado à morte (1Sm 19), o "bandido rural" (1Sm 23,14-25;25), o exilado em território inimigo (1Sm 27), até que se converte no mais popular *rei* de Israel. No entanto, já em seu caráter real se torna, por sua vez, ator de injustiças: passou seu momento laocrático, normalizou-se no poder. Enquanto parece que ele conquistou o trono, produz-se o inverso: o ambiente da dinâmica do trono o conquista.

O marginal pode, também, transformar-se em sinal do transcendente, como sucede em algumas culturas com as canonizações populares, sobre o que voltaremos mais adiante. Fatos do cotidiano, irrupções menores, em seguida resultam ser um ato que dá sentido à vida e à práxis humana. Para pôr um exemplo bíblico, isso ocorre com o nascimento de Jesus, embora só se tenha manifestado no nascimento marginal de um menino para quem "não houve lugar na estalagem", a quem só uns pobres pastores da região e uns estrangeiros reconhecem. Todavia, quando Herodes toma conhecimento do nascimento de Jesus como eventual messias de Israel, desdobra um poder de morte que exerce como agente do Império. Resolve a ameaça de um novo poder que eventualmente se alce contra ele a partir de um lugar obscuro e remoto mandando matar todos os meninos da aldeia de Belém na época do nascimento. Essa matança dos inocentes é a mostra da dinâmica imperial diante do fato laocrático mais humilde. Para além do mito gerado e sua posterior sobremitificação,[5] o que o relato revela é precisamente a impossibilidade de o sistema assimilar o fato laocrático, o eventual surgimento de um limite ao seu poder, a presença daquilo que o transcende. E, por outro lado, a possibilidade de que essa transcendência se expresse em um fato que em seu momento é apenas um dado menor, uma marginalidade significativa.

## 2. A laocracia como expectativa política

Por certo que o laocrático, quando irrompe de forma mais aberta e visível, tende a formar uma força própria, uma pujança que lhe permite, de alguma maneira, questionar o modo imperial e subvertê-lo. Articula-se sobre um reclamo de presença, e esse reclamo toma, para além do momento em que adquire ímpeto, formas explícitas que põem em evidência os limites e falhas da pretendida totalidade. Nisso se torna também ideologia (ou diversas formas ideológicas).[6] Ao

---

[5] A projeção política dessa matança foi destacada por Néstor Míguez em "Los Santos Inocentes", *Página 12*, 28 de dezembro de 2005, contracapa (também acessível em www.pagina12.com.ar/diario/contratapa/index-2005-12-28.html).

[6] Em um sentido amplo tomamos aqui o sentido de ideologia que propõe T. van Dijk em seu livro: *Ideología. Una aproximación multidisciplinaria.* (Barcelona, Gedisa Editorial, 2. ed., 2006). Ali van Dijk propõe entender ideologia como "a base das representações sociais compartilhadas pelos membros de um grupo" (p. 21).

construir sua configuração ideológica, assume elementos já existentes, quer das forças hegemônicas, quer das resistências já geradas no sistema, bem como das memórias populares e de outros momentos laocráticos. Também se constrói sobre expectativas e anelos, sobre projetos e visões, sobre o utópico. Isso gera distintos tipos de partidos, ideologias e experiências políticas que tentam conter "o popular", construções sincréticas a partir das quais se inserem no espaço político os que sofrem pela distribuição desigual dos recursos, pela imposição dos poderes confiscatórios das privatizações que empobrecem o bem comum, pelos até então excluídos ou não ouvidos.

Por certo que a expressão "populismo" ressoa de forma ambígua, com certo matiz negativo para muitos setores, até mesmo da esquerda ou dos progressismos na moda, especialmente daqueles que se aferram a purezas conceituais ou dos que ponderam a "qualidade institucional", ou regime formal, confundindo-o com o conteúdo da democracia. O sentido que damos aqui a "popular" não necessariamente faz referência direta a certas experiências particulares do populismo, embora também não as desconheça, e sim às conformações simbólicas, políticas, de representação, que nascem, precisamente, não de uma proposta construída, e sim de certa inesperada irrupção da cultura popular no âmbito do político. É claro que este é um fenômeno necessariamente ambíguo, já que toda construção popular é portadora, por certo, também da carga da hegemonia em meio a qual se configura. O popular não é produto de um laboratório puro de subjetividades alternativas, e sim uma mescla complexa de elementos entrecruzados com os quais os setores de menos recursos da sociedade rearmam espaços de vida. Com essa ideia Míguez e Semán definem a cultura popular como um

> sistema de representação e práticas que constroem em interações situadas aqueles que têm menores níveis de participação na distribuição dos recursos de valor instrumental, do poder e do prestígio social e que

habilitam mecanismos de adaptação e resposta a essas circunstâncias, tanto no plano coletivo como no individual.[7]

Um valor agregado dessa definição é que nos permite diferenciar e especificar alguns níveis de significado de "popular". Essa maltratada palavra foi utilizada muitas vezes, com um sentido pejorativo, para indicar o massivo, um conjunto indiferenciado de pessoas que agem quase por reflexo, por estímulos espontâneos. Algo disso pode haver no popular, mas não é o que o define. O popular, como nos propõe essa definição, pode ser majoritário ou não. Não é a massividade que o caracteriza, mas sua localização na estrutura social. Um governo não é "popular" porque encontra um respaldo mais ou menos massivo, porque obtém a adesão de uma quantidade significativa de votantes, ou porque suas figuras representativas usam uma linguagem aparentada com o dialeto dos arrabaldes, ou pelos ditos da tradição folclórica. Ou será enquanto assuma os interesses e representações dos setores mais postergados da sociedade, até mesmo, às vezes, contra certas maiorias eventuais que se encontram influenciadas pelas correntes hegemônicas.

Outra maneira de desacreditar essa palavra foi tomá-la como sinônimo de grosseiro, tosco, por oposição a "culto", elaborado a partir de recursos mais sofisticados. Precisamente, a definição nos permite reconhecer que o popular se constrói a partir de setores com menores acessos aos recursos materiais e simbólicos. Isso não significa, contudo, que os produtos da cultura popular não contenham uma elaboração coletiva que se nutre de uma pluralidade de memórias e tradições decantadas ao longo da história, e que subjazem nas criações e recursos do popular.

Outra forma em que foi utilizado, especialmente no que faz a dependência de seu uso em inglês, foi entender o popular como aquilo que alcança certa difusão através dos meios de comunicação de

---

[7] Míguez, Daniel e Semán, Pablo (eds.): *Entre Santos, cumbias e piquetes. Las culturas populares en la Argentina reciente.* Buenos Aires, Editorial Biblos, 2006. p. 24.

massa. Popular se torna, então, sinônimo de reconhecido, aquilo que alcançou divulgação em amplos espaços de população. Até mesmo alguns dicionários de sinônimos trazem "popular" como sinônimo de famoso, notório ou multitudinário. Mas essa concepção não leva em consideração que a origem dessa forma de "popularidade" não repousa naquilo que o povo cria, mas no que se lhe dá para consumir, em elementos gerados a partir de fora de "popular", com a utilização, muitas vezes, de ingentes recursos destinados a capturar as subjetividades populares.

Nós apontamos em outra direção com o conceito de "popular". Nesse sentido não o amarramos a uma classe social particular, embora sem dúvida o acesso aos recursos que menciona a definição utilizada ou situem preferentemente em um setor social caracterizado pela subalternidade. Isso nos permite caracterizar dentro de "popular" uma variedade de construções, sem que nenhuma necessariamente o esgote ou impeça de aplicar o mesmo conceito a outras diferentes. As propostas das subculturas juvenis, as leituras da realidade feitas a partir das teorias de gênero, as preocupações expressadas a partir dos que sofrem a postergação em sua velhice, os movimentos que enfrentam as consequências do abandono infantil, tanto como as lutas operárias e camponesas, ou os esforços dos povos originários para manter vivos suas memórias, línguas e projetos de vida podem ser todos, segundo seu momento e expressão, segundo seu modo de construção e dinâmica, expressões de "popular", como formas de representação, como conjunto de práticas, ainda que não sejam majoritárias ou não sejam difundidas pelos meios de comunicação de massa, em poder das classes dominantes.

Exatamente por ser um sistema de representações, gera, seguindo a definição de Van Dijk, uma determinada percepção ideológica, que é o que vai se plasmar nas ideologias de viés populista.

Nesse sentido esta representação de "popular" marca ambas as possibilidades, de adaptação e contestação, de aceitação parcial e, ao mesmo tempo, de rejeição das imposições do sistema, que geralmente se dão simultaneamente. Ambas as coisas conformam o "populismo", daí seu flanco débil à crítica proveniente de uma esquerda mais pura. No entanto, esses autores sociais, exatamente por sua posição de "menores níveis de participação na distribuição dos recursos", incluem o reclamo por maiores recursos, especialmente e em primeira instância materiais, dentro de sua agência política. É nesse reclamo que se pode gerar o momento laocrático, o excesso que o Império gerou e não pode controlar.

Assim também se pode entender esse limite incerto, essa fronteira flexível na borda inferior do sistema. A marca da exclusão não é definitiva nem permanente em todos os casos, e a "cultura dos excluídos", para dizer isso de alguma maneira, também traz as marcas dos fetiches do incluído e do lastro de sua própria exclusão. Por exemplo, os "recicladores urbanos", que vivem da seleção e revenda de resíduos, são, por um lado, os excluídos do mundo trabalhista que buscam nisso uma forma de sobrevivência. Mas, por outro lado, na medida em que desenvolvem essa atividade, instalam-se em espaços urbanos e suburbanos, intervêm no mercado, afetam outras atividades, convocam ações políticas, seja de repressão, seja de proteção etc. Para não falar do submundo do comércio de drogas viciadoras. Os excluídos não desaparecem, enquanto humanos geram suas próprias representações e formas de vida, que finalmente confrontam com a realidade imperial, porque não podem senão ocupar o mesmo espaço, especialmente na medida em que o Império tende a ocupar todo o espaço. Por outro lado, precisamente porque podem se manifestar nessa fronteira flexível, porque podem se infiltrar apesar dos muros e vigilâncias, as consequências da exclusão se dão no interior do próprio sistema e o afetam. Assim, para dar outro exemplo, a subcultura da delinquência marginal nas favelas de São Paulo ou Rio de Janeiro, das "maras" da América Central, ou as rebeliões juvenis dos bairros marginais de Paris, fazem sua irrupção no centro das grandes cidades, mostram os dados de sua exclusão nos mesmos locais onde o Império estabelece seus nós de poder. Isso significa que também o popular pode irromper em sua negatividade, já que nem sempre o fazem de uma maneira construtiva ou propositiva (e essa é parte da limitação em que a própria exclusão os submerge): muitas vezes é a pura expressão da própria violência que o sistema gera, o reclamo como grito de desesperança, a simples negação que eles mesmos experimentam.

As construções "populistas" são resultado dessa pluralidade e contradição, dessa conjunção de reclamos não necessariamente articulados, mas que em algum momento se fazem coincidentes, ao menos na simbólica em que se expressam. Assim o postula Laclau:

> [...] os requerimentos *sine qua non* do político são a constituição de fronteiras antagônicas dentro do social e a convocatória a novos sujeitos de mudança social, o que implica, como sabemos, a produção de significantes vazios com o fim de unificar em correntes de equivalência uma multiplicidade de demandas heterogêneas.[8]

Contêm o popular em sua ambiguidade, mas sua força reside, justamente, em sua possibilidade de contê-lo, de expressá-lo. O populismo, dessa maneira, se nutre das próprias contradições do sistema, mas as redefine a partir de outro lugar de percepção, a partir de sua fronteira inferior. De alguma maneira, mesmo contraditoriamente, expressa o momento laocrático.

A queda da União Soviética também pode ser entendida a partir desses momentos laocráticos. É claro que seria um ingênuo simplismo afirmar que foi o *laos* dos Estados submetidos ao poder do Kremlin que produziu a implosão do Estado soviético. Os interesses concentrados das alianças imperiais claramente aproveitaram a oportunidade, gastaram-na e aprofundaram-na para se assentar ali. Mas seria igualmente desajeitado pensar que a desconformidade popular com a "nomenclatura" burocrática nada teve a ver. Embora seja inegável a natureza imperial do capitalismo que hoje vivemos,

---

[8] Laclau, Ernesto: *La razón populista*, Buenos Aires, Fondo de Cultura Económica, 2005. p. 195. Esse conceito é a base de toda sua reflexão e está desenvolvido principalmente no cap. 5.

Rumo a uma ética política não imperial

também a experiência estalinista e seus derivados mostra que a mesma tendência pode dar-se em outros regimes. Precisamente, foi o "centralismo democrático" como organização política que se deu no partido comunista russo o que possibilitou a Revolução de Outubro, mas também o que, em sua continuidade burocrática, o pôs em cheque desde o começo. Essa concentração do poder, que se assume representante de "popular", mas que o força em moldes ideológicos previamente concebidos, volta a gerar um "resto não alcançado", seja em termos populacionais, seja na distribuição de recursos ou na participação nas decisões sobre a coisa pública, isto é, o poder político. A tensão de ter de resistir ao Império faz que os impulsos opositores tomem, muitas vezes, modos que se assemelham, ao menos em sua dinâmica de força – embora não em sua configuração social – ao próprio Império. Já A. Gramsci advertia que o pior que pode suceder a uma força opositora é estruturar-se à semelhança de seu inimigo, que na política é preciso não imitar os métodos de luta das classes dominantes.[9]

Nesse sentido o "populismo" gerado a partir do momento laocrático evidencia os limites da formalidade democrática, o que a pura institucionalidade não pode resolver. Os populismos, a expressão do *populus* como todo complexo, prolongam no tempo certos reclamos laocráticos, mas, exatamente por prolongá-los no tempo e representá-los no espaço político, os excede e os submete, ao mesmo tempo que os formaliza. Por isso deixa aberto o campo para uma nova exclusão, ao incluí-los em formas de poder que necessariamente se tornam tensionadas com seu próprio momento originário.

Como vimos, o domínio imperial pode se apoiar, também, em uma democracia formal. Não é nada curioso que certos cultores do progressismo e da qualidade institucional democrática, mas que não se atrevem a questionar os parâmetros neoconservadores do Império, justamente estigmatizem como "populismos" os movimentos que na

---

[9] "[...] na luta política é necessário não imitar os métodos das classes dominantes para evitar cair em fáceis emboscadas." (*Notas sobre Maquiavelo*. Buenos Aires, Ed. Lautaro, 1962, p. 91).

América Latina conseguiram quebrar o rigor neoliberal e erigir-se como alternativas de poder.[10] Até mesmo chegam a chamá-los de "terroristas", partes do "eixo do mal", desconhecendo dessa maneira os mecanismos democráticos pelos quais exercem o governo. Algo similar ocorre com o Hamas na Palestina, que, por um lado, contém e expressa o reclamo popular, embora se feche em uma concepção do Islã que o põe em tensão com um projeto político mais amplo. Todavia, apesar do momento democrático no qual consegue sua representação, é desconhecido porque o Império não pode aceitar a ideia de uma democracia que não satisfaça ou se adapte à sua lógica.

A tensão entre o progressismo formal democrático e o populismo se faz mais aguda precisamente quando os estamentos intelectuais "sérios" perderam sua capacidade de crítica, ou as "vanguardas" continuam proclamando discursos desatualizados. Então são esses populismos que estão

> dando conta e enfrentando a perda de legitimidade precisamente das estreitas democracias republicanas socialmente excludentes, com suas formas institucionais apropriadas para tal objetivo marginalizador. O popular, enquanto reabertura de uma política aglutinante, aparece pondo em xeque sociedades falsamente reconciliadas através de distintas formas de despolitização democrática, onde se julga pernicioso qualquer antagonismo real.[11]

De alguma maneira é certo que este "populismo" desformaliza as formas articuladas do poder. Por isso mesmo é anti-imperial. Como no Gênesis, a criação procede do caos. Quando tudo está muito formalizado, quando o sistema se unifica em suas respostas, é porque conseguiu excluir a contradição, e, portanto, teria conseguido excluir o conflito, apagar os sintomas da opressão. Seria o paraíso terrestre, a sociedade reconciliada, a vida plena, o Reino dos Céus. O mais vale,

---

[10] Assim receberam esse mote quer Hugo Chávez (Venezuela), Evo Morales (Bolívia), R. Correa (Equador) e até N. Kichner (Argentina) e L. I. Lula da Silva (Brasil). Sobre isso ver os comentários de N. Casullo em *Las cuestiones* (Buenos Aires, Fondo de Cultura Económica, 2007), no capítulo "Populismo", esp. pp. 190-194.

[11] Casullo, p. 195, parafraseando E. Laclau. A elaboração deste ponto ocupa as pp. 195-200.

Rumo a uma ética política não imperial

enquanto não pode ser historicamente nenhuma dessas coisas, um câncer anestesiado, cujos sintomas se ocultam, mas igualmente mortal, para a humanidade e também para o meio ambiente.[12]

Embora, às vezes, encontre margem parcial em alguma expressão partidária, o tecido populista não está ligado a uma função orgânica do aparelho político (nem à de classe social, no sentido marxista), porque, então, não poderia expressar o desarticulado, o não resolvido da lógica imperial. O popular sempre será movimento, pronto a se desmarcar em qualquer tentativa de ser contido, até da formalidade democrática que às vezes procura expressá-lo, mesmo das tentativas do "populismo" para contê-lo. A "imanência democrática", a ereção da razão instrumental, do sentido legal, como finalidade última, evita a crítica dos próprios desvios institucionalistas do democrático; por isso o popular deve ser visto como algo que transcende o democrático, que sempre deixa um resto de exterioridade que se manifesta no momento laocrático. O que não significa que o democrático não seja a normalidade que deve preceder e recuperar-se modificada a partir da expressão do *laos*. Isso, ainda que pareça tão distante, é uma das facetas da crítica paulina da lei e sua afirmação do sentido escatológico da irrupção messiânica, sobre o que voltaremos mais adiante.

Por isso o laocrático aparece politicamente como uma expressão que não pode se esgotar na regra democrática, embora não possa prescindir dela. É a necessária exterioridade que tensiona o democrático "a partir de baixo". Em termos teológicos, é a irrupção do *kairós* messiânico que suspende a lei, não porque a anula, mas porque a supera mediante a graça. Não a suspende a partir da soberania do poder, mas a desconhece enquanto lei de morte.

---

[12] Embora não seja o objeto deste estudo, cabe também sublinhar que não só o poder laocrático se erige em crítica do sistema. Também, em sua própria linguagem, a "natureza" está expressando seu repúdio ao modo de exploração a que está sendo submetida, a "escravidão da corrupção" da qual fala em sua Carta aos Romanos o apóstolo Paulo (Rm 8,18-26).

Para além do espírito do Império

Aqui aparece a necessária distinção entre a soberania "imperial" e a soberania laocrática, ou, como veremos, a soberania messiânica. Se a concepção schmitteana marca que a soberania é a capacidade de suspender a lei,[13] podemos sublinhar que o Império a suspende enquanto se converte a si mesmo em lei. Todavia, há outro desconhecimento da lei, outra "suspensão" do reconhecimento da lei, que não nasce do poder de ab-rogá-la impunemente, mas de desconhecê-la por ser lei de morte. É uma soberania que não nasce do poder de suspender a lei, da capacidade de produzir a exceção a partir de sua superioridade sobre a lei. É justamente o oposto, é o que busca evitar a lei porque a sofre como ameaça à vida. É a desobediência que surge, exatamente, de seu desafio ao poder que gera a lei e a sua consequência. Precisamente por ser um desconhecimento da lei a partir do não poder, não pode ser uma soberania estável, e sim a expressão transitória do não contemplado, daquilo que a própria lei desconhece. E, no entanto, não deixa de ser uma forma de soberania popular, uma força que, mesmo que irrompa somente de forma esporádica, mostra justamente, não a partir da lei, mas a partir de seu desconhecimento, o limite da soberania imperial que se apropriou da lei, que a moldou à sua conveniência, que a transformou em "lei de mercado", que a impõe e, eventualmente, a suspende segundo sua forma de poder.

Todavia, nos tempos "normais" o "povo", em sua pluralidade de significações e constituição, deve poder aceitar o jogo do democrático. Longe de destruir o democrático, sua função é, de alguma maneira, restabelecer os equilíbrios do poder que fazem a democracia possível, que garantem o republicano, que devolvem ao público seu sentido quando foi esvaziado pela conjunção imperial. Assim como, na teologia paulina, a graça reconhece e devolve à lei seu verdadeiro *status* e função, o momento laocrático revitaliza o democrático, devolve seu sentido de *res publica* à ação e presença do povo, ao sentido de comunidade que aninha na formalidade estatal.

---

[13] C. Schmitt: *Teología Política...*

## Rumo a uma ética política não imperial

Enquanto as democracias modernas oferecem um marco formal de governo, o reclamo do momento da expressão do *laos* (para além das condições legais de cidadania) é a busca dos equilíbrios e controles mútuos que a formalidade democrática em si mesma não conseguiu exercer. Isso não necessariamente é explícito nos reclamos expressados (embora as manifestações populares costumem, ao menos nos países do Terceiro Mundo, explicitar sua oposição ao Império, e o mesmo ocorre em muitas organizações antiglobalização). De alguma maneira, as participações populares, em suas múltiplas formas, são a expressão de uma necessidade de introduzir, na gestão democrática, novas formas de controle que evitem o acúmulo tanto material como simbólico que gera o Império. Justamente, no empenho distributivo e na luta pela recuperação de recursos apropriados pela *res privata* se expressa no plano material a busca de um limite à ambição da elite imperial. Quando o reclamo popular propõe a necessidade de redistribuição (de trabalho, de planos sociais, de serviços públicos, de saúde e educação pública e gratuita etc.), exige uma materialidade, põe-lhe um princípio material ao princípio formal do institucional. Alguns críticos sinalizam que essa "materialidade da política" é, precisamente, o calcanhar de Aquiles do populismo, sua abertura às instâncias clientelistas que desfiguram o democrático. Mas é necessário reconhecer que, se não existe resposta efetiva aos reclamos materiais do povo, a democracia não pode se sustentar como tal, faz-se política imperial. O perigo da democracia não é que seja populista, e sim que não o seja suficientemente. Nesse sentido Jesus foi "populista", enquanto a dar resposta à necessidade imediata de saúde ou alimento da multidão, mostrando a gratuidade dos tempos messiânicos, superando a lei do sábado e os condicionamentos das leis de pureza.

Isso não significa que devamos identificar o momento laocrático com o populismo, ou com qualquer outra expressão política. Esses movimentos podem dar margem aos reclamos e expressão dos setores populares, ou de outros agrupamentos ou parcialidades humanas, mas, de alguma maneira, ao incluí-los no espaço do político, também o contêm, no duplo sentido da palavra: o incorporam, mas ao mesmo tempo lhe põem limite. De alguma maneira normalizam o momento do ímpeto que faz evidente o conflito, por isso mesmo podem ser gestores de novas experiências democráticas. De fato, na América Latina e em outros lugares se experimentou como esses momentos de força geraram opções anti-imperiais que depois conseguiram conformar forças políticas que se valeram dos modos da institucionalidade democrática para gerar novas condições de governo, mudanças constitucionais favoráveis aos interesses populares, aos povos originários, e limitar o poder do capitalismo imperial. Mas que, conforme o caso, em algumas experiências do passado, de "utopias críticas" se transformaram em "utopias conservadoras", gerando mecanismos autoritários e novas exclusões.

Pode-se enfatizar que os reclamos laocráticos nem sempre se expressam no político, dado que muitos deles têm a ver também com dinâmicas culturais que não podem se modificar a partir do exercício do poder estatal, mas que exigem a ação continuada nas pequenas ou grandes lutas cotidianas. Expressões minoritárias, que não deixarão de sê-lo, mas que aspiram a um reconhecimento de sua dignidade. Se, como afirmamos, o transcendente se expressa no débil, dever-se-á ver nessa própria debilidade uma manifestação daquilo que a humanidade é, e que o Império, como enceguecimento do poder, desconhece.

## 3. Elogio da ambiguidade

No final do capítulo I, dizemos que a

> ambiguidade, diferentemente da ambivalência proposta por Beck, não é uma desculpa para dissuadir o sentido do conflito, e sim um reconhecimento de sua necessidade, de certo estado de indefinição, de uma luta pelos significados, de uma disputa distributiva que dinamiza a de-

mocracia, e que sua oclusão acarreta o fim do político e, portanto, da liberdade.[14]

O Cristianismo autoritário foi inimigo da ambiguidade; daí o fato de que tenha constituído ortodoxias e heresias. Até mesmo o chamado "Cristianismo de libertação", com múltiplas manifestações ao longo da história, caiu muitas vezes nessa armadilha.

A ambiguidade, essa possibilidade de que uma coisa possa ser também outra, de que uma expressão possa ser compreendida de distintas maneiras, de que uma ação possa ser interpretada diversamente e produzir efeitos para além dos intencionados, dos esperados e inesperados, é uma realidade inevitável da condição humana, e não precisamente das piores. É uma condição de nossa linguagem, de nosso pensar em si mesmo, de nossa ação, e o que mais nos custa aceitar, de nossa ética. Isso é assim, parcialmente ao menos, pela existência dos já célebres "significantes vazios" da convocação e ação política,[15] tanto como da necessidade de superar os próprios esquemas através daquilo que consideramos, seguindo Boaventura Souza Santos, a condição diatópica de nossa percepção do mundo. Mas essa possibilidade de dotar uma mesma força de evocação de mais de uma dimensão interpretativa e de mais de uma motivação e ação ainda deve reconhecer que por trás disso existe ainda mais, algo que não se resolve só com o "pluralismo" ou a polissemia. A ambiguidade reside, além disso, em nossa própria lógica e suas distintas lógicas e ilógicas. Não só porque nossos significantes podem estar repletos de distintos significados a partir da imprecisão linguística ou da diversidade de experiências, cosmovisões, situações na vida, mas porque nossa vida se vê atravessada por mais de um sentido e mais de um sem sentido.

---

[14] No cap. 4 usamos o termo ambivalência para indicar certa falha no poder imperial, sua impossibilidade de determinar em forma absoluta a subjetividade de seus sujeitos. Nesta ocasião preferimos usar a palavra "ambiguidade" a fim de clarificar no cenário político o fato de que a ação política pode provocar e evocar mais de uma resposta, já que cada ação importa um horizonte polissêmico.

[15] Isso foi trabalhado por E. Laclau e Ch. Mouffe, usando o conceito de ambivalência. Ver: *La razón populista,* Buenos Aires, Paidós, 2005, esp. o cap. 5.

Para além do espírito do Império

De maneira que o que percebemos nas expressões e ações dos outros implica sempre certo grau de ambiguidade, ou, melhor ainda, de ambiguidades, que podemos reconhecer às vezes e outras vezes nos passam por alto, cujas significações ficam ocultas para nós porque nossa própria compreensão tende a ser unívoca. Mas também, e isso nos custa mais reconhecer, nossas expressões e ações são ambíguas para outros, aos olhos dos demais, que podem ver negativamente essa ambiguidade, ou que podem interpretá-las em caminhos distintos de nossa intenção, mostrando que outros veem em nós o que nós mesmos não havíamos visto (e é eticamente positivo reconhecer e corrigir nossas ações a partir disso). Também pode ocorrer que essa ambiguidade seja uma estratégia nossa, uma abertura a esperar a resposta do outro para nos ajudar a localizar nossa própria situação e caminho de ação. E esse seria, naquilo que agora contribuímos, um dos sentidos mais positivos dessa ambiguidade. Não só para os outros, mas o é para nós mesmos. A ideia de uma expressão e ação puras, livre de ambiguidade, de intenções ou resultados misturados, é o fundo da atitude farisaica e, portanto, excludente. Vale a pena recordar que o grande inimigo de Jesus não foi a impureza, mas a injustiça. Jesus se admite em meio dos impuros, dos semigentis galileus, das impuras prostitutas, dos ambíguos publicanos, diante da intolerância unívoca dos fariseus. O que procura, no meio deles, é o "Reino de Deus e sua justiça", e não o reino das abstratas purezas.

Pode-se construir uma ética política superadora do imperial a partir desse reconhecimento da condição ambígua de todo o gerado a partir da situação humana. O sentido de amplitude que admite a ambiguidade de interesses, a concorrência parcial que depois se denota conflituosa, deve estar na base da política, de uma política republicana, democrática. É o que possibilita a política, o que lhe devolve seu sentido perante a anulação que propõe o Império, diante do reclamo de sua dissolução na subpolítica dos peritos e sua pureza. O fato de que a sociedade seja um conjunto fraturado e ambíguo é o que gera a política, assim como a política gera a sociedade, e que toda força que a torne coesa sob um único interesse não faz senão destruí-la, subjugá-la, oprimi-la. Mais ainda se essa força recusa qualquer controle, qualquer possibilidade de admitir uma fronteira ou a quebra interna. A força da democracia está na sua necessidade de admitir que nunca poderá cobrir tudo, e que deve reconhecer o momento laocrático pela existência, exatamente, dessa brecha constitutiva que se estabelece entre o exercício real do poder e sua justificação, e que acertadamente assinala Lefort:

> A democracia moderna é, como dissemos, o único regime que indica a brecha entre o simbólico e o real usando a noção de um poder que ninguém – nem um príncipe, nem uma minoria – pode tomar. Tem a virtude de relacionar a sociedade com a experiência de suas instituições. Quando surge um lugar vazio, não pode haver conjunção possível entre poder, lei e conhecimento, e seus fundamentos não podem ser enunciados. O ser do social se desvanece, ou, mais exatamente, se apresenta na forma de uma infinita série de perguntas (testemunhas do incessante e cambiante debate das ideologias). Destroem-se as marcas últimas da certeza, ao mesmo tempo que surge uma nova percepção dos elementos desconhecidos da história, da gestação da humanidade em toda a variedade de suas formas.[16]

É essa brecha que o Império procura ocultar com seu reclamo de totalidade e, portanto, de poder absoluto em um espaço de imanência não ameaçado. Faz-se, assim, transcendente em sua imanência. Mas a brecha subsiste, para indicar uma ambiguidade, um vazio. É esse vazio que manifesta o "momento laocrático", o que, na citação de Lefort, seria "uma nova percepção dos elementos desconhecidos da história", a crise, o caótico, o incontido, onde se mostra a verdadeira transcendência que desarticula o reclamo imperial. Nossa própria condição como autores deste livro, de sermos teólogos e ao mesmo tempo desconfiar de que a teologia possa novamente se instalar como fundamento para uma ética política única e envolvente, é um reflexo dessa ambiguidade. De fato, a democracia e o republicano

---

[16] Lefort, Claude. The permanence of the Theologico-political? De Vries, H e Sullivan, L. *Political Theologies*. New York, Fordham University Press, 2006. p. 162.

se constroem a partir de uma primeira ambiguidade, que é o vazio (teológico) do lugar onde reside a autoridade. "Viver a história como se Deus não existisse", diríamos, parafraseando Dietrich Bonhoeffer, é uma condição da democracia moderna. Deus existe, mas não é o fundamento da ocupação democrática, e sim seu permanente questionamento "a partir de baixo", a partir do lugar laocrático, do excluído que a transcende, a partir da irrupção messiânica que não fundamenta o poder, mas o questiona. O poder que se fundamenta a partir de uma transcendência que o legitima deve ser questionado a partir do democrático, do lugar da indefinição necessária, do "povo-*demos*". Mas o poder democrático deve ser dinamizado a partir de outra transcendência, a transcendência que se manifesta no excluído, no "povo-*laos*". Para ser um bom teólogo político é preciso renunciar à ideia de que a teologia possa ser o fundamento único da construção do político e admiti-la como um saber em diálogo com outras percepções do político. Essa necessária indefinição que dá lugar ao arbítrio preenche-se já não por uma razão, e sim por um fato por si irracionalizável, e dota todo o aparelho político de uma ambiguidade constitutiva. Isso não significa, como indica bem Lefort, que haja um vazio de poder, mas que "o poder não pertence definitivamente a ninguém".

Com efeito, a partir da localização do povo, e não já de uma autoridade transcendente como a fonte da legitimidade do poder, nós nos encontramos com a impossibilidade de dar maior precisão à fonte do poder do democrático. Não existe uma sociedade anterior que exista sem política, um anarquismo originário caído depois no pecado da política. A sociedade se estabelece em uma dinâmica relacional, e o poder está, precisamente, no modo dessas relações. A justificação do poder se conforma no próprio político, na divisão constitutiva da sociedade, que, no entanto, permanece confrontada no mesmo vínculo que a sustenta. Uma vez saída do pequeno clã familiar de caçadores e coletores,[17] a humanidade é política. O político não se constitui "a partir de" uma conformação social, mas o político, qualquer que seja a forma que assuma ou a significação que lhe demos, constitui a sociedade. Isso implica que, na concepção democrática moderna, não existe um "fora" ou "antes" do social que constitua e justifique o político. É o político que constitui o povo, e qualquer força que se interpreta a si mesma como centro constitutivo da sociedade e garantia última do social, da identidade nacional, do espírito popular, ou até mesmo do democrático, se erige, dessa maneira, na realidade, em seu oposto, destrói o político, faz-se destituinte, portanto no caminho das políticas autoritárias, e aduba o terreno para as práticas imperiais. Por isso mesmo o democrático e republicano exige a vigência do reconhecimento dos interesses em pugna, que se controlam mutuamente, para evitar ser cooptada pela dinâmica do *unicato* imperial.

Que o fundamento do democrático seja uma ambiguidade em conflito, um poder sem apoio final é o que sustenta o político, o que o legitima, enquanto o poder imperial o anula. Isso se faz mais evidente pelas próprias ambiguidades contidas na palavra "povo". Por certo, falar do "povo" implica certas limitações ao que pode ali estar contido: uma elite oligárquica, um círculo militar, um *lobby* empresarial, uma direção gremial ou um movimento social, ou uma vanguarda ilustrada, por mais que cada um deles em seu momento o tenha tentado, não pode ser confundido com a essência do povo, a referência de "a gente" e pretender ser "a voz do povo", cujos limites imprecisos, pluralidade de componentes, abertura orgânica, variação histórica e memórias diversas resistem a uma representação demasiado unívoca. Por isso que democracia e pluralismo não podem senão ser concebidos conjuntamente, e a base de legitimidade de qualquer tentativa radicalmente democrática deve reconhecer seu caráter aberto, até mesmo conflituoso, sua existência como espaço

---

[17] E ainda ali, nas formas patriarcalistas (ou matriarcalistas) que adote o clã pode se ver o germe do político.

plural, indefinido, ambíguo, daí sua impossibilidade de reduzi-lo a uma coerência constitutiva, a um poder unificado, à eliminação do conflito ou à direção centralizada, a uma única lei ou sistema, seja este o mercado ou qualquer outro.

Insistamos nisto. A democracia como governo do *demos* implica uma definição necessariamente ampla de povo, que permita a inclusão de todas as forças sociais que buscam, no exercício democrático, sua representação política. Nesse sentido, nenhuma força política ou social é o povo nem pode falar em seu nome. Finalmente, o Estado--nação também não pode fazê-lo, a partir da impossibilidade de suprir a brecha entre o poder e sua justificação, como já expusemos. O povo, enquanto *demos*, será sempre um conjunto ambíguo e desarticulado, portador de lutas e oposições, conflituoso e diverso, com suas hegemonias e disputas, com suas ambiguidades e desventuras. Sua coesão está dada na própria confrontação de suas partes, que compartilham interesses, e, por isso mesmo, se confrontam. Essa ambiguidade constitutiva do democrático, ao menos na concepção moderna de democracia, é expressa e ao mesmo tempo desafiada nas lutas pelos significados. Com efeito, quanto mais fechada for a significação dos discursos e fatos políticos, especialmente daqueles que se constroem como poder, ou seja, quanto mais forte for em uma sociedade a função de hegemonia, mais próxima será do "bloco histórico", portanto mais próxima de cair na prática imperial e, repetimos, esvaziar a formalidade democrática de seu *demos*. Por isso, ainda que formalmente democrática, qualquer política imperial destrói o próprio fato democrático ao pretender deslegitimar qualquer outra aspiração ao controle e ao poder ao substituir por um setor o conjunto indefinível do *demos*.

Entre essas múltiplas vozes do povo-*demos* aparece o que indicamos anteriormente como "popular", o povo-*laos*, aquele que participa mais pobremente ou é excluído dos recursos materiais, legais e simbólicos que fazem possível a vida humana. Isto é, as expressões daquilo que podemos compreender como o povo-*laos* serão sempre

Rumo a uma ética política não imperial

a fronteira inalcançável da totalidade. O *demos* e o *laos* são ambos povo, mas o são de maneira diferente, na própria ambiguidade constitutiva daquilo que é o povo. Aquilo que o povo como *demos* possa conseguir será sempre desafiado pelo povo enquanto *laos*.[18]

Consequentemente, a "luta pela hegemonia" a partir dos espaços subalternos se constrói a partir da necessária ambiguidade, que implica incluir um leque de significados dissímeis em um mesmo reclamo, reclamo no qual se possa reconhecer um setor social amplo, um "povo" populista. Ainda que depois esse mesmo reclamo se setorize, se abra em uma nova necessidade de pluralidades e, de fato, gere novas exclusões, uma semente do próximo *laos* que ameaçará qualquer construção fechada.

A democracia, contudo, não pode se instalar apenas no reclamo, ser dinamizada só pela negatividade do excluído. O laocrático se expressa fundamentalmente como protesto, como questionamento, mas ao mesmo tempo encerra uma visão, geralmente não discursiva, da possibilidade de mudança, de alternativas e, sobretudo, do sentido dessas mudanças e alternativas. Faz-se necessária a antecipação messiânica, a afirmação do esperado ainda não perceptível; a dimensão messiânica que traz a surpresa à história humana, ou seja, o horizonte utópico que dá sentido às limitações do horizonte histórico. Ou, em termos da experiência religiosa, uma visão, que não é apenas a construção a partir de um si mesmo que se projeta em suas imagens e desejos, mas que também inclui um "dado", uma iluminação que lhe vem de fora, um transcendente que estabelece o sentido.

---

[18] Aqui expressamos, em outra linguagem, algo próximo ao que Rancière propõe ao distinguir entre *plebs* e *populus*. Cito Rancière: "O que não tem parte – os pobres antigos, o terceiro estado ou o proletariado moderno – não pode, de fato, ter outra parte que o nada ou o todo. Mas também é através da existência desta parte dos sem parte, desse nada que é tudo, que a comunidade existe como comunidade política, isto é, dividida por um litígio fundamental, por um litígio que se refere à conta de suas partes antes até de referir-se aos seus 'direitos'. O povo não é uma das classes entre outras. É a classe da distorsão que prejudica a comunidade e a institui como comunidade do justo e do injusto". Em *El desacuerdo. Política y filosofía*. Buenos Aires, Nueva Visión, 2007, p. 23.

263

Para além do espírito do Império

Nesse sentido não só é necessária a racionalidade política, mas de alguma maneira a "irracionalidade" do político, ou, para dizer melhor, a existência de outras racionalidades que também conformam o político. A linguagem laocrática é também a linguagem dos afetos, das imagens, da poesia, do mito e do rito, do religioso. As utopias "racionais" são as mais destrutivas, porque se transformam em discursos fechados, em rígidas fórmulas de autoridade que terminam por gerar novas arbitrariedades e submissões, até mesmo no processo de sua formação, da exigência da "disciplina partidária" que não é só de práticas sociais, mas de ortodoxia ideológica. Contudo, exatamente por isso, pela impossibilidade de reduzir tudo ao legal, tudo ao poder estabelecido, tudo à razão instrumental, é que é possível pensar uma humanidade mais plena, uma tensão de futuro, até mesmo, em termos teológicos, sobre os quais voltaremos mais adiante, de uma messianidade. Isso é o que o Império não pode conceber, daí o fato de o Império buscar eliminar tudo o que lhe possa resultar impossível de controlar, de certificar, de racionalizar nos termos instrumentais do mercado. Como vimos, isso se faz procurando também cativar o desejo, incluir o anelo entre o que pode comercializar o mercado. Substituir a esperança pela ansiedade do produto mais novo e, assim, anular a ideia de um futuro diferente. Se o Império é eterno, não pode pensar um futuro que não seja sua própria continuidade. Contágio do imperial que muitas vezes alcança também as forças que supostamente o combatem.

Se o que caracteriza o Império como poder é sua univocidade, seu poder concentrado, sua autoproclamada capacidade de dominar tudo e impor sua lei, reconhecer que sua própria existência está marcada pelo ambíguo e pelo precário é uma ameaça à sua política. Os Impérios e seus agentes necessitam ser fariseus, guardiães da pureza, erigir-se como guardiães da coesão de seus componentes, coesão hierarquicamente ordenada. As ortodoxias (políticas, religiosas, econômicas) são, nesse sentido, atual ou potencialmente imperiais, uma vez que só podem pensar a realidade a partir de um ponto de vista, e devem crer que o todo pode estar englobado em uma parte, a própria. Dizemos "devem crer" como um requisito de sua postura. Se admitem que outra percepção da realidade é possível, e que outros agem de acordo com essa outra percepção, seu reclamo de "ortodoxia" necessariamente se liquefaz, já que haveria mais de uma ortodoxia, segundo os contextos, experiências, localizações, memórias e projetos, visões. O único princípio de coerência que se admite no exercício do poder imperial é aquele ditado a partir dos próprios centros do poder imperial, desse poder acumulado, emblocado.

Como atualmente aparece mais claro, a democracia não pode ser concebida como a negação do conflito nem como a busca de uma hegemonia absoluta, e sim como certa aceitação da existência de conflitos e certo consenso no modo de reconhecê-los, legitimá-los e negociá-los. Isso deve contemplar a coexistência de mais de um sistema de gestão, de mais de uma maneira de conceber a realidade social, de mais de uma simbólica significativa. E reconhecer que qualquer gestão de conflito é a porta aberta para outros, que toda inclusão será uma nova exclusão, que todo fechamento obriga a uma nova abertura, que toda institucionalização será transitória, que toda lei necessita do desafio da graça.

No entanto, apesar de aparentemente permitir essa pluralidade e quebra com a lógica do emblocamento imperial, a fragmentação reconhecida e até mesmo ponderada pelos cultores da ambivalência "Pós-Moderna" não necessariamente é incompatível com a lógica imperial. Porque o que a paz não conflituosa da ambivalência do "Império Pós-Moderno" faz é reconhecer a pluralidade, mas não o conflito de interesses vitais subjacente a essa pluralidade (como erroneamente afirma Beck, "já não existem conflitos distributivos"). A existência de uma diversidade de grupos, setores, "tribos", culturas e seus intercâmbios, cada um coeso em si, pode ser compatível com a lógica imperial, e é mais afim com ela na medida em que estes grupos são separados, estratificados, dispostos e regulados (e eventualmente reprimidos) segundo a ordem imperial. Os possíveis vínculos entre eles estarão, em sua instância final, controlados pelo poder imperial, estabelecidos em seus lugares e alcances prescritos, e englobados na órbita correspondente de sua estrutura de mercado, os chamados "nichos" do mercado, que seria o mecanismo encarregado, em última instância, de resolver (sempre a favor do mais poderoso economicamente). O Império pode ser plural e unívoco ao mesmo tempo, com a condição de que a pluralidade seja incluída no modelo unívoco de seu poder. O que não pode admitir é a existência de um livre-jogo de interesses à margem de seu modo de resolver isso, ou seja, o deslocamento de seus jogos de poder, a possibilidade de que algo seja e não seja, e seja ao mesmo tempo outra coisa, ou seja, a ambiguidade, sua própria ambiguidade.

Ao terminar este parágrafo, contudo, vale um esclarecimento. É que o elogio da ambiguidade não é incompatível com a busca de coerência. Sabedores de nossas ambiguidades, fazemos opções, vislumbramos caminhos, discernimos metas e sentidos na ação. A coerência não está dada pela obsessão em uma maneira de pensar e gerir, e sim pela constante possibilidade de revisar e aprofundar, de deixar-se questionar e compartilhar, por um compromisso, já não com a verdade abstrata ou com a pureza, mas com um *laos*, com os irmãos e irmãs cuja vida está ameaçada, degradada, é desconhecida pelos gestores do poder. Esse compromisso é prévio a toda racionalidade do político, e, em nosso entendimento, é o que lhe dá sentido: o eixo de coerência em meio a nossas ambiguidades. Nesse sentido, a fé cristã, ao menos como nós a entendemos, deve reconhecer-se ambígua em suas leituras e impressões da realidade, mas não imprecisa enquanto a onde e como reconhece a manifestação do messiânico, o transcendente que se faz imanente e, no entanto, continua sendo transcendente, como as duas naturezas de Cristo. É essa presença do messiânico no fraco que questiona e põe em crise todo Império, o que faz visível a ambiguidade do construído. É que o Messias se serve nos pobres, nos mais necessitados, nos que têm fome, nos que têm sede, nos nus, nos privados de liberdade, nos(as) mais pequenos(as)

(Mt 25,31-46). Nos condenados pela lei do mercado, que vivem pela presença do gratuito, da graça.

## 4. Mais de um sistema, valorar os limites

Nos dias de janeiro de 2009, em meio à crise financeira que veio sacudindo a situação global, um cartel se mantinha na frente de sua instituição emblemática, a Bolsa de Valores de Nova York, em Wall Street (New York Stock Exchange), expondo seu logo e um lema: ONE SYSTEM. NO LIMITS. Isso é, exatamente, a negação do democrático. O "livre-mercado" que expressa o "mundo livre" se afirma a partir de um lema excludente, que nega qualquer liberdade aos outros. Mais que uma afirmação econômica ou um *slogan* sobre o sistema da Bolsa globalizado, é toda uma declaração teológica: é o reclamo da onipresença e da onipotência. Não se pode expressar mais sinteticamente a ambição de dominar tudo, de converter-se em deidade, de sua utopia. Dar a César o que é de César e a César o que é de Deus, porque o César é Deus: há só um sistema, não há exterioridade, e, se houver um Deus, deve ser incluído nesse sistema: o próprio sistema é o Deus. Nesse sentido repete, na linguagem de hoje, o lema que ostentava a moeda imperial romana: "O César é divino" (*Divus Caesar*) e que disparou a crítica frase de Jesus, depois infamemente capturada para justificar, em uma interpretação imperial, a separação entre fé e política.[19] Um sistema, nenhum limite é o modo hodierno de se invocar a si mesmo como divino: um sistema que não reconhece nenhum limite – nem limites éticos, nem limites para o acúmulo de recursos, nem limites que evitem a destruição do planeta, nem limites para o que pode incluir o mercado, nem limites

---

[19] O dito de Jesus aparece no evangelho de Mateus, 22,15-22 e paralelos. O detalhe que os comentaristas costumam passar por alto é que a pergunta de Jesus é pela imagem "e a inscrição". A inscrição que fala da divindade do César é o que aparece criticado. O divinizar o poder imperial se une no transcendente, e, portanto, o destrói. O dito de Jesus resitua a dimensão humana do Império, e diante disso não podemos esquecer que anuncia "o Reino de Deus e sua justiça", que não é um reino de além-túmulo, e sim uma visão que já percorre também outros espaços relacionais: "o Reino está no meio de vós" (Lc 17,21).

para a expansão financeira até se defasar da economia real etc. Como vimos claramente no capítulo IV, o desconhecimento dos limites é o que marca a perversão das utopias destrutivas.

No entanto, os mesmos que propõem um sistema sem limites são os que levantam os limites e as muralhas que separam, até mesmo fisicamente, os ricos dos pobres, os "bons" dos "terroristas", os que estão legais dos que não têm documentos, os naturais do lugar dos forasteiros. Põem limites, então, à condição humana de seus próximos. Não há fronteiras para o capital financeiro, não deve haver para seus produtos subsidiados (embora sim para os demais), mas as barreiras migratórias são cada vez mais estritas e se promulgam leis de migração que bem caberiam nos códigos nazistas.

Por isso, a ordem democrática, a recuperação republicana, deve surgir a partir do reconhecimento de uma pluralidade de sistemas e subsistemas que surgem de uma pluralidade de situações diversas, de limites que permitam a um só tempo o reconhecimento do outro e de si mesmo, mas que auspiciam, por sua vez, a relação de proximidade. O outro é meu limite, mas, ao mesmo tempo, a oportunidade de me reconhecer em minha humanidade. O liberalismo clássico sustentava que "minha liberdade termina onde começa a dos outros". O neoliberalismo do capitalismo financeiro está disposto ainda a apagar esse limite: "um sistema, nenhum limite". Se apago o limite, desconheço o outro como distinto e, portanto, a mim mesmo. Porque a ideia de algo sem limites dilui até mesmo a própria identidade. O público é, justamente, o que limita o alcance do interesse privado e permite que este se configure, confronte e enlace com outros interesses. O outro não se faz apenas limite em sentido negativo, mas também oportunidade de confluência, de mútuo serviço, de luta conjunta, se faz próximo, superando, assim, o liberalismo individualista. Será isso o que permite a existência de uma pluralidade de sistemas que se controlem mutuamente, que se joguem na configuração de equilíbrios necessários para a vida no planeta. A recuperação do espaço público e dos recursos públicos como espaço e recursos onde se jogam os interesses vitais, onde se estabelecem e resolvem os conflitos, onde se produz a distribuição de bens e de rendas, é condição do democrático. Não existe democracia do privado, não há democracia sem limite, não há democracia sem próximo.

O que aparece mais urgente, então, embora não seja novidade, é a necessidade de pensar formas de democracia que permitam novamente recuperar o controle popular sobre a coisa pública, superar a etapa do escamoteio privatista que nutre de poder as elites imperiais e esvazia o poder de decisão dos povos. Isso tem dimensões políticas e práticas que apresentam novos desafios, tanto pela aparição de novos fatores qualitativos (por exemplo, tecnológicos) como quantitativos (a presença daquilo que se chamou "as multidões").

O espaço público, a *res publica*, é o lugar de amostra dos conflitos e sua regulação. Assumir uma gestão democrática não os dissolve, nem os "consensua", nem os submete à dinâmica do mercado. Assume-os e expressa-os em termos políticos para gerar ação política. Em todo caso, é o espaço de negociação dos conflitos. E o primeiro a ser negociado são, precisamente, os modos dessa negociação, ou seja, os modos do democrático. Esses modos encerram estratégias discursivas, alianças, reformulações e reorganizações entre setores que conformam a sociedade.

Ultrapassa o sentido destas páginas (e de nossos saberes) entrar nos modos práticos que são necessários para a recuperação do espaço público. E mais, seria contraditório propor essas alternativas a não ser a partir de diálogos concretos em torno de situações específicas, onde se somem à pluralidade de atores envolvidos. Com o que não descartamos totalmente o que afirmam Beck e Giddens, ou Habermas, quanto à necessidade de consensos comunicativos: nossa reação é que isso não é suficiente. E não é suficiente pela redução do público: junto com o diálogo entre setores é necessária a luta pelo restabelecimento daquilo que é afetado pelo público, o questionamento daquilo que foi escamoteado nesse diálogo. Não é a negação do valor da micropolítica, e sim a necessidade de recuperar a política e de incluir na disputa os sistemas macropolíticos que hoje controlam, precisamente, as possibilidades desse diálogo, o que se considera sem limites, mas com possibilidade de limitar todo o resto.

Também não é suficiente porque sempre existem assimetrias de poder e vozes excluídas. O espaço comunicacional totalmente aberto, simétrico, inclusivo, seria uma conquista de uma sociedade totalmente reconciliada. Não pode ser pensado em um vazio, em um "como se" essa sociedade já existisse. Porque o marco imperial, a realidade do capitalismo tardio, se constrói justamente a partir de ignorar essas vozes, de subalternizá-las, de submetê-las. Se uma abstrata e igualitária comunidade comunicacional decidisse prescindir do mercado financeiro, desconhecer os poderes fáticos das potências militares, ou propor uma redistribuição global da renda, seria ainda mais abstrata. O poder mandante do Conselho de Segurança, diante do voluntarismo da Assembleia das Nações Unidas, é uma amostra disso. E a invasão do Iraque mostra que até esse poder mandante é superado pela arrogância imperial. Para citar um exemplo entre outros, como poderia ser também o tema da Organização Mundial de Comércio, ou os "Picos climáticos".

Mais ainda, esses exemplos mostram que mesmo vozes medianamente poderosas e as dos ponderados peritos podem ser silenciadas ou não ouvidas pelos poderes fáticos. Quanto mais as vozes, e até mesmo a própria existência humana, de "os condenados da terra"! Ninguém pode ser, por mais boa vontade que tenha, a voz dos sem voz, porque, na medida em que o é, consagra que continuem sendo sem voz. Só a irrupção esporádica, fugaz, preanunciada, mas inesperada, do laocrático mostra os limites do diálogo "democrático". O mais que podemos esperar é que o democrático se abra para reconhecer essa existência, para estar atento ao seu sussurro nos tempos normais, para abrir-se a uma pluralidade de sistemas e justiças coexistentes, que se limitem e controlem mutuamente, e valorizar esses limites como a realidade do público, o valor da proximidade. Isso é necessário para uma política que vá além do imperial, que o supere.

## 5. A modo de conclusão: o Império e a presença do messiânico

Pensar teologicamente a coisa pública, a que ultimamente se deu de chamar a "teologia pública", não é coisa nova nem novidade. A imbricação histórica do Cristianismo com o político, sua relação de cumplicidade/oposição ao imperial, em suas múltiplas formas, não excluindo o discurso teológico, seria longo de relatar.[20] O que aqui tentamos é indicar um caminho pelo qual possamos apreciar a pertinência que pode ter o teológico na crítica imperial e no estabelecimento de uma ética política pós-Império.

Foi Paulo quem viu com maior clareza a dimensão crítica de identificar Jesus crucificado com a presença do Messias. Se Jesus Nazareno é, de alguma maneira, a presença do transcendente no mundo do cotidiano, do Deus universal que se expressa na particularidade, do absoluto feito carne no temporal e limitado, ou seja, mostrado como o material, e ainda mais, o criador do humano exibido na cruz como o desumanizado do sistema, isso marca uma quebra total entre a glória e a sabedoria humanas (que alcança sua culminação no Império) e a glória e a sabedoria divinas. Mas essa quebra não é a distinção entre o transcendente e o imanente, entre fé e política. Porque o transcendente se inclui no imanente, mas em seu modo mais oprimido – se fez escravo (Fl 2,7) –, que se reivindica como o humano real, tão real que pode ser crucificado pelos "poderes deste mundo", que devem desconhecer o ser humano que há no escravo que se proclama homem, livre, e só atinam em crucificá-lo.

Valha aqui uma nova referência à lei imperial romana, já que a pena de cruz era reservada para o escravo fugitivo ou rebelde, ou para o sublevado político, desde que não fosse cidadão romano. É uma exibição do destino daqueles *humiliores* que não aceitam sua

---

[20] Uma aproximação de distintos momentos do pensamento cristão em torno da questão do Império, por exemplo, pode ser visto no livro *Theology and Empire*, editado por Kwok Piu-lan, J. Rieger e Don Compier (Minneapolis, Fortress, 2007).

Para além do espírito do Império

condição de "desumanos". Dizer que Jesus foi submisso e por isso foi à cruz é uma contradição nos termos, ainda que muita teologia tenha percorrido esse caminho até fazê-lo quase um lugar-comum, um absurdo que, por repetido, parece um axioma provado. Além de que se rebelara contra o poder sacerdotal do Templo de Jerusalém ou contra as autoridades romanas, ou contra ambos, direta ou indiretamente, pouca diferença faz neste caso; ambas as formas do poder expressam o Império, e Jesus era um camponês marginal. Os escravos obedientes e os camponeses submissos não eram crucificados: morriam doentes ou de fome, mas não na cruz. E se algum cidadão conhecido conspirava por ambições próprias, se lhe permitia uma morte digna e em privado. A cruz era reservada como "condenação infamante" para os que reclamavam sua humanidade "sem tê-la nem merecê-la". Em nossos termos, para quem, homem ou mulher, se atrevesse a viver e a expressar o momento laocrático.

Por isso, afirmar Jesus como "o Cristo crucificado", o Messias anunciado, mas que ao mesmo tempo era o servo sofredor, exigiu do Cristianismo primitivo um esforço de reconhecimento de outra forma de ver e conceber a deidade, o "modo perverso", diria Zizek,[21] de uma deidade que não é a totalidade, que não é a onipotência. Perversão que foi oportunamente corrigida pelo Império ao cooptar o Cristianismo e entronizar o "Pantocrator", o Todo-Poderoso, deslocando o crucificado e "redimindo-o" de sua marginalidade e pobreza, de sua condição de vítima e mártir.

Identificar o transcendente com o débil é também um dado do popular. No estudo das santificações populares, ao menos no caso de América Latina, é possível ver que os setores marginalizados tendem a canonizar ou reconhecer força messiânica a expressões de seus próprios sofrimentos e marginalidade. O caso de Antonio Conselheiro, no Brasil, com seu exército de maltrapilhos e deserdados atrás

---

[21] Esse é o tema central do livro de S. Zizek: *El títere y el enano* (Buenos Aires, Paidós, 2005), especialmente no capítulo final, onde trata da teologia paulina. Não é casualidade que o subtítulo do livro seja "o núcleo perverso do cristianismo".

de uma vitória apocalíptica é talvez um dos mais conhecidos.[22] Mas também em outras santificações menores, onde se produz um duplo jogo de identidades: a do sofredor com uma vítima paradigmática desse mesmo sofrimento, mas ao mesmo tempo a elevação dessa vítima, em sua morte considerada injusta, ao espaço do sagrado, à representação do transcendente.[23] Nessa dimensão o sofrimento da vítima permite ao devoto identificar-se com ela, mas, ao mesmo tempo, à vítima agora isolada no espaço do transcendente, tendo empatia com os sofrimentos dos seus e fazê-los sua causa, influindo desde o além para o seu alívio ou reivindicação. É possível, ainda, dar um passo além, e ver nessas canonizações populares uma forma de construção contra-hegemônica, mostrando a potência do débil, o justo dos justiçados, o sentido transcendente que põe a experiência dos vencidos no campo dos finalmente vencedores. Até mesmo os aparentemente poderosos, que por aliar-se com os pobres e assumir sua sorte são vistos como traidores pelo poder imperial e condenados à morte pelos aliados do Império – caso dos bispos Oscar Romero e Enrique Angelelli –, são incluídos nesse elenco de figuras com perfis messiânicos.[24]

A discussão antropológica explica esses processos de canonização popular propondo uma diversidade de possibilidades: um modo próprio da cultura popular de exercer um poder que lhe é escamoteado

---

[22] Há uma abundante bibliografia que analisa este particular fenômeno da história do Sertão nordestino. Entre eles uma novela de M. Vargas Llosa, *La guerra del fin do mundo* (Ediciones Alfaguara, 2002).

[23] Alguns desses casos foram objeto de estudos etnográficos e antropológicos, como pode se ver nos textos proporcionados por Míguez, D. e Semán, P.: *Entre Santos, cumbias y piquetes*, bem como em outra bibliografia ali citada. D. Míguez inclusive penetra no terreno da relação entre essas santificações e a marginalidade da delinquência na Argentina, em *Delito y cultura. Los códigos de la ilegalidad en la juventud marginal urbana* (Buenos Aires, Editorial Biblos, 2008) esp. Cap 5: "Canonizaciones trangresoras".

[24] Ambos os bispos foram executados por ditaduras em seus próprios países, El Salvador e Argentina respectivamente. As causas de sua canonização oficial (sendo ambos "mártires da fé"), segundo as normas do catolicismo romano, estão estancadas no Vaticano faz décadas, enquanto, por exemplo, a de José María Escrivá de Balaguer, fundador da Opus Dei, muito mais duvidosa em seus méritos, se resolveu em tempo inusitadamente curto. No entanto, os túmulos desses bispos se transformaram em santuários e centros de peregrinação popular.

pelas hierarquias religiosas, imitando suas formas, uma identificação no sofrimento, uma expressão do anelo de justiça pelas vítimas etc. Seja qual for esse processo em nível da cultura popular, ou uma combinação de várias situações em diversos contextos, o certo é que a marginalidade toma a forma do santo, de um poder ao qual se pode apelar quando os outros poderes mais mundanos jogam contra. Assim, aquilo que na realidade imanente é vitimização, injustiça, marginalidade, no ideário simbólico do transcendente se faz reconhecimento, justiça reparadora, presença permanente. Na simbólica messiânica do Cristianismo bíblico, a cruz provê esse espaço onde, por ser o Deus encarnado pendurado do madeiro, a extrema debilidade do messias é também a expressão de sua glória.[25] O glorioso da transcendência se faz o ominoso do imanente, e de recíproca sorte, o glorioso do mundo se faz neceidade para a sabedoria divina. "Mas o que para o mundo é loucura, Deus o escolheu para envergonhar os sábios, e o que para o mundo é fraqueza, Deus o escolheu para envergonhar o que é forte" (1Cor 1,27).

Por isso, o messiânico existe nos tempos normais (o *kairós* no *chronos*) em seu "modo secreto". Quando irrompe de um modo mais aberto, o tempo crônico se altera, se suspende, se desarticula a realidade "normal", para dar lugar à intrusão do inesperado, do não considerado ("Deus escolheu o que no mundo não tem nome nem prestígio, aquilo que é nada, para assim mostrar a nulidade dos que são alguma coisa" – 1Cor 1,28). São aqueles momentos de mudança, que só se explicam *a posteriori*. Esses momentos, contudo, são fugazes, relâmpagos que mostram o poder do divino, mas que não nos iluminam para sempre. Como humanos temos apenas, paradoxalmente, uma visão parcial do absoluto, porque senão o ser humano morreria (não se pode ver Deus e viver). A liberdade humana exige que possamos vislumbrar o absoluto (revelação) na faceta de sua debilidade, na

---

[25] O evangelho de João está organizado, exatamente, em torno deste eixo, onde a glória divina se mostra na crucifixão: "Quando eu for elevado da terra, atrairei todos a mim" (Jo 12,32) entre muitas outras expressões coincidentes com este sentido teológico.

fragilidade que revela o humano no divino. Porque, se o absoluto se revelasse em sua totalidade, anularia nossa liberdade, que descansa sobre o ambíguo. Podemos percebê-lo a partir daí, mas não possuí--lo, não recebê-lo totalmente ("Agora nós vemos num espelho, confusamente [...]" 1Cor 13,12).

O Cristianismo toma o conceito de messianismo do Judaísmo, mas este conhece mais de uma interpretação do que é o messiânico. Em certa tradição, a presença do Messias traz consigo o fim dos tempos como sucessão imprevista de fatos, a consumação final da história. Mas nem sempre isso trazia consigo o fim do mundo: certas outras tradições, às quais algumas formulações do Cristianismo não foram alheias, preveem um reinado temporal do Messias, uma centralidade de Jerusalém à qual as nações devem se render, com seus deuses, para reconhecer no Messias o governo universal. Por certo algumas expressões do Judaísmo apocalíptico também conhecem um Reinado eterno do Messias, que transforma a existência humana e reverte a história, estabelecendo sua soberania até mesmo sobre o devir temporal.

Contra essas diferentes concepções do triunfo do Messias, Jesus reinterpreta, segundo o Evangelho de Lucas, sua própria situação: "'Não era necessário que o Cristo sofresse tudo isso para entrar na sua glória?' E, começando por Moisés e passando por todos os Profetas, explicou-lhes, em todas as Escrituras, as passagens que se referiam a ele" (Lc 24,26-27). É neste salto no vazio do poder que Jesus (ou seus seguidores e intérpretes) fundamenta seu programa messiânico. Nenhum poder histórico é divino, nenhum pode reclamar a totalidade, que fica em um Deus que não escolhe representantes humanos para que governem. Retoma-se, assim, a linha já expressada por Samuel diante da instalação da monarquia em Israel: ao escolher um governo humano, os monarquistas hebreus rejeitam o próprio Reinado de Deus (1Sm 8,7). Assim, Jesus aparece como um Messias que se faz portador de um programa de não poder, que carrega sobre si a realidade de um povo submisso, não como o super-herói libertador, mas sim a partir de uma história sem poder fundamental, não fechada, não predeterminada, nem sequer por seu próprio triunfo.[26] A história fica aberta, aguardando o juízo divino, que se prolonga no mistério. Em meio a essa história, o Messias faz presente o que transcende a realidade humana, não a partir do lugar onde esta é superada, e sim do lugar de onde se a despoja de sua humanidade, onde se a reduz a número, onde se a submete à lei da morte e à soberania do mais forte. O Messias que há de julgar a história, como refletirá o Livro do Apocalipse, se fez presente nela como vítima, como Cordeiro degolado, que adquiriu os povos, as raças, as nações e as línguas a partir de seu sangue de vítima, e não de seu poder conquistador. É o desafio intra-histórico ao poder Imperial, mas que não se lhe opõe como outro Império, ao menos no devir histórico, e sim como sua contraparte, como a voz de suas vítimas, ele mesmo uma vítima, que, no entanto, é o critério de verdade e justiça dessa história.

Na Ressurreição, contudo, no complemento inevitável da exterioridade, onde se evita a redução da imanência, se mostra a potência do reclamo escatológico, do sentido de justiça (Fl 2,5-11[27]). Renunciar ao transcendente é ficar sem lugar para a crítica radical da história. Claro que, para que essa crítica possa ocorrer, o transcendente tem de se fazer acessível a partir do imanente, dado que o imanente não pode transcender-se a si mesmo, porque deixaria de sê-lo. O inverso não é certo: o transcendente, para sê-lo, deve transcender-se e, portanto, fazer-se presente no imanente. Já que o ser humano não pode fazer-se Deus (nem sequer o César imperial), é Deus quem se faz humano. Claro que essa irrupção será, valha o paradoxo, sempre parcial no tempo histórico, para que o imanente o possa continuar

---

[26] Diante da expectativa de que o Messias restaure o Reino de Israel, o Jesus ressuscitado responde: "Não cabe a vós saber os tempos ou momentos que o Pai determinou com a sua autoridade" (At 1,7). O evangelho de Marcos vai além: "Ora, quanto àquele dia ou hora, ninguém tem conhecimento, nem os anjos do céu, nem mesmo o Filho. Só o Pai." (Mc 13,32).

[27] Para um desenvolvimento mais detalhado sobre isso ver: Míguez, Néstor: "La libertad de ser humano. Lectura de Filipenses 2:6-11 como canto liberador". Em *Los caminos inexhauribles de la Palabra. Homenaje a J. S. Croatto en su 70 aniversario*, AA.VV., Lumen-ISEDET, Buenos Aires, 2000.

Rumo a uma ética política não imperial

sendo, e não seja englobado no transcendente. São momentos (*kairós*) onde a racionalidade política se quebra para que se possa entrever a racionalidade divina, essa sabedoria "nenhum dos poderosos deste mundo a conheceu. Pois, se a tivessem conhecido, não teriam crucificado o Senhor da glória" (1Cor 2,8).

Paulo, finalmente, percebe que tal contradição opõe Messias e lei. Escreve o rabino J. Taubes:

> A história cristã, a pretensão de Jesus de ser o messias e a teologia paulina de Cristo como o fim da lei não são de nenhum modo "acontecimentos únicos" para o Judaísmo, e sim coisas que apareciam uma que outra vez no modelo básico judeu da existência religiosa. Como já disse, a história cristã não constitui um "mistério" para a religião judaica. O Cristianismo representa uma crise que é "típica" na história judia, e na qual se expressa uma típica heresia judaica: o messianismo antinômico – a crença de que com a chegada do messias o importante para a salvação será a fé nele e não o cumprimento da lei.[28]

Como Paulo vai descobrir, a afirmação messiânica não se compadece com a vigência da lei como instância suprema, também não com o culto do Templo. A lei e o Messias não podem coexistir, porque o Messias resume, completa, e nessa instância supera e faz perder vigência a lei como meio salvífico. Cito novamente J. Taubes:

> As bases da religião e a comunidade judias cambaleiam não quando se refuta o monoteísmo do Judaísmo, mas quando se negam a validade e a interpretação da lei. Cada aspiração messiânica apresenta um desafio como esse, pois afirma que se introduz uma era de superação da lei.[29]

Ou seja, a lei, para a "tradição judaica", é o próprio núcleo de sua existência. Israel existe antes que o Templo, e pode continuar existindo depois do Templo, mas não existe sem a lei. Diante disso é que Paulo vai remontar a existência do "Israel de Deus" à fé abraâmica e não à mosaica, indicando que a lei é dada mais de quatrocentos anos

---

[28] J. Taubes, *Del culto a la cultura. Elementos para una crítica de la razón histórica*. Buenos Aires, Katz Editores, 2007. Artigo "La controversia entre el judaísmo y el cristianismo", p. 96.
[29] Taubes: *Do culto...*, Ibid. p. 95.

depois do chamamento "pela fé" a Abraão, e que tinha seu sentido como pedagogo e mediação humana enquanto a promessa messiânica estivesse pendente. O mesmo aparece no prólogo do Evangelho de João: "Pois a Lei foi dada por meio de Moisés, a graça e a verdade vieram por meio de Jesus Cristo" (Jo 1,17).

A lei governa o modo normal de existência, os tempos normais da democracia, e nisso não perde sua vigência e deve ser tida como justa, santa, boa; mas não é eterna. Suspendê-la a partir da "soberania" do poder fático faz que as vítimas se sintam indefesas. Mas quando se dá o tempo messiânico e a lei se mostra como lei de morte, aparece como subsidiária, como marcação, como instância a ser superada pela vida gratuita, pela gratuidade que o mercado não pode sustentar. Por isso a lei também é vista como armadilha, espreitadora, tentação que pode pôr em perigo a liberdade que o Messias introduz na história humana. Esse será o centro de sua argumentação em Gl 4 e 5. Não é por acaso que Taubes enxergue Paulo como alguém que quer suplantar Moisés:[30] propõe-se construir um novo povo, já não a partir da lei, e sim a partir da experiência messiânica, um Israel que abre "apocalipticamente" a fé abraâmica aos gentios, porque seu centro já não repousa na lei de Moisés, mas na fé no Messias universal. A partir da cruz e da ressurreição de Jesus essa nova era começou. Assim, o novo *laos* de Deus, que encarna já não uma nação, mas uma multidão, um povo "popular", uma nova experiência de humanidade sem exclusões. Nisso essa messianidade expressa o anti-imperial, a surpresa que comove a história, a necessidade de manter aberto o sentido do público, para que a voz do *laos* mostre os limites do poder, devolva-nos o sentido do político, ponha em jogo a esperança dos excluídos, resgate o humano na criatura, e a dimensão total do criacional.*

---

[30] Taubes, J.: *La teología política de Pablo*. Madrid, Editorial Trotta, 2007, esp. pp. 27-68.

\* Texto traduzido por Gilmar Saint'Clair Ribeiro.

Impresso na gráfica da
Pia Sociedade Filhas de São Paulo
Via Raposo Tavares, km 19,145
05577-300 - São Paulo, SP - Brasil - 2012